ROEPSTEM VAN DIE HORISON

ROEPSTEM VAN DIE HORISON

'n VERSAMELING WARE JAG- EN NATUURVERHALE UIT DIE ONDERVINDINGE VAN JOHANN BACHER

JOHANN BACHER

CruGuru

ROEPSTEM VAN DIE HORISON

Kopiereg © 2011 ZELNA SWART

ISBN: 978-1-920414-65-8

Uitgegee deur CruGuru in 2011

www.cruguru.com

Johannesburg, Suid-Afrika

MY OUPA
(15/03/1937 – 14/10/2007)

Die dag toe my oupa dood is was dit vir almal 'n groot skok. Ek onthou altyd hoe my oupa grappies gemaak het as ons "Mall" toe gegaan het in die Kaap. Elke keer as ons gaan kuier het, het hy grappige prentjies van ons geteken. Prentjies waaroor ons altyd gelag het.

Hy't baie gediggies geskryf en van sy gediggies was al in 'n boekie. My oupa was 'n polisieman in Katima Mulilo toe my ma hulle nog baie jonk was. Ons kon altyd vir ure sit en luister na al sy stories. Eendag toe ons nog in die "Mall" sit, begin hy net stories vertel. Ek was baie jonk en kon dit glad nie verstaan nie. My ma en ouma het my toe vertel dat hy Alzheimers het. Ek het dit nie ernstig opgevat nie, want ek was in graad 2. Ons het nog steeds baie daar gaan kuier.

Aan die einde van 2002 het my pa 'n besigheid in Louis Trichardt gekry. Ek was baie hartseer. Ek wou glad nie gaan nie. My ouma het toe al lankal borskanker gehad. Ons was al vir 'n paar maande in Louis Trichardt toe my ouma bel en sê dat sy weer chemo moet kry vir haar kanker. Hulle het toe by my tannie Zelna in Durban gaan bly. Dinge het toe beter begin raak. Met die tyd wat verby gegaan het, het my oupa Parkinsons gekry.

Alzheimers en Parkinsons is baie ernstige siektes. My oupa het net agteruit begin gaan. In September 2007 het hy in die hospitaal beland. Ons het dringend afgery. Hy't toe erger geword. Ons het baie gaan kla en toe ons weer daar kom het hy baie beter gelyk. Hy't met ons gepraat en gelag.

Die Dinsdag toe ek en my ma moes gaan groet, het hy net daar gelê. Hy't niks gedoen nie. Dit was baie moeilik om afskeid te neem. Ons het baie gebid, maar die dokter het gesê daar is niks wat hulle vir hom kan doen nie en hy lewe op genade.

Op 14 Oktober 2007 hier so by 17:20 toe kry my ma 'n oproep. Dit het normaal geklink en toe word my ma bleek en stil. Sy't aan die einde snikkerig gesê: "Dankie Blackie". Ek het my foon gevat en geloop. Na 'n ruk kom my pa in die kamer. Hy't vir my gesê: "Oupa is nou op 'n beter plek sonder lyding".

Dit was baie swaar vir my om te aanvaar dat hy weg is. Hy was my beste oupa ooit. Al het ons baie min gepraat. Hy was 'n rolmodel vir almal en niemand het ooit iets slegs van hom gepraat nie. Hy't altyd geveg tot die einde. Dit kon ons sien toe hy in die hospitaal was.

'n Mens besef nooit wat jy het totdat jy dit verloor nie.

Die HERE het 'n beter plan vir hom.

Eendag sal ons weer ontmoet...

VAN SY KLEINDOGTER,
CHARNELLE (13 JAAR)

Voorwoord Deur Jannie Duraan (Vriend)

Ek is sedert 1953 persoonlik bevriend met die skrywer van hierdie uiters in-siggewende jagtersbiografie.

Hierdie veteraanpolisieman, vryskutskrywer, grootwildjagter, sportheld, hen-gelaar van formaat, en avonturier was inderdaad 'n lewende legende – in die ware sin van die woord – uit toeka se dae van Suidwes-Afrika – nou Namibië.

So sal die tans Namibiese sportmanne van gister, hierdie legende – Johann – onthou as een van die grootste sporthelde van sy tyd. Hy word veral onthou as Springbok Amateurstoeier en een van die weinige atlete wat provinsiale kleure in stoei, boks, atletiek en swem verwerf het.

Dit is so dat Johann net so bekend vir sy vermelde sportprestasies in die Re-publiek is. Sy hoogtepunte word as volg beskou:

1. Hy het Springbokkleure in Amateurstoei teen Switzerland in 1969 ver-werf.
2. Hy het as Nasionale Instrukteur in sport gekwalifiseer. Hy was 'n Provin-siale "A"-skeidsregter en -beoordelaar in Amateurstoei.
3. Sy seun was op 16 jarige ouderdom aangewys as Senior Sportman van die Jaar 1993, en Johann (Jnr), was vier keer as S.A. Amateurstoeikam-pioen aangewys.

Die Leuse: "'n Gesonde liggaam huisves 'n gesonde gees!" is tiperend van Jo-hann. Sy werk, *Roepstem van die Horison*, is dus 'n gesonde, weldeurdagte samestelling van sy persoonlike jagtersbiografie en ander toepaslike ware verhale.

JANNIE DURAAN
22/02/1934 – 27/06/2005

Voorwoord Deur Gert Kruger (Vriend)

Dit is vir my 'n eer en voorreg om aan Johann se eggenote, Mossie, se wens voor haar oorlye vroeër hierdie jaar, te voldoen om 'n voorwoord in sy boek ROEPSTEM VAN DIE HORISON te skryf.

Toe ek Johann Bacher vir die eerste keer in die vroeë 1990's by 'n skrywerskring waaraan ek behoort het, ontmoet het, het ek nie geweet met welke groot sportman, jagter en avonturier ek vir die volgende aantal jare tot sy dood toe, mee bevriend sou raak en uiteindelik huisvriende mee sou wees nie. Min het ek ook geweet van sy skrywerstalent en digkunsvermoeë wat hy toe al vir 'n geruime tyd beoefen het.

Omdat ek van die manuskrip getiteld ROEPSTEM VAN DIE HORISON bewus was, het ek ná Johann se dood gevoel dat so 'n goeie stuk werk nie sommer so verlore mag gaan nie en het met sy eggenote, Mossie en dogter Zelna, in verbinding getree. Toe hulle die wens uitspreek dat dit gepubliseer kan word, het ek hulle met die CruGuru uitgewery in verbinding gebring met die oog op moontlike publikasie daarvan. Onderhandelinge tussen hulle het uiteindelik die deurslag gegee vir die publikasie van die manuskrip in boekvorm, waaroor ekself ook baie bly is.

Dit wat Jannie Duraan in sy voorwoord oor Johann geskryf het, het Johann nooit vanself oor gepraat nie. Ek het dit maar met verloop van tyd van verneem en uitgevind wanneer ons by hulle gaan kuier het en ek die talle eerbetonings wat in 'n hoekie van die voorhuis uitgestal was, besigtig het. Heelwat inligting wat in Jannie se voorwoord staan het ek ook nie van geweet totdat ek dit eers gelees het nie.

Wat sy geweldige skerp waarnemingsvermoë in die jagveld betref, het ek die voorreg gehad om eerstehands te ondervind toe ek een keer saam met hom in die Mabalingwe Wildreservaat 'n week deurgebring het. Ons het baie saam in die natuur rondgery om wild en die veld te bekyk en ek het my verbaas hoe goed hy enige wildsoort van groot tot klein voor my in die veld kon waarneem.

Destyds het hy en sy eggenote, Mossie, by die Hartebeespoortdam gewoon waar hy 'n boot besit het en waarmee hy dikwels in die dam gaan vaar en vis gevang het. Ek onthou dat hy destyds, dikwels wanneer hy 'n "ou grote" nadergetrek het, ons genooi het om 'n visbraai by hulle te kom geniet.

Ek onthou verder dat Johann dikwels teen die swak gehalte van die water in die Hartebeespoortdam te veld getrek het en ook 'n gedig daaroor geskryf het wat in die digbundel "Woordflenters" gepubliseer is. Hierdie gedig saam met talle ander gedigte van hom wat in dié bundel verskyn, is bewys daarvan dat Johann nie net sportman, jagter en avonturier was nie, maar ook 'n baie diepsinnige denker was, deurdat hy dit wat hy in die natuur waargeneem het asook dit wat diep binne hom aangegaan het, in woorde en gedigvorm kon giet.

Johann se menswees en diepsinnigheid word myns insiens die beste uitgebeeld en opgesom in die volgende gedig van hom wat in "Woordflenters" verskyn het:

STILTE

Stilte
Stilte in die bos
in die lug, hoog daar bo
stilte in die nag
soos silance in Frans.

Stilte
in jou ingehoue
stilte, kragtig, soos staal
soos graniet ingebou.

Stilte
soos op 'n herfs dag
of soos op 'n Sondagmiddag
doodse stilte in my siel.

Stilte
na 'n vogtige traan
ook na 'n diepe smart
stilte, stil bly staan.

GERT KRUGER
PRETORIA
2010

Voorwoord van die Skrywer

Hierdie boek bevat ware gebeurtenisse in die jagveld en elders – soos wat deur my gesien en beleef was, en moet nie beskou word as die Alfa en Omega van alle jagmetodes en -gebruike nie. Enige verskil of ooreenkoms moet as bloot toevallig beskou word!

Baie dankie vir my dogter, Zelna, vir al die harde werk om hierdie boek 'n sukses te maak!

JOHANN BACHER
SKRYWER
15/03/1937 – 14/10/2007

Inhoudsopgawe

1. WIK VOOR JY WEEG

Dit was gedurende die vyftigerjare, ook deur sommige as die "goue jare" in Suidwes bestempel, dat ek vir die tweede keer in my jagterslewe die benydenswaardige voorreg gehad het om die bekende Kalahari te besoek. Ek het op Sarel van Dyk se plaas, wat aan die Amenius Herero-reservaat gegrens het, gaan jag. Amenius beteken; die vroulike deel van 'n volstruis in die Hererotaal. Hier loop van die wêreld se grootste springbokke en langs die einste draad het talle springbokke al hul horings verloor.

Dit is in dié kontrei waar die destydse afdeling speuroffisier van Suidwes, kolonel Loots, 'n rekord opgestel het vir die swaarste springbok – dit het 55,91 kilogram geweeg. Ek het die voorreg gehad om by te wees toe hy die jagprestasie behaal het. Hier het ek self ook al 'n springbok of twee in dieselfde klas geskiet.

Dit is hierdie einste draad wat die grens van die verbode terrein vir die jagter afgebaken het, en dit is as gevolg van hierdie draad dat talle geesdriftige jagters in die landdroshof beland het, want sien, daar mag nie gejag word nie al is dit nou ook jagseisoen en al het die jagter 'n wettige permit in die hand. Dit is maar eenmaal so dat die jagtersbloed so sterk in die Boer se are vloei dat 'n mens maar kan sê dat dit alreeds met geboorte teenwoordig is. Dit is maar soos die gesegde lui: "Die gras is groener anderkant die draad".

Maar ek wil nie 'n storie van onwettige jag vertel nie – oor dié onderwerp is daar genoeg stories in die hofrekords van ons land opgeteken. Ek wil vertel wat op Sarel van Dyk se plaas, wat aan die Amenius-reservaat grens, gebeur het.

Ek was reeds 'n paar dae op sy plaas en het al 'n paar mooi springbokke aan die haak gehad. Die eerste springbokbiltongkies was al aan't styf word, toe ons een aand net voor sononder uit die veld kom met sy bakkie. Ek sê toe vir Sarel dat ek nog 'n mooi uitgegroeide steenbokrammetjie wil skiet, want ek wil graag sy horinkies hê.

Die steenbok (Raphicerus campestris), het sy gewilde naam ontleen aan die feit dat sy kleur aan 'n bruin rots of sandsteen herinner. Ondanks die naam hou die steenbokkie nie van bergwêreld nie, maar kom voor in boswêreld en grasvlaktes.

Die steenbokkie is een van ons land se kleinste bokkies – dis net die grys-bokkie (Raphicerus sharpei) en die bloubokkie (Philantomba monticola) wat kleiner is. Ek het ook gemerk dat die steenbokkie se kleur van streek tot streek verskil. Steenbokkies naby woestyne is lig van kleur; amper vaal-geel soos die Namib-woestynsand. In die noorde en ooste waar die habitat groener is, is die steenbokkie donkerbruin van kleur en soms groter as sy woestynboetie. Ek sal normaalweg nie 'n steenbok skiet nie, want wat is nou mooier in die natuur as juis die mooi ligbruin kleur van 'n steenbokkie – om nie eens van die mooi donker oë te praat nie.

Hulle maak altyd hul verskyning vroeg in die oggend en in die namiddag. Hul dieët bestaan uit gras, jong lote en blare en word met bolle en uintjies aangevul wat met hul vlymskerp kloutjies uit die grond gegrawe word. Hul kom in pare voor, maar daar is soms alleenlopers. 'n Steenbok is nie op water aangewese nie en kan bestaan sonder om water te drink. Hy kry sy water uit plantekos, asook dou op die blare – veral vroeg in die oggend.

Die steenbokrammetjie is 'n meneertjie wat, sodra hy gespeen is, sy ouers se beskermingsomgewing verlaat om sy eie potjie te gaan krap. Eerstens gaan soek hy sy eie gebied uit waar hy genoeg kos sal hê om te oorleef. Omdat die steen-bokkie territoriaal van aard is, sal 'n jong rammetjie dit nie waag om in 'n gevestigde steenbokrammetjie se gebied tent op te slaan nie. O nee – hy sal hom beslis in 'n gevaarlike teenstander se skerp horinkies vasloop.

As die jong steenbokrammetjie vir hom 'n gebied afgebaken het, begin hy na 'n nooientjie soek. As die rammetjie sy nooientjie raakgeloop het, sal hy eers vlerk sleep en as hy haar 'hand' gewen het raak hy aan haar 'verloof'. Dan 'trou' die tweetjies en hy neem sy bruidjie na sy afgebakende gebied. Daar sal hy woon tot hy eendag aan sy einde kom.

Menige jagters was al die slagoffer van sy skerp horinkies of kloutjies. Ek het al gehoor hoe gekweste steenbokkies al 'n jagter se hand, arm, of been met sy skerp kloutjies tot op die been oopgeskop het. Hy sal vreemde steenbokramme-tjies wat sy gebied binnedring – veral as sy ooitjie bronstig is – met mening bydam en gedurende so 'n geveg poog hy gewoonlik om sy teenstander tussen sy agterbene deur met sy skerp horinkies te ontman. As daar groter gevaar dreig, sal hy eenvoudig net wegvlug, want hy is relatief vinnig en kan alle roofdiere in 'n kort wedloop uitoorlê – behalwe die jagluiperd of wildehond.

Hy sal gewoonlik na ruie bosse vlug waar sy kleur en klein vorm hom goed kamoefleer, aangesien hy – soos baie ander antelope – nie vêr kan hardloop nie en dus gou moeg en uitgeput raak!

Hoe dit ook al sy, Sarel gee my toe toestemming, want wild was daardie jare relatief volop. Min het ek geweet dat ek een van die interessantste jagondervin-dings van my lewe sou belewe. Dit is ondervindings soos hierdie wat my uiteinde-lik laat besluit het om hierdie jagverhaal en ander wat daarna gevolg het te boekstaaf.

Die veld was mooi en die soetgras, wat so bekend is in Suidwes, het in die saad gestaan. My woorde was skaars koud of 'n pragtige uitgegroeide steenbokrammetjie spring tussen die haak-en-steek voor ons uit en nael dat die rooi Kalahari-grond onder sy klein swart kloutjies uitspat.

Hy het so vinnig gehardloop dat ek gereken het dis neusie verby met my steenbokkie en selfs Sarel sê: "Daar gaat hy!" Soos dit die geval is met baie boere wat selektief op hul plase laat jag en self min skiet, was die bokke nie baie wild nie.

Die bokkie het nog vir so twintig treë of wat die rieme neergelê en toe, eie aan sy spesie, het nuuskierigheid die oorhand gekry. Hy het skielik vasgesteek en daar staan hy plank-dwars, gereed vir my op die spreekwoordelike skinkbord. Sarel skop remme aan en ek lê aan met die Kricko .22-geweertjie. Die bokkie verskyn in die visier. Ek trek my asem stadig in, laat sak die korrel tot onder sy borsbeen, bring die geweertjie stadig op en toe die korrel en visier regoor sy blad kom, trek ek die skoot af. Die bokkie slaan teen die grond neer en tot almal se verbasing, maar my teleurstelling, spring hy op en verdwyn agter 'n groot rosyntjiebos!

Erg beswaard laat sak ek die geweer en kyk na Sarel. Hy sê niks nie, maar toe ek sien hy glimlag weet ek my fout was nie te groot nie. Die skoot het dan so mooi op die regte plek geklap soos hy moes klap!

Sonder seremonie beveel Sarel sy Boesman-werker, wat agter op die bakkie gestaan het, om die steenbokkie te gaan haal, terwyl hy self die bakkie se deur oopmaak en uitklim.

"Toemaar, dit was 'n doodskoot. Die bok lê net agter die rosyntjiebos," troos hy. Ek stap langtand agter Sarel en die Boesman, wat reeds agter die rosyntjie-bos verdwyn het, aan.

Ons volg die spoor – dit lei vyftien treë verder in die rigting van 'n erdvarkgat. Die bloedspoor is onmiskenbaar in die rooi Kalahari-grond afgeëts.

By die erdvarkgat staan die Boesman en wag op bevele; gretige klein jagter wat hy is, met sy geel, Oosterse vel en skreefogies.

Dit lyk asof hy altyd vir iets gryns, maar ek wat Suidwes en die Boesman ken, weet dat dit van lang ure in die bloedige son is dat hy sy oë so op skrefies trek.

'n Paar rooi bloeddruppels biggel op die sand in die laatmiddagson soos rooi granaatpitte. Die spore lei tot in die bek van die erdvarkgat en dit is duidelik dat die swaar gekweste bok daar gaan skuiling soek het.

"Haal die steenbok uit die gat!" beveel Sarel die Boesman wat op die bevel gewag het en hy spring weg met 'n kinderlikheid wat so eie is aan die kinders van die veld. Ek sien nou nog in my geestesoog sy boepstêre soos hy hom in die bek van die gat ingewikkel het!

Dis toe dat die jagtery omskep word in 'n drama wat nie een van ons jagters, selfs nie die gebore Boesmanjagter, voorsien het nie!

Met 'n onaardse gil en vreesgeluide kom die Boesman in trurat uit die gat – tien maal vinniger as wat hy ingegaan het. Sarel was nog besig om iets te vertel, toe ons versteen vassteek en die gedoente grootoog gadeslaan.

Die Boesman peul soos weerlig uit die erdvarkgat. My eerste vrees is dat my steenbokjagtery veroorsaak het dat 'n giftige slang die onskuldige en hulpvaardige Boesman gaan staan en pik het en nou hardloop die gevolge soos hospitaal toe jaag, dokters en helaas 'n stil begrafnis vir die jagter van die veld, wie se naam ek nie eens ken nie, voor my geestesoog – en dit alles my skuld!

Om dinge te vererger, dans die Boesman 'n riel voor ons en hou sy mond vas. Bloed sypel deur sy vingers, drup op die grond en smelt in die rooi Kalahari-sand weg! Vir etlike sekondes – wat vir my soos ure gevoel het, dans die Boesman sy pyn-dans voor ons en nie een van ons is gebore in staat om iets te doen nie, uit vrees dat ons vermoedens juis is.

Ek was te geskok om tot handeling oor te gaan en dit was Sarel wat eerste tot verhaal kom en die Boesman bars beveel om stil te staan sodat ons kon sien wat skort. Die Boesman bedaar en gaan op sy hurke sit. Hy vat sy hand, rooi van die bloed, van sy mond af weg, en dis toe dat ons die oorsaak van die wond bepaal.

Die swaar gewonde steenbokkie het die erdvarkgat as sy enigste en laaste hoop op ontvlugting gekies. Ek dink hy het ook besluit dat hy vandag sy lewe duur gaan afstaan. Dis toe dat die steenbokkie 'n lokval vir die Boesman gestel het en ek is vandag nog bly ek was nie die een wat daar so oorhaastig in die erdvarkgat afgeseil het nie.

Dis toe die oorgretige Boesman die gat inseil dat die bokkie hom daar in die donker om die draai waar die gat 'n elmboog maak, voorgelê het en hom mooi netjies met sy pragtige klein, skerp horinkies twee koeëlronde gaatjies in sy onderlip gestamp het.

So hard was die stamp dat toe die Boesman later water vra om die bloed af te was, daar tot vermaak van al die omstanders, twee straaltjies water uit die gaatjies gespuit het.

Ons het, nadat die ergste skok oor was, lekker vir die Boesman gelag. Ek glo dieselfde Boesman is lank daarna nog in sy kraal gespot omdat hy hom so maklik deur die steenbokkie – een van die skadeloosste van al die boksoorte – laat flous het.

Na al die drama het Sarel die Boesman aangesê om nou nie weer oorhaastig te werk te gaan nie, maar om versigtig die gat in te kruip, die bokkie aan sy poot te vang en uit te trek.

So gesê so gedaan, en ek het toe my pryshorinkies gekry, maar ek moet eerlik wees ek was op daardie stadium nie meer so trots op my prestasie nie. My simpatie het ook nie meer by die Boesman gelê nie en was lankal en beslis reeds by die bokkie. Glo my vry, dit was lank daarna dat ek weer 'n steenbokkie geskiet het.

Ek het daardie dag 'n groot les in die jagveld geleer: Respekteer die wild in die veld en wik voor jy weeg... Die verkeerde besluit mag dalk jou laaste besluit wees!

2. DIE ONTEMBARE HOORT IN DIE NATUUR

Het jy al ooit gesien hoe vry en sonder sorge die visarend, die bergarend en die berghaan in die blou lug ronddraai op sy oënskynlike eensame vlug? So sorgloos en vry as wat die mens maar net oor kan droom. Het jy al gesien hoe die geelvink en die swaeltjie met die uiterste sorgsaamheid en kuns hul nessies bou? Dit verg meer as 'n ingenieur om so 'n struktuur tot stand te bring. Het jy al gesien hoe vol liefde en bedagsaamheid die steenbokooitjie haar pasgebore lammetjie versorg en teen die gevare van die natuur versteek?

Dis 'n belewenis en jy voel so vêr verwyder – jy voel daar skort iets vreesliks in die beskawing as jy hierdie dinge sien en ervaar. Dinge wat in die betonoerwoud afgestomp het waar elkeen vir homself lewe en die duiwel vir die res.

Wat is mooier as die krul van 'n koedoehoring, die roep van die rooibokram, die groet van die fisant voor dagbreek?

As die gejaagde lewe in die stad jou dryf tot senu-ineenstortings, apteke, pille, dokters en verdowingsmiddels, is daar tog nie uitkoms aan die knaende frustrasies en senutergende gejaagdheid nie? Dan is daar net een medisyne, een tonikum, een goeie raad wat soos manna uit die hemel val: klim in jou voertuig en soek die stil werklikheid van die natuur op; kom terug aarde toe en word weer die nietige mens soos deur die Opperwese geskape.

Dis oor hierdie "moderne-senutergende-gefrustreerde-mensaftakelende-gejaagde", sogenaamde "beskaafde" lewe waaroor hierdie verhaal van terreur handel. Ek wil bieg tot die Opperwese en ook my aandeel in die skuld, waar ek ook al deel sou gehad het, aan Hom opdra om vergifnis. Ek wil vir die sogenaamde "moderne beskawing" probeer in die bres tree, al lyk dit nie of ek daarin gaan slaag nie. Deur middel van hierdie beskeie bydrae wil ek probeer vergoed vir wat gedoen is en nie herstel kan word nie.

Dan wil ek as dit moontlik is, 'n boodskap aan my mede homo-sapiens oordra, deur middel van hierdie vingerwysende, treurige ware gebeurtenis. Ek glo dat talle mense, nadat hulle hierdie verhaal gelees het, net soos ek 'n nuwe blaadjie sal omslaan in hul toekomstige optrede teenoor die dinge van die natuur:- die wilde diere, die plantegroei en selfs die visse wat in die waters is, is dringend daarop geregtig om 'n meer genaakbare en verantwoordelike optrede en benadering van die sogenaamde superwese – die mens – te verwag.

Gedurende 1962, toe ek in Windhoek gestasioneer was en buitediens met 'n patrolliewa gedoen het, het ek per radio 'n klag ontvang: "Gaan na die kragstasie. Daar is 'n wilde aap wat van die Owambo's gebyt het – die aap moet geskiet word!"

Dit was 'n betreklik stil Saterdagoggend. Ons roetine-patrollie was naby my woning en omdat ek persoonlik nie veel vertroue in die ou .38 Smith & Wesson-diensrewolwers waarmee die polisie destyds toegerus was gehad het nie, veral nie by die skiet van diere nie, het ek gou 'n draai gery en my betroubare en geliefde ou Krico .22 langloop-geweertjie gaan haal. Die geweertjie het 'n klein, maar uiters betroubare, Weaver-teleskoop op gemonteer gehad. Iewers in my agterkop het iets my gewaarsku dat ek vandag my skietyster gaan gebruik.

Daar was meer redes waarom ek verkies het om nie my diensrewolwer te gebruik nie. Eerstens word 'n man, as jy by die polisie aansluit, met 12 patrone uitgereik. Dit is deel van jou persoonlike uitrusting en moet een keer per jaar vir parade-inspeksie voorgelê word. Bewaar jou siel as een patroon vermis word – dan is daar pêrre! Gevolglik word die patrone deur die jare blink van al die hanteer, want hulle word nie gebruik om springhase mee te skiet nie. Dit was staatseiendom. Die polisie het in die jare van vrede nie so baie van vuurwapens gebruik gemaak nie. Gevolglik het die patrone met die jare verouderd geraak. Ek het dit persoonlik beleef dat van die patrone geweier het om af te gaan, juis op kritieke oomblikke en tot groot ergenis van die skut.

Met die Krico-geweertjie in die hand het ek min geweet dat ek die dag een van die meer interessante, dog ook die mees hartseer, weersinwekkende, onnodige doodmaak van 'n onskuldige dier sou meemaak – meer nog, 'n aandeel daarin sou hê en elke sekonde van die tragedie sou moes beleef. Helaas sou ek die vrugte moes pluk van die wreedste dier op aarde, naamlik die selfsugtige mens.

By die kragstasie stap die voorman en klaer my tegemoet. "Vandag skiet julle die verdomde bobbejaan!" beveel hy kwaai en groet eers agterna. "Môre Sersant. Julle moet regtig vandag 'n plan maak en ek dink julle moet die bobbejaan sommer nou skiet."

In daardie stadium van die onderhandelinge het ek nog nie die "bobbejaan" gesien waaroor die klaer so opgewonde is nie en ek loer oral op die perseel rond, maar merk niks op nie.

"Ek is nou moeg vir die verdomde bobbejaan," hervat die voorman en ek merk nou eers dat die man een senuweebol is. Sy voorkop blink van die sweet en hy vat-vat senuagtig aan sy ken.

Ek merk nog geen onraad nie en stap agter die klaer deur die hekke wat toegang tot die kragstasieperseel verleen.

Dis toe ek om die hoek van die gebou stap, dat ek plotseling versteen in my spore vassteek. Tien treë van my af, aan 'n paal vasgeketting, sit die grootste bobbejaanmannetjie van die baie wat ek al in my lewe gesien het!

Toe ons oë ontmoet, spring die dierasie orent, gooi sy maanhare na vore soos 'n leeumannetjie en trek sy skerp, bruin ogies op skrefies – 'n toonbeeld van vyandigheid. Hy grom uitdagend, sper sy reuse-kake oop en dreig my met tande so lank soos my voorvinger. Vreesloos en fronsend kom hy op my afgestap. Ek sien benoud dat hy geen greintjie vrees vir my het nie – dis net die dik ketting wat hom verhoed om my te bestorm en te verskeur. Naakte aggressie is in die dier se oë en houding te lees.

My nek- en armhare staan orent soos erdwurms wat na lug soek. Sweet bars op my voorkop uit en ek voel 'n koue druppel sweet langs my rug afloop. My handpalms is skielik koud en klam en ek hou die .22 soos 'n lans voor my uit.

Hoe lyk die geweertjie nou vir my so klein en nietig? Hoe voel ek nou skielik so onbeskermd, so sonder verweer? Van skiet was daar in die stadium geen sprake nie. Wie kan in so 'n toestand skiet?

"Nou wat het die dier gemaak?" vra ek hees om tyd te wen en om die noodsituasie op te som, terwyl my lugtige oë vir geen oomblik van die reuse dier af wyk nie. Dis asof ek gehipnotiseer is deur die dinamiese, dreigende voorkoms van die dierasie.

"Man, die manne het die bobbejaan klein-klein hier aangebring en met 'n tou aan die paal vasgemaak. Van die manspersoneel het die bobbejaantjie kos en lekkernye gegee en van die Owambowerkers het hom geterg – tot groot vermaak van almal."

Dit het goed gegaan, tot een dag so twee jaar gelede, vertel-kla die voorman. Twee Owambo's het weer die bobbejaan gestaan en terg, toe hy die dun ketting waarmee hy vas was breek, hulle bydraf en byt. Die bobbejaan was toe maar jonk en die beserings wat hy aangerig het, was meer 'n grap en 'n spottery as wat dit nou eintlik ernstig was.

"Nou is dit 'n ander saak," hervat die voorman. "Hierdie week het die manspersoneel die bobbejaan weer oudergewoonte lekkernye en vrugte gevoer toe twee Ovambowerkers verbystap en die dier tot groot vermaak van die mans begin terg. Dis toe dat die ketting breek en hy hom daar losruk en soos my ma altyd gesê het: van vrolikheid kom olikheid!"

Met die woedende bobbejaan van sy ketting verlos, het die Owambo's ylings rieme neergelê na die kragstasiegebou. Hulle het gereken dat dit hul toevlugsoord was en dat die bobbejaan hulle nie daar sou kon bykom nie. Dis waar hulle hulself lelik misgis het. Die briesende bobbejaan het die gebou binnegestorm en hulle net daar gepak met sy gevaarlike tande. Die uiteinde van die storie was dat hulle met ernstige gevolge in die hospitaal beland het, en die owerheid is nou kwesbaar vir siviele eise. Nou moet ek, terwyl die personeel nie daar is nie, die bobbejaan doodskiet, want 'n volgende insident van hierdie aard kan beslis nie geduld word nie, beduie die voorman: "Sersant, ek versoek u, asseblief, skiet die bobbejaan."

Ek lig die Krico-geweertjie en neem stadig korrel op die dierasie. Plotseling verskyn die bobbejaan se groot kop in die teleskoop. Die intelligente ogies beloer my agterdogtig, maar ek kan sien dat die kees nie 'n geweer ken nie, anders sou hy nie so vreesloos en nonchalant vir my gestaan en loer het nie.

Uiterlik is ek nou kalm, maar binne my kop is 'n maalstroom van onsame-
hangende vrae en gedagtes. In my teleskoop die kop van die bobbejaan, aange-
kla, skuldig bevind en tot die dood gevonnis – sonder verdediging, sonder
advokaat of prokureur en sonder die reg op appél. Wat van die mense wat hom
uit sy natuurlike, regmatige blyplek ontvoer het en hom aan 'n paal kom vasket-
ting het? Is daar dan geen saak teen hulle nie? Wat is die straf vir ontvoering, of
is dit nie ter sprake nie?

Wat van die wat hom geterg het? Wat is 'n bobbejaan se regte wanneer hy in
sy eer aangetas word? Die bobbejaan kan tog nie die polisie bel en sê: "Kom help;
hier is mense wat my in my eer krenk, wat my goeie naam skend nie." Of "Ek is
ontvoer en word teen my sin hier by die kragstasie aangehou" nie.

Wie is reg en wie is verkeerd? Is dit die werklike oortreder wat nou hier voor
my geweer se loop staan?

En ek? Wat is my posisie in die saak? Is ek maar net die laksman, die stomp
uitvoerder van die vonnis, of het ek ook 'n mening om te lug?

'n Man ontvoer 'n bobbejaan en hou hom gevange en die dag as daar proble-
me kom, word die polisie eenvoudig gebel met die opdrag – kom skiet die bobbe-
jaan. 'n Man trou met 'n vrou en as daar probleme kom...? Het net mense regte?

Nou staan daar 'n polisieman met 'n geweer in sy hand, 'n polisieman wat nog
nooit eers daaraan gedink het om 'n bobbejaan uit sy natuurlike tuiste te raap
nie, en op sy skouers rus die verantwoordelikheid om 'n ander se onbesonnen-
heid met 'n doodskoot ongedaan te maak. Waar is die man wat die bobbejaan
ontvoer het? Op wie se gesig hoort die teleskoop se kruisie? Hoekom moet ek nou
vir hom sy bobbejaan vermoor? Hoekom kom doen hy dit nie self nie?

Met 'n bitter smaak in my mond, met selfveragting en pyn in my siel, druk ek
die sneller. Bevestig ek die selfsug en onnadenkendheid van die mens as ver-
woester van die skepping.

Die bobbejaan slaan neer. Stof slaan onder hom uit. Ek sien 'n klein straaltjie
bloed tussen sy oë uitvloei en weet die Krico het dit gedoen. Nogtans stap ek
versigtig nader en bekyk die bobbejaan.

Die dier kan eerder swaarder as 40 kilogram wees as ligter – en dit is 40 kilo-
gram van spiere en dodelike tande.

Van naderby sien ek dat hy glad nie dood is nie, maar dat hy sy wond met
albei hande vashou en tussen sy vingers deur beloer hy my met 'n effens ver-
dwaasde uitdrukking in sy oë. Nog 'n koue rilling gaan deur my.

Lê hy net en wag op die regte oomblik om my te bespring en die onreg wat
teenoor hom gepleeg is te wreek? Of het hy sy finale nederlaag aanvaar in die
besef dat die dood die enigste ontsnapping uit sy lewe van aanhouding en
vernedering bied?

Met 'n skoot in sy oor maak ek seker, en toe was dit "klaar met kees"...

Ek staan terug en beskou my weersinwekkende handewerk. "Jy moet die
diere name gee." Dit is die vroegste opdrag aan die mens. Nêrens in die Bybel
staan jy moet diere aan pale vasmaak en terg en wanneer hulle die kans kry om
die bordjies te verhang, moet jy hulle doodskiet nie. Jy moet die diere name gee.

'n Mens gee tog nie 'n naam aan iets wat jy wil verneder en vermoor nie. My hande voel vuil!

Ek kyk na die lewelose bobbejaan. Dieselfde bobbejaan sou met sy grootte, intelligensie en onverskrokkenheid, as leier en brandwag, geen trop wilde bobbejane tot oneer gestrek het nie. Inteendeel, ek reken dat 'n bobbejaan wat die leierskap van hierdie een se trop sou wou kom oorneem, nie maklik gevind sou word nie.

"Sjoe! Met watse geweer het jy geskiet, Sersant? Het die geweer 'n kwaaier lading as jou .38?" babbel die voorman, maar ek antwoord hom nie. Die man is nou vir my totaal onbelangrik.

Ek stap na die patrolliewa. In my geestesoog sien ek 'n bobbejaantrop in die veld; sien ek die trotse en gerespekteerde leier!

"Sersant," spring die voorman weer half voor my in, "die mans gaan darem kwaad wees as hulle ontdek dat hulle troeteldier dood is!"

Ek veeg die man uit my pad en klim in die patrolliewa.

Ek ry weg; weëmoed en 'n vreemde hartseer oorval my. Ek onthou hoe ek een keer gesien het dat so 'n groot bobbejaanmannetjie sy trop suksesvol teen 'n luiperd verdedig. Ek wonder of 'n luiperd hierdie ou grote sou kon baasraak – en twyfel sterk daaraan.

As hy net hulle leier was en nie teen sy sin en wil as 'n gevangene en sogenaamde troeteldier tot vermaak van die mens in 'n stad vasgeketting was nie..., dan sou die pragdier onder sy spesie nie so wreed en onnodig tot sy einde gekom het nie. As...

Jare later lees ek onderstaande gedig wat my siening bevestig:

HARLEKYN VAN DIE DIERETUIN[1]

Hy sien die agies...
Dan wip hy, skielik mal
Van paal na klip,
Van klip na krip
en spat die water
venynig-woes
dat almal keer en koes,
maar as hul skater
vat hy die sak en vou
dit oor sy hoof;
verlate op 'n ashoop rou
hy oor wat hulle van hom roof,
vêr vlaktes en blou dolmiet;
'n hopie grys verdriet

---

[1] *Met erkenning aan die digter – S J Pretorius*

3. TWEE ARISTOKRATE

Ek was een keer weer gelukkig om Harry se gas te wees. Hy het na 'n vriend se geselskap verlang. Ek het op my beurt 'n ongekende gemsboklewerlus gehad wat nie beskryf kan word nie en wat net deur die ware Jakob geblus kon word.

Vroegmôre, na 'n lekker warm beker boeretroos, was ons op die Jeep en daar gaat ons – jagveld toe. Die veld op Harry se plaas was soos gewoonlik pragtig. Die soetgras het in die saad gestaan en die opslag was lowergroen. Die bloubos was in die saad en jy kon dit kilometers vêr ruik. Hierdie einste bloubos laat die veld, veral in die winter, mooi daaruit sien, maar as 'n melkkoei van die bloubos vreet, is die melk bitter. Ek was nog van mening dat 'n boer wat bloubos op sy plaas het, gewoonlik min of selde siektes onder sy vee ondervind. Ek glo nou nog daar is groot medisyne in daardie bitter blare van die bloubos.

Die kanniedood, kokerboom, wag-'n-bietjie en wildesering het welig en groen in die blaar gestaan en hier en daar het ek gesien hoe die klein ronde vruggie van die rosyntjiebos rooiwang maak. Toe ek nog 'n jongman was, het ons altyd 'n klippie onder die tong gesit, dan glo ons dat jy nie gou moeg en dors word nie – dit het werklik gewerk. Menige jagter het al as hy in die veld die spoor vat en hy sien daar lê 'n lang stap voor, 'n rosyntjiebosvrug afgepluk en dit soos die klippie van ouds in die mond gesit. Eers word die groen-bruin bassie afgekou en uitgespuug. Die bassie het 'n frank-suur smaak, maar as die vruggie, wat in drie dele in die mond opbreek, verder met die tong rondgerol word, dan word dit al hoe lekkerder en soeter, so asof jy by die murg uitkom. Wel, ek het dit talle male gedoen en as die rosyntjiebos se vruggie soet is en nie suur nie, weet ek die wild is moddervet.

Die spreekwoord onder die jagters lui: "Dis elke dag jagdag, maar nie elke dag skietdag nie!" Dit het ek ook talle male in die jagveld ondervind. Dit was die dag ook so – nie dat ons nie wild gekry het nie. O nee, daarvoor het Harry se plaas te veel gehad om mis te loop. Maar die betrokke maand – dit was middel Julie – het die "Augeestus"-wind gewaai, soos die Basters sou sê, soos hy net in

Suidwes kan waai. My jagtersondervinding het dit dat as die wind so waai, die wild in die digte bosse skuiling soek en dan is jag nie 'n plesier soos dit hoort nie.

Ons was later bo-op die berg met die Jeep en daar was geen teken van wild te bespeur nie; net die wind waai sy droewige lied. Later is ons die hoogste berge uit en my bewondering vir Harry se Jeep het gestyg. 'n Bobbejaan sou nie met 'n kierie die berge kon uit waar die Jeepie die dag uitgeklim het nie.

Die vroeë Augustuswind waai deur murg en been en ek weet dat ons vandag maar net sowel by die huis kon gebly het, maar wil dit nie vir Harry sê nie uit vrees dat die ou aristokratiese Duitser my verkeerd kan verstaan.

Bo-op die berg hou Harry stil, mompel binnensmonds en stap sonder seremonie suid, weg van die Jeep. Ek bly maar sit want hy is 'n bra moeilike man om mee oor die weg te kom.

Ek glo ek tel onder die weinige van sy vriende wat jy op een hand kan tel en dan bly daar nog vingers oor! Een ding staan egter soos 'n paal bo water en dit is dat as jy Harry se vriend is, dan het jy 'n vriend uit een stuk so groot soos hy is – 'n rots van 'n mens.

Harry bly te lank na my sin weg en ek klim maar ook uit die Jeep om die natuurskoon te bewonder. Sy plaas lê ongeveer 60 kilometer suid-wes van Okahandja en as jy in die nag op die berg kamp, kan jy Okahandja se ligte sien. Dis pragtige ruwe berge en jy kan vrede in jou siel voel as jy net daar kan staan en die natuurskoon indrink en binne, diep in jou binneste, versadig word daarvan – 'n dors wat net deur die natuur geles kan word.

Daar onder in die vallei sien ek die kokerboom, witgat, sekelbos, kameeldoringboom, soetdoringboom en die perdepisbos of arub soos die Nama hom noem. Hier bo in die lug draai die berghaan verontwaardig naby my, op gelyke vlak, en hy begluur my met sy adelkop en swart ogies, asof hy my verwyt dat ek dit durf waag om sy heiligdom te betree en ek fluister 'n verskoning aan die pragvoël.

'n Klip rol skielik van die berg af en ek stap nader om oor die krans te loer. Verras staan ek daar – twintig meter van my af staan 'n trop van 35 koedoes. Kleintjies en grotes, van donkerblou bulle tot ligteblou-vaal jonger bulle en koeie. Die koeie is mooi ligblou van kleur met 'n duifkleur-bruin om die skouers en rug. Daar staan 'n pragtige klein kalfie net onder my en dit was die klein rakker wat die trop verraai het. Die groter bul en koeie beloer hom asof hulle vir hom wil sê: "Sien jy – nou het jy ons skuilplek verraai!"

Ek het natuurlik op uitnodiging vir Harry kom kuier. Vir Harry kan jy net kuier as jy genooi word. En as jy op Harry se plaas kom skiet, sê hy vir jou waar en wat jy mag skiet. As daar gemsbok loop en Harry wil koedoerugstring gaarmaak, dan skiet jy nie gemsbok nie, maar koedoe. As Harry vir jou laat jag en hy sê skiet daardie bok en jy kwes die bok dan loop haal jy hom te voet – dié is nou maar wors. As jy mis skiet of jy kwes die bok en jy bring hom nie huis toe nie, dan was dit die laaste keer dat jy op Harry se plaas gejag het, "schluss und fertig[2]," soos die Duitser sou sê.

---

[2] *Uit en gedaan.*

Nietemin, ek loer nog so oor die afgrond toe hoor ek iets agter my en gewaar Harry waar hy aangestap kom. Hy loer ook oor die rand. Ek wys hom die koedoes, maar hy skud sy kop. Toe ons terug stap Jeep toe, sê hy dat die trop nog klein kalfies het en daar word nie onder die trop geskiet nie.

Toe ons amper die berg af is en hier na die droë loop van die rivier toe sak, trap Harry rem en fluister vir my: "Shiess Mann, shiess![3]" Ek wonder nog waarvan die man praat, toe beweeg die koedoebul wat ek met die afkom tussen die digte bosse vir 'n rots aangesien het.

Ek sit verstom na die bonatuurlike verskynsel en kyk en hoor net vaagweg hoe Harry deur sy tande dreig dat ek moet skiet. Dis toe die pragdier sy kop optel dat ek met die hand na die 308 Norma Magnum voel-voel met my oë nog steeds op die dier gerig. Hy staan nie twintig treë van ons af nie – vreesloos staan hy daar; nie 'n spier roer nie. Toe hy genoeg gekyk het, begin die bul stadig en statig, op sy tyd, teen die koppie se nek uit stap.

Harry wil die stuipe kry hier langs my, want hy het nie 'n geweer saamgebring nie. Ek bring die geweer stadig en traag aan my skouer die oomblik toe die bul op die nek vassteek en in ons rigting draai. Hy is potblou en dra 'n lang wit baard. Sy horings is die grootste, swaarste en mooiste wat ek nog ooit gesien het.

Toe die bul hier voor my oog verskyn in die Duitse Marburg 1 – 6 teleskoop, kan ek letterlik sy lang ooghare tel, so naby is hy aan my. Vreesloos en minagtend staan hy daar met sy sierlike horings en pragtige groot oë, asof hy wil sê: "Skiet my laat ek sien"! Soos die rots van Gibraltar, soos 'n Egiptiese sfinks, staan die pragdier daar. Soos 'n aristokraat.

Toe weet ek, ek kan hom nie skiet nie. Hier het ek op die kruispad van selektief jag gekom en ek is vandag nog trots daarop dat ek nie die ou grote geskiet het nie. Ek besef vandag nog dat daardie horings, indien nie 'n rekord nie, baie na daaraan sou gewees het. Maar ek het gemsboklewerlus gehad en wou gemsbok skiet – nie koedoe nie.

Die bul bekyk my vir oulaas, blaas verontwaardig deur sy neus, en verdwyn rustig en statig oor die nek. Dis hier waar Harry net 'n snork gee. Rooi in die gesig spring hy agter die Jeep se wiel uit. Hy pluk sy mooi groen Duitse hoedjie met die Loerieveer in die band van sy kop af, gooi dit op die grond en spring op en af daarop terwyl hy skreeu: "Waarom, waarom skiet jy nie, man!?"

Toe hy eindelik bedaar, tel hy ewe sy platgetrapte hoed van die grond af op, gooi dit agter op die Jeep tussen die gereedskap en klim after die wiel in. Hy skakel die Jeep aan en as ek nie betyds langs hom ingespring het nie, sou hy waaragtig vir my weggery het.

---

[3] *"Skiet man, skiet!"*

Daardie aand braai ons slaghuiswors op kameelhout kole en hier verduidelik ek vir hom: "Daardie koedoe en jy is een en ek sou hom nooit geskiet het nie al staan hy nou hier voor my."

Harry beloer my oor sy stomende koffie en sê vir 'n lang ruk niks. 'n Vlermuis swiep oor ons koppe, 'n kiewiet raasgat in die droë rivierbedding en 'n jakkals bekla sy nood teen die sekelmaan op die horison.

"Ja, du hast eigenlich recht! [4]" erken hy oplaas en ek sien hy tuur die wildernis in. Ek sien die streng gesig versag en die klein plooitjies langs sy oë maak hoenderspore en ek weet hy het in sy hart en siel met my vrede gemaak.

---

[4] *"Ja, jy was eintlik reg!"*

4. BALLISTOLOLIE-BALLADE

Toe ek nog 'n klein seuntjie was, het ons in Bronkhorstspruit gewoon en my pa het in Pretoria gewerk. Dit was moeilike jare daardie. Dit was oorlogsjare[5], alles was skaars en duur. Geld was daar beslis nie.

Ek kan nog goed onthou hoe ons lank met geelmieliemeel moes klaarkom – van brood was daar geen sprake nie en veral 'n witbrood was 'n rariteit. In die môre was dit warm geel mieliepap, in die middag koue geel mieliepap en in die aande ou geel mieliepap. Ja, dit was swaarkryjare vir ons daardie. Ons was arm, maar ons het darem nooit honger gaan slaap nie. Ons het ook nie nuwe klere geken nie. Ek onthou ek moes lank in my lewe gelapte broeke dra, maar dit was darem altyd skoon en netjies gestryk – gelap of te nie.

In daardie tyd is daar ook maar selde van dokters gebruik gemaak. Sulke luukshede was ons nie beskore nie, want daar was net eenvoudig nie geld daarvoor nie. Daarom is die blou kasteroliebottel, balsem kopiva en ander rate gereeld nadergesleep. Engelsesout, wat later deur die smaakliker maar blitsige Brooklax vervang is, was geen onbekende in ons huis nie.

Ek onthou nog goed hoe ek in daardie jare vir die eerste keer met ballistololie te doen gekry het. Die bekende olie is vir baie dinge in my lewe gebruik.

As jy maagprobleme het, dan haal pa die ballistolbotteltjie uit. Of die natuur te haastig en oordadig was of te traag, dit maak nie saak nie – ballistololie het die probleem opgelos en gereeldheid gebring. As jy jou vinger gesny het, was ballistol die remedie en genees het dit waaragtig. As jy jou per ongeluk met vuur brand, glo ek vandag nog, is daar min middels wat ballistololie kan klop.

'n Oubaas het my een keer vertel dat hy jare met 'n maagseer gesit het en dat die dokters hom nie kon genees nie. Ballistololie was die redding. Dit was natuurlik jare gelede, maar selfs vandag glo ek dat 'n man wat nie graag aan sy maag wil laat sny nie, ballistol as 'n pynlose vervanger vir die mes kan gebruik.

Eenkeer het ek weens lang blootstelling aan die son, my gesig erg gebrand. Ek was in die veld en met 'n swak vel wat maar maklik deur die son verbrand

---

[5] *Laaste wêreldoorlog.*

word, het ek geen middel gehad om my vel mee te behandel nie. Nadat ek die aand met 'n seer vel gaan stort het, het ek skielik my ballistololie onthou. Ek het sonder seremonie die botteltjie uitgehaal, ballistol aan my vel gesmeer en gaan slaap. Die volgende môre toe ek opstaan en amper klaar ingepak het, merk ek my bottleltjie ballistololie langs die bed staan. Toe eers onthou ek my pynlike sonbrand van die vorige dag. Van die seer was daar geen sprake meer nie – ballistol het weer die ding gedoen.

Ek kan nie meer alles onthou waarvoor ballistololie gebruik kan word nie, maar dit is ook vir tandpyn aangesmeer. Ballistololie wat warm gemaak is, kan ook vir bloedvinte help. En as jy jou met 'n mes raaksny, is daar geen rede tot kommer nie. Gooi ballistololie op 'n lappie, verbind die snywond en die wonder-olie genees jou wond dat daar geen teken van 'n sny oorbly nie. As jy die lappie 'n dag later sou afhaal sal jy ook aan ander sê die sny was regtig daar... ek belowe!

Op 'n anderkeer het ek 'n paar dae langs die Suidweskus gaan visvang. Hier vang 'n mens werklik vis. Die manne soos oom Flip Joubert en Klasie van Vuuren sal jou gou sê dat as jy vis in die pan het, hengel jy vis – as die vis in die see bly, dan vang jy verkoue. Ek en my broer het die dag bontgestaan langs die see. Hy het gelukkig 'n sonbrandmiddel saamgebring, want ek kan die versekering gee dat die Suidweskus se son 'n hond uit 'n bos brand. Hier moet jy twee-twee saam loop, want as die son jou alleen kry, brand hy jou 'n kaiing.

Dit was dan gedurende die hengeltog dat ek vir my genoeg sonbrandmiddel aangesmeer en laat waai het. Die kabeljou het geloop en die son het gebrand, maar ons was reg. Die tweede dag toe ek groet en huiswaarts keer met so 'n twintig lekker kabeljou in die vrieskas en met 'n mooi bruingebrande gesig sonder die bekende seer sonbrand, moes ek voel dat daar ander probleme is. Die son het op my onderlip 'n netjiese groot koorsblaar gebrand. Nou wil ek darem die dokter of apteker sien wat 'n middel het wat 'n koorsblaar sommer so laat verdwyn – nee hulle kan nie; jy sal maar die gewone pyne moet deurstaan.

Die koorsblaar kom uit met sy bekende dik swelsel waaraan jy niks kan doen nie en gewoonlik klop hy so dat hy jou hele bestaan bederf. So na twee, maar veral drie, vier dae breek die koorsblaar en het jy 'n allemintige seer aan die mond wat jou nog meer as 'n week lank genadeloos treiter.

Toe ek by die huis kom met die koorsblaar, was daar niks wat wou help nie. Na die derde dag het die koorsblaar – 'n knewel van 'n kêrel – oopgebars. Toe sê ek eers les op. Ten einde raad het ek my medisynekassie deursoek, maar sonder sukses. Dis toe dat ek my ballistololie onthou.

Ek het die botteltjie in my sak gesteek. Elke keer as ek merk dat die koors-blaar droog word, dan sit ek 'n bietjie ballistololie aan en gedoriewaar – die ballistololie help vir koorsblare ook.

Ek onthou nog goed toe my oor die nag aan't sweer gegaan het. Waarom 'n man se oor moet sweer, en dit gewoonlik in die nag, wanneer jy die lekkerste slaap weet ek nie. Wat ek wel weet, is dat Ma die ballistololie in die teelepeltjie oor die kers warm gemaak het, en in my oorgegooi het, was die pyn en die oorsweer iets van die verlede.

Wat 'n wondermiddel!

Ek weet van 'n geval van 'n oubaas en sy vrou wat in 'n afgeleë deel van Suidwes een dag per motor op reis was. Die twee klein venstertjies van die motor was oopgedraai om die maksimum lug in te laat, want almal weet al teen die tyd dat Suidwes baie warm word. Terwyl hulle so ry, vang die passasierskant se klein venstertjie 'n perdeby en skep hom in die motor in. Hy beland op die tannie se hand en steek haar onmiddellik. Die steekplek begin dadelik swel en nodeloos om te sê dat dit gepaard gaan met 'n geweldige skerp pyn.

Wat nou gemaak, sê die oom, want hy het niks by hom nie. Dis toe hy onthou dat hy 'n botteltjie ballistol voor in die smelterkassie het. Hy hou stil, haal die botteltjie ballistololie uit en smeer daarvan aan die bysteek. Dit was nie lank nie toe bedaar die ergste pyn en die swelsel het so gesak dat hulle daarvan vergeet het.

Ek vra toe vir die oom of dit 'n rooiby of swartby was... "Nefie," sê die oom, "of dit 'n rooiby of 'n swartby was weet ek nie. Daar was nie tyd om hom sy politiek te vra nie. Al wat ek weet is dat hy steek dat dit bars!"

Nou, vir al die kwale en probleme weet ek, is ballistol, wat 'n alkaliese olie is, al gebruik.

En het u geweet dat ballistololie vir gewere ook gebruik kan word?[6]

---

[6] *Hierdie is geensins 'n advertensie vir Ballistololie nie!*

5. DIE GEMSBOK MET SY MOBIELE HITTEWISSELAAR

Die gemsbok (Oryx gazella) is een van die groot antilope in Afrika en kom veral in die droë gebiede voor, soos Namibië, Botswana en die Nasionale Kalahari-gemsbokpark.

Die gemsbok (Gemsbok-Oryx) is 'n groot bok van die subfamilie, Hippotragine, wat water- en gemsbokke, hartbeeste en blouwildebeeste insluit. Daar is drie soorte bekend in Suid-Afrika en Arabië, naamlik die wit Arabiese gemsbok (Oryx leuroryx), die kromhoringgemsbok (Oryx kao) van Noord-Afrika en die gemsbok van Suid- en Oos-Afrika, waarvan daar twee variëteite voorkom, naamlik die Gemsbok-Oryx gazella van Suid-Afrika en die spiesbok – Oryx gemsbok beiza – van Oos Afrika. Die swartwitpens en die bastergemsbok is verwant aan die gemsbok – Oryx gazella.

Hierdie pragtige antiloop, wat vroeër in sy duisende op die Suid-Afrikaanse vlaktes voorgekom het, is vandag so deur jagters uitgedun dat die jag van gemsbokke deur wetgewing beskerm word. Ek glo dat die onherroeplike slagting onder gemsbokke deur onverantwoordelike jagters, die oorsaak is dat hulle na die woestyngebiede van ons land uitgewyk het.

'n Groot gemsbokbul word ruim 1,2 meter hoog by sy skouerknoppe en kan meer as 180 kilogram weeg. Sy horings, wat 'n gemiddelde lengte van 122cm kan bereik, is waarlik 'n bate vir die gemsbok in 'n geveg en 'n lus om na te kyk. Die twee lang, reguit horings is byna die volle lengte in die dwarste geriffeld, wat dit natuurlik sterker maak. Die horings, wat op 'n afstand byna na twee skerppuntige swaarde lyk, is inderdaad vlymskerp aan die punte, behalwe as hulle deur baie graafwerk – wat gewoonlik gedurende lang droogtes gebeur – of deur gevegte – afgebreek word.

'n Gemsbok se lewensduur is ongeveer 20 jaar.

'n Gemsbokkoei lyk amper op 'n haar na net soos die bul, maar as mooi opgelet word, is die koeie effe kleiner en het hulle korter horings.

Die gemsbokkoei het gewoonlik 'n dratyd van nege maande. Die enkele kalfie wat gedurende Desember/Januarie gebore word, is rooi van kleur en beskik oor kort, reguit horinkies. Soos alle antilope, versteek die koei haar kalfie na geboorte en sal naby vertoef totdat die kalfie sterk genoeg is om saam te beweeg, op soek na kos.

Gemsbokke is rondtrekkende diere en daarom kan hulle so goed in die woestyn aard. Hul plat kloue is goed by die gebied aangepas en stel hulle in staat om met die grootste gemak oor die los sand van 'n duin te hardloop. Voorts is die uiters opvallende swart en wit gesigmasker en die duidelike swart strepe op sy rug, keel, romp, en langs sy sye en ook 'n lang swart stert onmiskenbaar.

Gemsbokke wissel in kleur van beige-bruin tot grys. Die lyf is redelik breed oor die skouers en word slanker oor die romp en dye. Hulle hare is kort, maar bo-op die dik, gespierde nek is daar 'n kort, digte kombers regop maanhare.

Die gemsbok het 'n lang stert wat byna tot op die grond reik. Gemsbokke beweeg hul breë, kort ore by die geringste irritasie of geluid en laat spaander gewoonlik met 'n kort snork as gevaar dreig,

Gemsbokke is grasvreters en loop gewoonlik vêr om te wei, aangesien die woestyngebiede waar hulle hul bevind soms geen gras het nie.

Hul dieet word met wildevrugte soos wildewaatlemoen en wildekomkommer, wat ook as die gemsbokkomkommer bekend staan, aangevul. Verder grawe hulle verskeie soorte wortels en uintjies met hul kloue en horings uit.

'n Gemsbok is 'n besondere dier en ek het al gesien dat hulle selfs in die droogste gebiede denkbaar moddervet is. Wanneer 'n gemsbok baie vet is, vorm die vet onder sy vel so 'n rif op sy agterboude en dan sê ons jagters die gemsbok is so vet dat hy "broek dra". As 'n vet gemsbok wegdraf – want hy kan dan nie vinnig hardloop nie – dan wip die rif/vel agter teen sy boude soos 'n te groot kakiebroek en dan moet jy weet hy is werklik vet!

Sy goed-gebalanseerde dieet stel die gemsbok in staat om kort periodes van droogte te oorleef. Gemsbokke kan egter nie vir lang tye sonder water beweeg nie – hulle moet elke dag water drink. Ek het al gesien dat hulle in die Namibwoestyn tot 20km in die nag stap om bo in die Brandberge te gaan water drink en hulle stap dan dieselfde afstand terug.

Gemsbokke is rondtrekkende diere, dikwels meer so om by die plantegroei wat gewoonlik na 'n reënbui in droë gebiede groei, te kom.

Wanneer die gemsbok begin trek, na so 'n reënbui, kom hulle uit alle oorde bymekaar en vorm gewoonlik een groot trop van tot meer as honderd.

Wanneer 'n ou bul uitgewerp word, verlaat hy sy troppie en gaan kla sy nood gewoonlik by 'n troppie zebras.

'n Gemsbok spring nie soos die springbok, koedoe en rooibok oor 'n boer se draad as hy bedreig word nie. Nee, hy kruip onder die onderste draad deur. Daarom bly 'n gemsbok in 'n deeglike ingekampte kamp waarvan die drade goed en tot onder op die grond gespan is. As hy by 'n swak draad kom, sal hy eenvoudig net sy horings onder die draad indruk, dit oplig en onderdeur kruip.

Gemsbokke is bekend vir hul onverskrokkenheid. 'n Gekweste gemsbok is 'n uiters gevaarlike dier en moet nie goedsmoeds genader word nie. As 'n gemsbok vasgekeer word – veral as hy gekwes is – word hy 'n dodelike gevaarte wat nie sonder handskoene aangepak kan word nie. Selfs as die koei se kalfie bedreig word, is nie net die koei nie, maar ook die bul 'n gevaar om mee rekening te hou.

Dit is eintlik maklik om die gemsbok te jag en te skiet – veral as daar nie gereeld op hom jag gemaak word nie. Wanneer die gemsbok gereeld gejag word, ondergaan hy 'n metamorfose – net soos die oënskynlike dom vlakvark – en verander hy benewens die feit dat hy dodelik gevaarlik is, in 'n uiters geslepe kalant.

OoooOoooO

Dit was weer soos gewoonlik winter toe Beentjie Carow my genooi het om daar diep in die Namib, op Piet se plaas, gemsbok te gaan jag. Ons het met sy bakkie vanaf Windhoek die nagenoeg 70 kilometer na Rehoboth gery en daar reg wes die woestyn in gedraai, verby Maltahöhe se polisiestasie. Daarvandaan was dit nog 'n uur se reis tot op Piet se plaas, wat op die rand van die Namib-woestyn geleë is.

Dit was vir Piet, Beentjie en myself, 'n onvergeetlike kuiertjie, of sal ek sê jaguitstappie, want sien, Piet het gedors na geselskap en ek en Beentjie se lus vir gemsboklewer en pofadder het 'n myl vêr uitgehang. Daardie aand spoel ons die woestynstof af met 'n paar koue biere en nog later trek ons die knipmesse uit en lê weg aan die heerlikste baster karakoel/persieskaaphamel se vet gebraaide rib, dat die vet so langs ons monde afdrup.

Die volgende oggend is ons vroeg op Piet se Jeep – 'n regte Engelse Willy's Jeep met die kortgat. Alhoewel dit hier in die Namib bloedig warm in die dag is – winter of somer – word dit bitter koud in die winternagte, veral in die vroeë oggend. Dit was bitter koud dié oggend en alhoewel die ysbeertjie skerp aan die ore, nek en kuite kou, was die warm, opgewonde gevoel van 'n heerlike dag se jag in die veld genoeg kompensasie. Die vooruitsig het die ongerief van die koue totaal oorskadu.

Vêr in die Namib, so noord-wes van die bekende Sossusvlei, seil ons met die Jeepie om 'n groot bruin duin en daar begin 'n paar vet gemsbokke luiweg voor ons wegdraf, daar waar hulle hul knuppeldik aan die groot, groen, maar ryp tsammas staan en vreet het. Tweede van agter draf 'n besondere groot en vet bul teësinnig, so al asof hy nie lus het om die half gevrete tsamma agter te laat nie.

Ek klop met my linkervuis op die Jeep se kap en toe Piet stilhou, is die 9mm Mauser aan my skouer en my twee voete plat op die grond. Daardie dae was my vatte en kyke nog jonk, vinnig en reg gewees. Die gemsbok loer nog so oor sy skouer met sy wit en swart masker of hy van 'n maskerdans af kom, toe die donkerbek praat en hy holderstebolder gat oor kop slaan en stil bly lê.

Piet skakel die Jeep aan en ons ry stadig nader. Toe ons by die bul kom, gaan hy aan't spartel en Piet se foksterrier, wat agter op die Jeep gestaan het, spring af en bestorm die bul. 'n Foksie sien mos vir enige ding kans.

Die bul staan moeisaam op, want dit was 'n goeie skoot. Daar staan 'n kortstam droë doringbos en die gemsbok haal dit net toe die foksterrier hom hier agter om die enkels pla. Die gemsbok gooi sy agterlyf in die doringbos en konfronteer ons.

Ek wil die bok die genadeskoot toedien, maar Piet sê nee, wag eers, hy wil my iets wys. Eers hits hy die foksie aan om die bul te vat, maar die dapper klein hondjie het nie verniet met gemsbokke grootgeword nie. Hy bly net buite bereik van die gevaarlike horings. Die bok het in 'n ommesientjie 'n perfekte halfmaan-beweging met sy horings gevorm en ek is seker as die foksterriertjie hom binne die kring sou waag, hy beslis deur daardie pragtige horings gedood sou word. Hierop het Piet die hondjie weggevat, 'n paar droë takke opgetel en dit na die gemsbok se kop gegooi.

Hy het elke stuk hout met die grootste behendigheid en akkuraatheid met sy horings weggeklits. 'n Genadeskoot was egter nie nodig nie, want die 9mm projektiel was swaar en dodelik.

Hier het Piet my vertel van 'n gemsbok wat hy tydens 'n vorige jagtog gekwes het. Die bok het op die oopte 'n verdedigende stelling ingeneem en binne die kring van sy horings se bereik het Piet drie honde verloor. Die kleinste, ook 'n fokster-rier, is 7 meter agter die gemsbok opgetel – deurboor en morsdood.

Die gemsbok was nog altyd vir my 'n besondere wildsoort, wat nie net met sy dapperheid en aggressie respek afdwing nie, maar ook met sy gehardheid om in die moeilikste omstandighede te oorleef. Op hierdie dag was daar geen stoppeltjie gras of ander kos in die oënskynlik lewelose woestyn te sien nie... en dan spring 'n spekvet gemsbok, so vet dat hy broek dra, in die versengende hitte waar die kwik tot 50 grade Celsius kan styg, uit.

Nadat ons nog twee gemsbokke geskiet het, is al drie plus ons drie jagters en die foksterrier op die klein, kranige Jeepie gelaai en het ons heerlik op ons tyd huis toe gery.

Wanneer dit werklik warm word in enige woestyn sal 'n mensekind, sonder water, skadu of enige ander vorm van beskerming teen die elemente, eenvoudig oppak en beswyk.

Met 'n gemsbok is dit egter 'n ander saak. Vir sy spesie het die Skepper 'n hittewisselstelsel ontwerp wat hom in staat stel om in die uiterstes van woestyn-toestande te oorleef. Hierdie merkwaardige "verkoelingstelsel" kom net by 'n klein groepie herkouende diere voor.

Warm kroonslagaarbloed (met 'n dodelike temperatuur van 45 grade Celsius) vloei na die brein. Dit bereik egter nie onmiddellik die brein nie maar vertoef eers in die hittewisselaar, wat in die sinusholte onder die gemsbok se brein geleë is en as die hoofslagaarnetwerk bekend staan. In hierdie fyn netwerk van bloedvate word die bloed inderdaad koudgelei voordat dit brein toe gaan.

Die koudleiproses vind plaas deurdat die slagaarnetwerk deurmekaargevleg is met 'n netwerk van aartjies wat koel bloed van die neussinusholtes terug na die hart vervoer. 'n Uitruilingsproses van warmte vind dus in die hoofslagaarnet-werk plaas: Die warm bloed word deur die koeler bloed afgekoel en andersom. Hygings wat die bok deur sy neus maak, verlaag die hittige bloed se temperatuur baie doeltreffend met tot 2,9 grade Celsius. Met die effektiewe verkoeling is die temperatuur van die bloed wat uiteindelik die brein bereik nou 42 grade Celsius, wat seker beteken dat 'n andersins heethoofdige gemsbok nou heeltemal koelkop kan bly.

Met hierdie verkoelingstelsel kan die gemsbok met gemak temperature uitstaan wat vir die meeste ander soogdiere noodlottig sou wees.

Vog is in die woestyn uiters kosbaar en die gemsbok kan nie, soos mense en bykans al die ander warmbloedige diere, bekostig om sy liggaam te verkoel deur te sweet nie. Nietemin is hy doodtevrede om oop en bloot in die genadelose Kalahari-son te staan, sonder om 'n skaduweetjie op te soek of om met die verdamping van sweet af te koel. Intussen is sy liggaamstemperatuur vêr hoër as die omliggende lug. So bewaar die gemsbok liggaamsvloeistof deur liggaamswarmte te bewaar en deur konduksie (geleiding) en uitstraling in die atmosfeer vry te laat.

Oortollige hitte wat deur die bloedige warm dag opgegaar word, kom ook in die bitter koue Kalahari-nag goed te pas wanneer dit stadig uitstraal. Teen dagbreek is die gemsbok gereed om die nuwe dag met 'n gesonde en gerieflike liggaamstemperatuur van 34 grade Celsius te begin.

Hierdie voorbeeld van hoe 'n hittewisselaar vir die gemsbok in die natuur werk, is nog 'n verbasende aspek van die skepping se wonderlike tegnologie. Dit is 'n tegnologie wat die mens maar net verstom, verbaas en nietig laat voel – 'n tegnologie wat deur niks en niemand anders as 'n God bedink en vervolmaak kon word nie.

Benewens die feit dat die gemsbok een van die wildsbokke is waarvan die vleis die naaste aan 'n bees s'n is, is sy sagtevet wit soos 'n eland sin. Dis vir daardie einste gemsbok se lewer en vetderm dat ek bereid sou wees om my eersgeboortereg te verruil, al is ek nie eerste gebore nie. Om heeltemal eerlik en regverdig te wees, moet ek sê dat springbok- en koedoelewer net so lekker as 'n gemsbok s'n is, maar beslis nie lekkerder nie. Maar een plek skop ek vas en dit is dat geen bok se "pofadder" lekkerder as die van 'n vet gemsbok s'n smaak nie – veral as die haasbiltongtjie en die niertjies met wit pensvet gebruik word.

Benewens die lekkerny is die res van die gemsbok se vleis uiters geskik vir enige soort potbraai en soortgelyke dis. Sy biefstukke en garingbiltonge is net so gaaf vir bakdoeleindes en dan is daar natuurlik ook die oorspronklike doel waarvoor die gemsbok geskiet word, naamlik sy biltong. Veral as die gemsbok vet was, smaak sy biltong raak.

Die groot bonus van 'n vet gemsbok – en dit weet die Boesmans van die Kalahari ook – is sy kwak!

Vir die wat nie weet nie: die kwak is 'n sagte weefsel wat net onder die keel van 'n gemsbok gesetel is. Die kwak word uitgeslag en dit lyk inderdaad net soos 'n sagte been van sê so 4cm x 7cm. Die wilde Boesmans van die Kalahari is gek na die kwak van 'n gemsbok en hulle braai dit gewoonlik op oop kole in die as. Ek verseker die jagter wat dit nog nie geëet het nie, dat hy sowaar 'n lekkerny vir die fynproewer misloop.

Hoeveel keer het ek al in 'n luukse restaurant gesit, gestewel en gespoor en geryg en gestrop, met silwer eetgerei en kristalglase en sagte musiek en die keur van die kok om van te kies? Maar telkens wel die verlange in my op na die barre woestyn; na die sissende geselligheid van gemsbokkwak op kameelhoutkole...!

6. PIPERELLEKOORS OF PAPELELLEKOORS

Alhoewel die gemiddelde jagter seker behoort te weet wat die uitdrukking 'papelellekoors' beteken, glo ek dat dit veral die deursneë dorpenaar, as die sou gevra word wat dit beteken, nie die vaagste benul sou hê waarvan ek praat nie!

So was dit ook toe ek nou die dag drie jong dorpenaars skielik konfronteer en vra wat verstaan hulle as ek sê dat iemand papelellekoors onder lede het.

Alhoewel my vermoede korrek was, was ek nogtans verbaas om te hoor dat nie een van hulle die vaagste benul het waarvan ek praat nie. Dit het my laat besef dat die jag-era waarin ek grootgeword het, skielik nie meer bestaan nie en dat die jag – waarvan die jong dorpenaar in die meeste gevalle net hoor of in boeke lees – vir goed verby is.

Ek het al in die jagveld gesien hoe reageer nie net onervare jagters nie, maar hoe ervare jagters ook deur dié lastigheid oorval kan word.

Dis toe dat ek begin navors het wat papelellekoors is, dat ek op uiters interessante gegewens van dié jagtersfobie afgekom het – gegewens, ek is seker, waarvan selfs van die ou garde nog nie gehoor het nie. Dit is beslis nodig om die juweeltjies uit my jagterslewe vir oud en jonk, maar veral vir die opkomende geslag op te teken.

Hoe die senu-aanval nie net onervare jagters nie, maar ook gesoute veldmanne kan tref, kan beslis boekdele vul. Die meeste voorvalle sal lagwekkend wees, maar daar was ook gevalle wat noodlottige gevolge gehad het.

Ek glo vas dat alle jagters gewoonlik aan die begin van 'n jagloopbaan slagoffers van die vernederende en meestal demoraliserende aanval was. Tog het ek al gesien dat jagters van alle ouderdomme getref word deur die lastigheid van papelellekoors.

Gewoonlik is dit die onervare jagter – van alle ouderdomme – wat die grootste slagoffer van die ongemaklike toeval is, maar soos ek gesê het, veral as 'n bedrewe jagter nie gereeld in die veld kom nie, val hy ook sonder waarskuwing tot prooi van dié, selfs deur die wetenskap onverklaarbare, aanval.

Kom ons neem nou die liggaam wat gewoonlik 'n temperatuur van 37 grade Celsius handhaaf. As jy draf of ligte oefeninge doen, stuur die brein onmiddellik seine wat jou bloed vinniger laat sirkuleer. Om die bykomende lading te dra, vergroot die mens se bloedvate.

As jy skrik of skielik iets opwindends beleef, gebeur dieselfde – maar daar gebeur nog iets meer met die liggaam en dit is dat adrenalien in die bloedvate afgeskei word.

Hierdeur, so sê die geleerdes, word hitte deur die uitstraling verloor en jou temperatuur daal; so veroorsaak die ekstra bloed wat dan deur jou are vloei, die bekende rooi gloed – veral in die gesig.

Jong meisies wat deur jong mans gevlei word, ondervind gewoonlik dieselfde toestand, ons ken dit as bloos. Mense bloos gewoonlik van skaamte of verleentheid – deurdat die liggaam ekstra bloed deur die bloedvate in die gesig en nek laat vloei.

Sweet vorm in klein kliertjies in jou vel en as dit die oppervlak bereik, verkoel dit weer die liggaam. Daarteenoor veroorsaak die daling in liggaamstemperatuur dat jou bloedvate saamtrek, en vermeerder dit die hoeveelheid hitte wat deur die vel verloor word. Die liggaam gaan skielik aan die bewe, wat weer onnatuurlike, ekstra hitte en energie meebring.

Watter jagter was nog nie in 'n mindere of meerdere mate die slagoffer van papelellekoors gewees nie? Dit gebeur gewoonlik as die jagter (skielik) in die jagveld op 'n wildsoort afkom wat hy net nie verwag het nie.

Dit het die volgende simptome:

➢ Eerstens raak die jagter aan't bewe – adrenalien pomp deur sy are teen 'n ongekende en soms bonatuurlike tempo.

➢ Alles loop dan gewoonlik vir die voornemende jong jagter verkeerd. Sy hande bewe geweldig en is papnat gesweet. Dit voel of elke hand twee ekstra dom duime het wat net nie die regte ding kan doen nie.

➢ Die geweer haak aan alles en die loop wil net nie stil staan nie.

➢ Om sake te vererger, vergeet die jong jagter gewoonlik alle noodsaaklike jagtersreëls en gooi selfs veiligheid oorboord.

➢ Eerstens vergeet hy – die slagoffer van papelellekoors – óf om die patroon in die kamer van sy geweer te stoot, met ander woorde om sy geweer te laai, óf om sy geweer se veiligheidsknip af te stel.

As die vermelde simptome die papelellekoors-slagoffer tref soos dit gewoonlik doen, maak die meeste van hulle 'n dodelike en gevaarlike man met 'n gelaaide vuurwapen uit – dodelik gevaarlik vir alles en almal buiten die bok wat oorspronklik die bewerasie in hom ontketen het. As gevolg hiervan het noodlottige ongelukke al plaasgevind. Agterna is die verskoning gewoonlik iets soos, hy kon sweer dat die gewraakte vuurwapen nog nie gelaai was nie. Daaruit is dit duidelik dat 'n man met papelellekoors nie by sy volle sinne is terwyl die aanval voortduur nie.

Dit was gedurende 1953 toe ek en 'n vriend van my die Wit Namib[7] besoek het, waar hy 'n klein berilmyntjie bedryf het. Ons het in Usakos gewoon en ons het die destydse grondpad tussen Usakos en Swakopmund gevolg.

Ons het verby die wêreldbekende Spitskoppies gery en daarna noord-wes na die ewe bekende Brandberge. Dit was 'n wonderreis – altans vir my.

Die Namib-woestyn was pragtig, soos dit nog altyd vir my was, nieteenstaande die toe reeds knellende droogte.

Niemand het nog ooit 'n mooi sonsondergang gesien as hy dit nog nie oor die Namibwoestyn gesien het nie. Ek onthou een spesiale keer toe die son oor die Namib gesak het met net een klein wolkie op die horison, in die anders hemel-bloue lug. Dis 'n gesig wat my altyd sal bybly – ek het nog nooit weer daarna so 'n pragtige verskynsel in die natuur gesien nie. Die son het in 'n stadium reg agter die wolk in beweeg en dit in 'n kaleidoskoop van wondere verander – wat my laat voel het dat daar iets heiligs gebeur het. Ek weet ek kan die verskynsel nie naastenby beskryf nie, want woorde het net nie die krag om die wondere van die natuur uit te druk nie. Eerstens het die son agter die wolk ingeskuif en dit asof met 'n towerslag met die suiwerste goue rand omlyn. Omring deur die rand was die samevoeging van al die kleure van die reënboog. Snaaks, as ek vandag met soveel heimwee daaraan terugdink, kan ek nog duidelik onthou dat ek geen kleur bo die ander kon onderskei nie – alle kleure aan die mensdom bekend was in die wonderwolk saamgevoeg!

Toe ek en my vriend die tweede oggend agter die Brandberge op die plato uit-ry, het een van die wonderlikste verskynsels ons begroet; 'n verskynsel wat min mense seker ooit die eer gehad het om te aanskou. Voor ons – so vêr as die oog kan sien – tot op die horison en so vêr as wat die oog suid en noord kan sien – staan ongeveer 7 000[8] springbokke op die opslag en wei.

Die naaste springbok was 20 meter van ons af en so het hulle gestaan, een enorme plaat springbokke – 5 meter uitmekaar!

My vriend haal sy geweer uit en dis hier waar ek die eerste keer in my lewe gesien het hoe 'n jagter letterlik en figuurlik papelellekoors kry. Ek was toe maar 'n jong seun van 15 jaar en glo my vry, hy was nie in staat om een springbok te skiet nie. Toe hy op die naaste springbok aanlê, het hy so aan't bewe gegaan dat hy die bok skoon mis geskiet het, terwyl die springbok soos ek reeds gesê het, skaars 20 meter van die bakkie af gestaan het.

Hy fokus toe sy aandag op die tweede naaste springbok en kwes die bok teen die kam van sy nek. Ek moes die geweer uit sy bewende hande neem om lewer

---

[7] *Die Namib se oorspronklike kleur is wit/grys. Die wetenskap krap vandag nog kop oor waar die hoogste rooibruin duine in die wêreld, aan die kusgebiede in die Namib-woestyn, vandaan kom. Daar is 'n teorie dat die rooi sand deur geweldige stofstorms in die Kalahari-woestyn in die lug opgeraap was deur die eeue en die rooi sand in die Namib-woestyn laat neersif het!*

[8] *Ek sê maar 7 000, maar ek is bo alle twyfel seker dit was ± 10 000.*

vir die aandete te verseker. Hy het nooit daarna na die voorval verwys nie. Dit was nou papelellekoors.

OoooOoooO

Die uitdrukking, papelellekoors, kom oorspronklik van die Nederlandse woord "papelarden" en die vermoede is dat die woord weer verband hou met die Franse woord "papelardie". Die woord papelardie, so word vermoed, is deur die Franse oorgeneem van die Latynse woord "papelardia", wat eintlik "skynheilige" beteken.

Papelellekoors – "kastige koors" of "bewerasie van ontsteltenis" of siekte, word ook soms "bokkoors" genoem. As na bokkoors se oorsprong gesoek word, kom ons by Maltakoors uit wat 'n groepsiekte uitmaak en wat deur mens en dier opgedoen kan word. Hier kry die slagoffer – mens en dier – wat Maltakoors onder lede het 'n "skynkoors" en dis hier waar daar ook soms laggend verwys word na 'n jagter wat papelellekoors onder lede het, en gesê word dat hy "bokkoors" het. Die woord papelellekoors kom dus reeds 'n lang pad en is nie in Suid-Afrika gebore soos so baie mense dink nie en is nie regtig verwant aan die woord, bokkoors, nie!

Om papelellekoors op te som, blyk dit dat die slagoffer 'n skynkoors opdoen wat byna die simptome van Maltakoors (bokkoors) toon en soos deur die ou mense uit die Franse tyd, en selfs nog vroeër – die laat Latynse tyd – as skynheilig of vals beskryf kan word.

Nou ja, noudat ek oor die mediese, geskiedkundige en fisiese sy van papelellekoors gespekuleer het, kan die volgende jagstorie dalk nog meer lig op die toestand werp:

Dit was gedurende die sestigerjare in Suidwes toe groot Eduard, sy broer Oubaas, Pally, dokter Rex en Bill naby die destydse Betsjoeanaland[9] gaan leeu jag het.

Na 'n dag se soek het die manne 'n groot leeumannetjie se spoor gekry. Toe die rooi Kalahariduine se sand die volgende oggend vroeg nog hard en styf gelê het, het die jag in alle erns begin.

Die manne het al om die beurt, twee-twee op die leeuspoor gestap en die ander twee het agter, stadig met die bakkie bygehou. Die patroon het vir ure so aangehou en in die tussentyd het die Kalaharison al feller en warmer begin steek, sodat die rooi sand wat vroeg in die oggend hard en styf was, reeds om sewe-uur die oggend so verhit het dat dit in warm, gloeiende poeier omskep is wat maar kwaai aan die spoorsnyers se kuite begin vreet het.

Skuins voor middag het die manne nog nie eens die leeu gesien nie – net die vars spoor van die leeumannetjie, afgeëts in die sand. Dit was die enigste aanduiding dat daar wel 'n leeu daar voor was.

---

[9] *Vandag bekend as Botswana.*

Die wat die Kalahari ken, weet alleen hoe warm die halfwoestyn kan word en glo my vry, ek het al menige bloedige warm dae hier beleef. Hier het ek al die kwik sien styg tot 49 grade Celsius in die skadu.

In hierdie stadium het die manne eers halt geroep en onder 'n groot kameel-doringboom het hulle 'n blik geelperskes oopgemaak om sommer so met die knipmes uit die blik te eet. Die soet stroop is gedrink vir energie, want die versengende droë hitte het stadig maar seker sy tol begin eis – maar die leeu het voor gebly.

Na 'n uur se rus, verkwik en verfris deur die soet perskes en stroop, het die manne met nuwe hoop die spoor gevat. Dit was Oubaas en Rex se beurt om voor te stap terwyl die ander in die bakkie gevolg het.

Soos ek gesê het, was dit bloedig warm, en om 'n geweer vir ure in die gewel-dige hitte te dra, eis sekerlik ook sy tol. So was dit ook met ons vriende. Oubaas en Rex het, toe die bakkie een keer weer oor 'n duin naby hulle gekom het, foutiewelik besluit dat die leeu nog baie vêr was en het hul gewere op die bakkie gelos.

Terwyl die twee weer die spoor gevat het, was Bill so tien treë of wat van die Ford-bakkie af en groot Eduard het agter op die bakkie gestaan – toe storm die leeu!

Oubaas en Rex vlieg om en lê die Paul Nash[10]-pas in. Die kleiner haak-en-steek was geen probleem vir die twee warm-gestapte jagters nie. Nee, hulle seil soos 'n wafferse Gert Potgieter[11] oor die doringbossies met die groot Kalahari-maanhaarmannetjie kort op hul hakke.

Toe Bill die leeu gewaar, was dié al naby die bakkie en van skrik begin hy toe agteruit hardloop sonder om sy oë vir 'n sekonde van die leeu af te neem. Toe hy die veiligheid van die Ford teen sy rug voel, het hy in tru-rat soos blits oor die bakkie geklim en aan die veilige kant ewe vinnig onder die bakkie ingeseil.

In die stadium het Rex en Oubaas ook om en oor die bakkie gefladder en hul-le sonder wapens by Bill aangesluit. Groot Eduard het net kans gehad om sy geweer op te neem en oor te haal, toe was die leeu op die bakkie.

Die groot swartkraagmaanhaar bestorm die bakkie en beland op die enjin-kap, waar hy met een magtige hou vier naels deur die plaat kap. Dit gee groot Eduard die kans om in 'n oogwink sy geweer se loop in die wydgesperde bek van die leeu te druk en die sneller te trek. Dit was gelukkig 'n doodskoot.

Eduard het die leeu met die loop van sy geweer van die bakkie af gedruk en die liggaam het leweloos op die grond geplons.

Na al die spanning begin die manne die papelellekoors te kry – een vir een. Vir Bill was die oomblik net te groot. Benewens die papelellekoors-aanval tree sy maag boonop heftig in aksie, wat seker 'n eindsimptoom van die kwaal is.

---

[10] *Paul Nash: S.A. kampioen naelloper van die 1960's*

[11] *Gert Potgieter: S.A. kampioen hekkies-naelloper van die 1950's*

Tot vandag toe spot die manne hom nog oor die benoude voorval en die ver-morsing van goeie perskes. As dit nie papelellekoors in die ergste graad is nie, weet ek nie hoe beskryf 'n mens dan papelellekoors nie.

Soos enige taal het Suidwes ook sy spreektaal van provinsie tot provinsie en van streek tot streek. In Suidwes noem die Suidwesters 'n luiperd 'n tier en papelellekoors word piperellekoors genoem.

7. DIE ROOIMUISHOND-GENERAAL

Gedurende 1967 het ek in Uchabstraat, in Windhoek, gebly. Dit was 'n dood-loopstraat. Die straat is na die Uchabrivier[12] vernoem. Dit is een van Suidwes se grootste droë riviere, wat na 'n lekker bui reën in 'n kolkende watermassa verander wat alles – soos in Laingsburg – meesleur en in die Atlantiese oseaan gaan uitspuug.

Daar was net vier huise in Uchabstraat. Die eerste een het aan 'n Engelsman met twee brakkies behoort. Ek kon nooit bepaal watter soort honde dit was nie – moontlik 'n kruising tussen 'n jakkals en 'n muis, want mense, kon die goed raas en blaf! Die spreekwoord wat lui: "blaffende honde byt nie," kon baie moontlik sy oorsprong by hierdie twee besondere honde gevind het. Langs die Engelsman het ene Pienaar gewoon. Hy was blind en glo dit as u wil, hy was 'n klavierstemmer; 'n man van vele talente en 'n fyn mens. Hy het twee sulke baster dobermanns gehad wat sy hoenders en ander belange opgepas het.

Ek het langs oubaas Pienaar gebly en ek het in daardie stadium 'n loodkleu-rige wolfhond gehad. Hy was 'n goeie, groot waghond wat aan sy basiese vereistes voldoen het – waaksaam, lewendig en gesond.

Langs my het nog 'n Engelsman met 'n foksterrier gewoon. Die klein, wit en rooi, dapper hondjies het seker nie bekendstelling nodig nie, want dapper is hulle gewis. Dis geen wonder dat die suksesvolle boelterrier uit die klein hondjies met hul leeuharte geteel is nie.

Skuins voor my huis was 'n relatiewe groot, platterige sekelbos. Hierdie se-kelbos was die domein van 'n rooimuishondgesin. Nou weet ons almal, veral boere, dat 'n rooimuishond een van die dierasies is wat meer as 'n pes as 'n bate beskou word – veral weens sy voorliefde vir hoendereiers.

Regoor die ry van vier huise in die cul-de-sac het 'n ryk Duitser 'n groot erf-plot gehad waar hy 'n pragtige tuin aangelê het. Hierdie tuin was die jagveld van die rooimuishondmannetjie. Die vier huise het suid gelê en die Duitser se huis

---

12 Word "Oegab-rivier" uitgespreek.

noord. Net agter my huis het die droë Erosrivier geloop en van hierdie rivier skryf ek later. Ek gee u 'n skets sodat die leser hierdie storie beter kan verstaan.

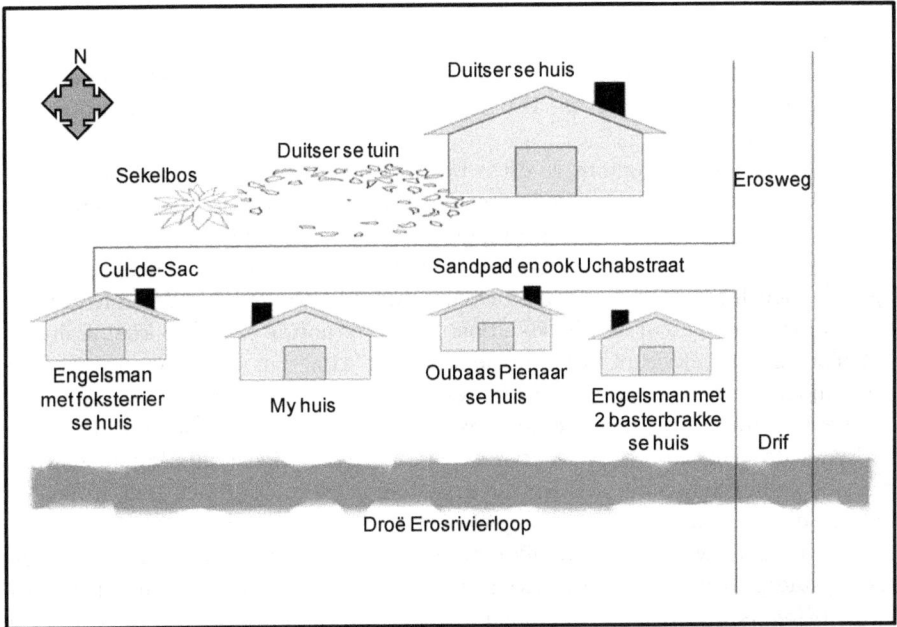

Hierdie meerkatmannetjie het ek die "generaal" gedoop, want as daar ooit 'n strateeg was, dan was dit nou hy. In die twee jaar wat ek daar gewoon het, kon ons ses honde saam hom nooit vang nie. Dit was altyd vir my 'n plesier om hierdie oorlewingsdrama dop te hou.

Soos ek reeds gesê het, was die sekelbos die rooimuishond se vesting, met 'n tiental gate wat hy strategies en meesterlik so gegrawe het sodat hy van enige kant af vinnig daarin kon ontvlug.

Wees verseker dat die kat-en-muis(hond)-speletjie vir my en die honde groot pret was, maar vir die klein generaaltjie was dit 'n dodelike spel om oorlewing. Een fout en een of al ses honde vang hom en hy en sy gesin sterf!

Ek het dikwels op my voorstoep gesit om met groot opwinding die strategie van die generaaltjie dop te hou. Sy modus operandi het gewoonlik soos volg gewerk:- die generaaltjie sal eers uit sy ondergrondse vesting verskyn – in die middel van die sekelbos, waar geen hond hom sal kan bykom nie. Dan sal hy kiertsregop op sy agterbene staan en die wêreld met 'n kennersoog verken.

Dit het altyd gelyk of hy homself eers opsetlik vertoon en die honde uitdaag om hom te vang voor hy in die Duitser se tuin verdwyn. Eers in die ou Duitser se tuin kon die honde hom nie bykom nie, want die tuin was met 'n stewige diamant-ogiesdraad met doringdraad omhein om stewigheid te verleen.

Dit was my grootste pret om elke middag na werk op my stoep te gaan sit en te wag dat die generaaltjie sy verskyning maak. As hy sy opwagting gemaak het –

en hy het my nooit teleurgestel nie – het ek my wolfhond op die stoep geroep en hom gewys waar die generaal uitgekom het. As die wolfhond storm, storm my bure se honde ook, want hulle het goed geweet waaroor dit gaan:- rooimuishond-jag!

Dit was hul geliefkoosde tydverdryf. As die ses honde storm, raak die gene-raaltjie net eenvoudig in die lang gras weg. Terwyl die honde nog stof opskop om die sekelbos, sit die generaal hul manewales lankal, doodluiters vanuit die Duitser se tuin en bekyk.

En as hy later terugkom, is dit 'n herhaling van die taktiek: die muishond-mannetjie kom penorent by die Duitser se heining, die ses honde storm soontoe en die generaaltjie glip deur die lang gras tot in die veiligheid van die sekelbos, waar hy weer ewe kordaat kiertsregop kom staan, so asof hy altyd eers die honde op hulle neerlaag wil wys... Dan storm die verleë honde met woede en frustrasie en 'n luidrugtige geblaf na die sekelbos. Die generaaltjie sal hulle koel, kalm en vreesloos sit en bekyk tot hulle by die sekelbos kom, dan sal hy net om dit in te vryf, doodluiters voor hulle neuse in een van die gate verdwyn.

Ek het hom al by sovele onsuksesvolle aanslae deur die ses honde met 'n verkyker dopgehou en dit het altyd gelyk of hy so 'n skewe glimlag op sy spits gesiggie gehad het as hy hulle vir die soveelste maal uitoorlê het. Wel, hulle kon hom in die twee jaar wat ek daar gewoon het nooit vang nie.

Ek het daar weggetrek en etlike jare later ry ek en my vrou weer daar verby. Ek ry stadig in klein-Windhoekweg af, sien dat 'n teerpad voor die vier huise aangebring is en 'n soort weëmoed pak my. Sou die dapper generaaltjie se grafsteen dan 'n swart teerpad geword het? Ek is seker dat, toe die teerpadbouery begin is, die generaaltjie vir die bedrywigheid geskrik en gate toe gevlug het. Die padbouers sou, onbewus van sy woning, eenvoudig net die Gallion-stootskraper ingestoot het om in een proses die sekelbos te ontwortel en die generaaltjie se blyplek plat te stoot en vir ewig te verseël.

Ek het eenvoudig ge-ys as ek aan so 'n onverdiende graf vir die dapper en onverskrokke gesinnetjie moes dink en kon my nie daarmee vereenselwig nie.

Ek ry stadig verby, nader die Erosrivier-drif en jou waarlik – hier voor ons oor die teerpad draf 'n rooimuishondmannetjie.

As dit nie die generaaltjie was nie, moes dit een van sy nasate gewees het, maar ek was seker dit was hy want toe hy oor die pad was en die veiligheid van die droë rivierbedding bereik, het hy skielik vasgesteek en op sy agterbene in ons rigting gedraai – en ek kon sweer ek herken daardie skewe glimlaggie!

8. GEMSBOKLEWER

Omrede ek geen grondbesitter is nie, het ek maar altyd op 'n kennis, vriend of familielid se plaas gaan jag – hoofsaaklik in Suidwes. Op 'n dag sit ek in Windhoek in 'n kafee en geniet 'n koppie "koffie-verkeerd" wat graag deur die Suidwes Duitsers gedrink word en so gemaak word: die koppie word driekwart met warm melk gevul en dan word daar sterk koffie bygevoeg, en 'n Brötchen word saam bedien.

'n Brötchen is 'n klein broodjie wat die Duitsers lief is om te maak, amper soos die bekende pao wat die Portugese destyds in Angola en Mosambiek gemaak het. Dit laat my ook aan die Boere se vetkoek en askoek dink. Ons Boere maak 'n askoek van broodmeel en dan word die askoek sommer so op die kole of rooster gebraai, gewoonlik saam met 'n vleisbraai. Nou, 'n pau is die boetie van die askoek en die Brötchen is weer die meneer van die drie, alhoewel dit moeilik sal gaan om te sê watter een van die drie die lekkerste smaak.

Askoek word gemaak soos hierbo beskryf en dan gewoonlik in die veld gedurende 'n uitkamp saam met 'n vleisbraai voorgesit. As jy nou lekker askoek wil eet, dan moet jy hom so warm van die kole af haal, vars plaasbotter opsmeer nadat hy in twee gesny is, en dan moet die strooppot naby staan. Dit smaak nou raak.

Pao is 'n bietjie meer verfynd. Waar die Boere askoek sommer rof met deeg gemaak het, en die deeg met die hand plat geslaan en op die kole geplaas word, word daar aan die pao bietjie meer aandag gegee en nie in die veld gemaak nie. Pao word in klein ronde deegbolletjies gerol en op 'n plat warm plaat gebak. Hierdie deegbroodjie word ook nie bruin gebak nie – dit het nog 'n witbaadjie as dit voorgesit word, gewoonlik saam met die ryk kerriedisse waarvoor die Portugese juis bekend was.

Die Brötchen weer op sy beurt, is die heer van die drie. Hy word net in 'n bakkery deur die Duitsers wat 'n Meisterschaft (meesterskap) in die bakkery verwerf het, gebak. Dit is ook 'n klein broodjie wat op 'n groot plat plaat in 'n bakkery gebak word. Die Brötchen kan op verskeie maniere bedien word. Dit kan met kaas en botter bedien word, met gerookte ham of vleis en botter, of met botter en konfyt.

Watter een die lekkerste smaak, is werklik moeilik om te oordeel. Ek, as Suid-Afrikaner, moet seker die askoek die ereplek gee, maar die manne wat al die Brötchen en die pao saam met my geëet het, sal saamstem dat dit moeilik sal gaan om te sê watter een die lekkerste is.

Nietemin, ek het die eienaar van die kafee goed geken en ons het ewe rustig, elkeen met 'n koppie koffie en 'n kaas-Brötchen voor ons, gesit toe Harry in my lewe instap. Harry was 'n kort, gesette Duitser met 'n gesig wat my aan Rommel herinner het, want hy was net so militêr en streng soos die beroemde Duitse generaal. Hy was bruin gebrand en het gelyk of hy glad nie kan lag nie.

Nadat die kafee-eienaar ons aan mekaar voorgestel het, glimlag Harry onverwags en sê: "Angenahm. Is jy die bekende Suidwes-stoeier en -bokser?"

Die kafee-eienaar antwoord namens my bevestigend en Harry sê: "Jy moet by my op die plaas kom jag." Dit klink nie soos 'n uitnodiging nie, maar soos 'n bevel. Wel so 'n bevel is en was ek nog altyd meer as bereid om te gehoorsaam.

Ek verseker Harry dat dit my plesier sal wees om op sy plaas te mag jag.

Later het ek geleer dat daar weinig plase is waar die gemsbok meer voorkom as op Harry se plaas. Ek het toe maar nog net enkele gemsbokke in my lewe gejag en Harry se uitnodiging het die visie van opgestopte gemsbokvetderm met klein stukkies lewer, nier en hart voor my geestesoog opgetower. Jagters noem dit 'n 'pofadder'.

Harry was 'n gesiene man in Okahandja en benewens verskeie persele het hy 'n slaghuis ook gehad. Sy pragtige plaas in die Khomas Hochland sowat sestig kilometer suid-wes van Okahandja, se naam is Hiradub. Hiradub beteken "hier loop die tier" in die Hererotaal. Dit vorm die grens tussen die Namib en die Khomas Hochland en is met hoë berge omring. Die Swakoprivier kronkel deur die berge en vorm die een grens van die plaas.

Hier het ek gesien hoe die gemsbok voetpaadjies uittrap en ek het hier ook 'n trop van 23 koedoes bymekaar gesien. Nie vêr van sy plaas af nie, op die grens van die Namib, het ek eendag op bykans vierduisend springbokke afgekom. Die trop springbokke het van suid na noord en van oos na wes tot op die horison gestaan – die wêreld daar is plat en hulle het so tien meter uitmekaar gestaan, duisende van hulle. Daardie dae, vrees ek, is vir goed verby.

Wie is ek om te kla as die geleentheid om gemsbok te jag "afgedwing" word. Dit was ook nie honderd jaar nie of ek hou voor Harry se huis op die plaas stil. Vir die geleentheid het ek Martin, my broer, saamgeneem en langs die pad vertel ek net vir hom hoe gaan ons vanaand gemsboklewer eet. Hy wou egter van lewer niks hoor nie want, vertel hy, hy het genoeg van lewerkoekies gehad toe hy op kosskool was.

Hoe meer ek verduidelik dat gemsboklewer 'n perd van 'n ander kleur is, hoe meer skud hy sy kop en sweer hoog en laag dat hy nie sy mond daaraan sal sit nie. Wat hy egter nie geweet het nie, is dat ek geen ander kos saamgeneem het nie en dat hy weldra lewer sou moes eet of honger ly.

Ons het laatmiddag op die werf van Hiradup stilgehou. Harry, wat nie self op sy plaas woon nie, maar sy slaghuis op Okahandja bedryf, het net 'n paar

Brötchens en jagworsies saamgebring. Die aand eet ons toebroodjies en spoel dit af met koffie.

Die volgende oggend was ons douvoordag in die jagveld. Dis ruwe wêreld en ons ry op die kronkelpaadjie in die ruwe berge. Eers is dit langs die droë rivierbeddings en dan in die droë rivier en later weer al op die kant van die koppies en later bo-op die berge.

Dit is Junie en net so warm as wat die dae hier op die rand van die Namibwoestyn word, net so koud word die nagte. Ek weet van twee kêrels wat deur die suide van Suidwes gery het met hul motor. Dit was nog in die dae voor die teerpad klaar was. Hulle motor het onklaar geraak en daar was destyds min verkeer op die paaie. Dit het al hoe warmer geword. Later kon die manne dit nie meer hou nie en het toe ten einde raad onder die motor ingekruip, waar die son hulle doodgebrand het. Dan is daar weer stories van manne wat in die nag in die woestyn verkluim het.

Hoe dit ook al sy, ons beweeg met Harry se oop Jeep stadig voort in die twee spore wat hy 'n plaaspad noem. Hy beduie agter sy dik wolbaadjie uit dat hy na die vee op die agterpos ook wil gaan kyk en ek moet maar die rante dophou want vroegmôre is die wild geneig om die hoogste koppies uit te soek, seker op soek na die son en hitte. Plase in Suidwes is baie groot en Hiradub was 80 000 hektaar. Ons het altyd van sy plaas as ongeveer 17 by ongeveer 12 myl gepraat.

Die plaas was pragtig. Dit het nog in die winter ook gereën en die gras en bosse is lowergroen. Die dubbeltjies het in blom gestaan en hul geel blomme het 'n tapyt gevorm wat nie in 'n koning se huis gevind kan word nie. Alhoewel die plaas naby die Namib-woestyn geleë was, was die natuur iets om te sien: dis kameeldoringboom wat so bekend vir sy lekker kole om vleis te braai, dis persopis met sy soet lang peule wat beter is as enige ander voer vir 'n dier. As die persopis se peul die jaar dik geswel is, dan is die wild moddervet. Persopisbome is eintlik onkruid, maar hul peule is uitstekende voer vir vee.

Ek het ook gesien dat die Owambo's die tak van die boom loop en kou en dat daar iets in die sap van die tak is wat beter is as enige tandepasta. Die Wambo's wat die takkies gekou het, het die mooiste wit tande gehad waaroor 'n mens maar kan droom. Dan was daar haak-en-steek, kanniedood, wag-'n-bietjiebos, sekelbos se peul wat krul soos 'n bobbejaan se wysvinger, rosyntjiebos, wildesering, bloubos – om nie eens van die opslag wat op die grond rank en 'n tapyt vorm te praat nie. Daar was geelhout, olienhout, ebbehout en ysterhout met sy harde pit wat sy naam deeglik gestand doen.

Dis toe ek nog so droomverlore na die pragtige natuurskoon kyk dat Harry met sy vinger na een van die klipkoppies wys en ek die rigting volg met my oë. In die lang soetgras onder 'n groot haak-en-steek staan 'n tamaai gemsbokbul. Ons was nog 'n paar honderd meter van die koppie af toe Harry die Jeep stadig tot stilstand bring. Ek klim uit die Jeep, trek die grendel van die 308 Norma Magnum oop, druk 'n 170-grein patroon in die loop en lig die grendel halfpad op om die spanning te verwyder. Koes-koes stap ek met die droë loop van die riviertjie wind-op in die rigting van die niksvermoedende gemsbok.

Die windjie het uit 'n suid-westelike rigting gewaai en daarom het hy ons nie eens hoor aankom nie. Toe ek so 110 meter van die gemsbok af is, sien ek as ek nader gaan, sal hy net met sy swart stert vir my 'goodbye' swaai.

Ek staan platvoet in die droë rivierbedding en toe die gemsbok in die teleskoop verskyn, sien ek dat dit 'n pragtige bul is. Toe die kruis op sy blad tot stilstand kom, knyp ek die sneller. Deur die teleskoop sien ek die stof op sy blad uitslaan en toe slaan die dier neer – dood soos 'n mossie.

Die aand maak ons groot makietie. Om 'n groot vuur wat hoofsaaklik uit dik kameelhoutstompe bestaan, berei Harry die kole voor terwyl ek die lewer met my Puma-jagmes mooi in skywe sny. Dit was nie honderd jaar nie of jy ruik net gebraaide lewer wat ek heel goed met die sout en peper en my toormiddels gedokter het. Die twee niertjies wat so van die vet omring was, is ook uitgehaal en spesiaal gedokter. Die vliesies is afgetrek en die vloeistofkanale is mooi netjies uitgekerf. Peper, sout en moeties is opgegooi en die niertjies is sorgsaam op die kole geplaas.

My broertjie het grootoog die gewerskaf gade geslaan, maar nie 'n woord gesê nie. "Toemaar boeta," het ek gedink, "ons sal nog vanaand 'n ding sien!"

Toe die kos gereed was, het ek en Harry sonder seremonie aangesit, ons messe uitgehaal, botter op die brood gesmeer en elk met 'n niertjie en 'n stuk gebraaide lewer weggeval. Sulke tye word daar min gepraat.

Deur die kou- en etery vergun ek my darem 'n kansie om vir my broertjie, wat nog langtand daar eenkant sit, te sê om maar aan te sit en te eet, of soos die spoorwegwerker gesê het: "val maar weg en smeer jou nie swart nie." Hy staan langtand nader, want honger het geen maat nie en so stilswyend sit ek en Harry mekaar onderlangs en beloer.

Martin sny 'n klein stukkie van die lewer wat op die rooster lê af en proe-proe daaraan, steek dit in sy mond.

Dis toe dat die man 'n metamorfose ondergaan!

Eers was hy die stil, teruggetrokke introvert en toeskouer, maar gaandeweg verdwyn die een stuk lewer na die ander in die man se kieste; hy verander van die suurgesig-wese na die vriendelikste man in die kamp en hy eet dat die sous langs sy ken afloop terwyl hy die lewer op die rooster met 'n arendsoog dophou.

Harry sê niks, maar sy oë vonkel van lekkerkry. As 'n man by Harry lekker eet dan is hy gelukkig, alhoewel hy dit nie maklik wys nie, en jy moet die Duitser goed ken om te waardeer.

Later, toe ons al klaar geëet het, smul my broer nog heerlik aan die lewer en toe hy versadig is, soek hy 'n plastieksak om die stuk lewer wat hy nie kon inkry nie saam huis toe te neem. Harry voorsien die nodige en sonder seremonie begin broer die rou lewer wat oorgebly het ook saam met die gaar lewer in die plastieksak pak. Op 'n vraag wat hy dan nou doen was sy kommentaar: "Ek gaan die lewer by die huis verder braai, Broer!"

Laataand hoor ons die naguiltjies en 'n fisantmannetjie roep nog vir oulaas sy familie bymekaar – daar onder tussen die riete langs die rivier.

So het ons die aand "vreetsaam" verkeer en toe die slaapsakke roep en die koppe begin knik, is ons "dik" vriende uitmekaar!

9.SLANGBYT

Die slang word as die mees moderne reptielgroep beskou en daar word algemeen aanvaar dat slange akkedisagtig van aard is.

Slange is koudbloedig (ektotermies), wat meebring dat hulle hul liggaamstemperatuur hoofsaaklik deur middel van uitwendige hittebronne reguleer. Omdat die metaboliese tempo by slange deur koue verminder word, is dit voor-die-hand-liggend dat slange hoofsaaklik in tropiese en subtropiese gebiede voorkom. Wetenskaplikes het vasgestel dat slange ongetwyfeld reeds sedert die Kryttydperk (sowat 100 miljoen jaar gelede) bestaan het.

Nog 'n interessante feit oor slange is dat die meeste slange net een werkende long het, wat die mite dat 'n mamba 'n ruiter te perd kan inseil en altwee kan doodpik, die nek inslaan. Dit was en is nog 'n ou bangmaakstorie, wat die ou mense gebruik het om seuns – wat bietjie wild was – bang/versigtiger te maak vir slange. Die slang, met sy enkele long, sal eenvoudig nie die "asem" daarvoor hê nie.

Boonop sê die kenners dat geen slang 'n mens met opset sal aanval nie – dit gebeur gewoonlik wanneer die slang deur die mens gekonfronteer word dat hy, wetende dat hy net op sy maag kan vlug en nie oor 'n lang asem beskik nie, uit vrees en nood sy aanvaller sal pik.

Dit gebeur ook wanneer 'n mens onwetend tussen 'n slang – veral 'n mamba – en sy nes of woonplek kom dat hy sal aanval en die mens sal pik. Die pofadder – wat 'n luierige slang is – sal weer die mens uit nood pik as die op of naby hom sou trap of so na aan hom sou kom dat hy hom as 'n bedreiging beskou.

Slange het geen ooglede nie. Hul oë word deur die oudste soort kontaklens op aarde, 'n deurskynende lensdop, beskerm. Wanneer 'n slang vervel, verloor hy ook hierdie lensdop en kry 'n nuwe, sonder enige struwelinge met 'n mediese fonds of moeder natuur!

Die slang se niere lê ook nie langs mekaar nie, maar is verleng en die regternier lê altyd voor die linkernier.

Oor die ligging van die slang se hart was daar in die verlede twee dwalinge. Die een was dat die slang se hart vêr na agter in sy lyf is. Hierdie opvatting is blykbaar toe te skryf aan die feit dat sommige mense die slang se regterlong, wat byna net so lank as sy lyf is, met sy hart verwar het. Die ander was dat die slang se hart net agter sy kop sit. As gevolg van hierdie dwaling het baie Boere geglo jy moet 'n slang net agter die kop skiet om sy hart te tref. Ook hierdie siening is verkeerd.

Die slang se hart sit ongeveer 'n sesde tot 'n derde van sy lengte van sy kop af, net voor die lewer. As 'n man 'n slang wil skiet, is in die kop of so na aan die kop as moontlik die regte plek vir die beste resultaat.

Van die 145 bekende slangsoorte van Suid-Afrika is daar veral drie slange wat my nog altyd gefasineer en my belangstelling geprikkel het. Hulle is die bekende mamba, die boomslang en die kobra.

Die swart mamba word so genoem omdat die binnekant van sy bek swart is, terwyl sy lyf in die meeste gevalle eerder bruin as swart is. Die swart mamba is 'n moeilike kalant wat by die geringste aanleiding geweldig vinnig byt. Die grootste een op rekord was 3,35 meter lank, maar ek het self al 'n groter een in die veld teëgekom. Die swart mamba is een van die giftigste slange in Afrika, indien nie in die wêreld nie.

Die boomslang moet nie met die groen mamba verwar word nie, alhoewel albei in bome aangetref word. Teenoor die swart mamba is die groen mamba 'n skamerige en meer vredeliewende slang wat net byt as jy skielik aan hom vat. Die boomslang se kleur wissel heelwat. Dit kan heeltemal groen, bruin, swarterig of baksteenrooi wees. Ook hierdie slang is teruggetrokke en nie aggressief nie, maar as jy hom in 'n hoek dryf of terg, kan jy jou maar regmaak vir 'n aanval.

Daar kom 'n aantal verskillende kobras in ons land voor, waarvan ek 'n paar sal noem:- naamlik die koningskobra, Egiptiese kobra, boskobra, Kaapse kobra en die Mosambiekse spoegkobra.

Ek wil nie al die slange in besonder bespreek nie, maar net 'n paar interessante feite noem. Die koningskobra is die grootste van alle giftige slange en vreet hoofsaaklik ander slange, maar kom nie in Suider-Afrika voor nie.

Die grootste Afrika-kobra is die Egiptiese of Bosveldkobra, met die Latynse naam van "Naja melanoleuca", wat ook die swart-en-witlipkobra genoem word. Hierdie kobra kan tot 2,5 meter lank word. Alhoewel hy hoofsaaklik donkerbruin met 'n wit pens is, is sy eintlike kleur swart en word hy soms foutiewelik vir 'n swart mamba aangesien.

Vir hierdie slang het ek groot "respek"! Ek het een in die Victoria-waterval se slangpark gesien. Dit was lank gelede en nog voor die onafhanklikwording van Zimbabwe. Die slange het die dag kos gekry en terwyl al wat slang wat in die hok was besig was om aan die muise en verkleurmannetjies te smul, het die Egiptiese kobra uit sy skuilplek geseil. Skielik het al die ander slange in die hok net na strepies gelyk. Hy het hom nie aan die ander slange gesteur nie, maar hulle soos 'n heerser uit sy pad geveeg (geseil). Daarna het hy die een na die ander verkleurmannetjie voor die ander slange, wat geen weerstand gebied het nie, weggeneem. Sy lyf was so dik soos my voorarm en ek het hom niks onder die drie meter geskat nie. Daar word gesê dat daar genoeg gif in so 'n Egiptiese kobra se sakkies is om 'n tiental mense te dood.

Toe ek 'n kind was, het ons in Usakos in Namibië gewoon. Terwyl ek een middag met my fiets op een van die grondpaaie in die omgewing rondgery het, het daar skielik 'n groot, lang, geel slang voor my oor die pad geseil. In plaas van die slang in vrede laat – soos die wet vandag ook inderdaad bepaal – het ek agter hom aan gery. Hy het aanhou seil tot by 'n ou boom waarvan een tak afgebreek op die grond langs die boom gelê het.

Die slang het in sy blyplek, 'n gat onder die gevalle tak, geseil sonder om te stop, te dreig of hom op enige ander manier aan my te steur. In my kinderlike onkunde het ek dit as 'n swakheid by die slang gereken, en my dapperheid het toegeneem.

Ek het 'n klein handbyltjie by my gehad. Ek het die tak, wat nog gedeeltelik aan die boom geheg was, afgekap en weggesleep en die slang se lêplek ontbloot.

Daarna het ek, soos 'n kind maar maak, wydsbeen oor die gat gaan sit en stadig maar seker met my byltjie die slang se lêplek oopgekap. Die grond was sag en ek het met elke kap die byltjie dwars gedraai en 'n skep sand uitgegooi sonder om enigsins oor die gevolge van my optrede na te dink.

Ek was nog so besig om die sand uit die gat te gooi, toe daar ewe skielik voor my net een bondel geel slang was wat in 'n malende kolk soos blits na bo skiet en ek sit wydsbeen oor die gat. Daar was op daardie oomblik geen sprake van opspring en weghardloop nie, alhoewel dit wel deur my gedagtes moes geflits het, maar dit was seer sekerlik te laat!

In plaas van op te spring, doen ek die tweede beste wat daar op daardie oomblik te doen was. My arm, met die byltjie in die hand, begin aan't kap raak en toe ek uiteindelik tot verhaal kom, lê daar duisende stukkies van die lang geel slang voor my.

Ek het so groot geskrik dat ek net aanhou kap het totdat daar niks van die slang oor was nie.

Daarna het ek vir etlike minute hygend daar gesit terwyl die doodsweet my afgetap het. So klein as wat ek was, het ek toe die nagevolge van so 'n slangbyt besef en het ek nie so instinktief opgetree nie, sou ek beslis nie hier gewees het om die storie te vertel nie. As die slang my daardie dag sou gepik het, sou dit beslis vir my "nag" gewees het.

Eerstens was daar in daardie dae nog nie sulke goed soos slangserum nie en tweedens was ek met 'n trapfiets ongeveer vyf kilometer van die huis af.

Nodeloos om te sê dat dit die laaste keer was wat ek opsetlik 'n slang in die natuur versteur (-skeur) het!

Jare daarna jag ek saam met Oom Ben agter die Magalies in die Bosveld. Ons was die dag ingestel op rooibokke en vlakvarke met die klem op eersgenoemde.

Dit was 'n pragtige dag en die Bosveld was mooi soos dit nog altyd mooi was. Die rooi-ivoor se bessie het volwang gestaan en ek het my eers daaraan verlustig, want daar is min veldvrugte wat so soet is soos juis dié bessie.

Daar was rooihout, geelhout, jakkalsbessie, wildepruim, kameeldoring, maroela en nog vele ander bome, om nie eens van die altyd teenwoordige sekelbos te praat nie. Die gras was lowergroen en ek het die natuurskoon terdeë geniet.

Toe dit later effe warm word, het ek onder 'n groot maroelaboom in die een hoek van 'n kamp gaan sit en die twee brandpaaie dopgehou in die hoop dat iets vir die pot een van die brandpaaie sal oorsteek.

Naby my in die bos was daar 'n miershoop, 'n erdvarkgat en talle meerkatgate. Ek het dié maar net so terloops gesien, want met my aandag by die brandpaaie, het ek nie veel aandag aan die plek geskenk nie. 'n Jagter se oog raak mos "uitgestel" as jy te lank in die beton oerwoud bly!

Terwyl ek so daar gesit het – ek dink ek het so effe lomerig geraak – het 'n beweging op die rand van die miershoop my aandag getrek. Ek rek my effe op en die volgende oomblik sien ek die grootste mamba wat ek nog ooit gesien het!

Ek sit eers vir 'n minuut of so na die bonatuurlike verskynsel en kyk en daar gaan 'n yskoue rilling langs my ruggraat af, want ek kyk vas in die koue oë van 'n monsteragtige mamba van bykans 5 meter. Sy middellyf is so dik soos my voorarm, hy is glim-pikswart en sy koue, swart ogies is direk op my gerig.

Ek glo vandag nog – en niemand sal my anders oortuig nie – dat die slang net gewag het dat ek die verkeerde ding moes doen, dan sou hy my aangeval het.

Ons beloer mekaar vir etlike sekondes wat vir my soos 'n ewigheid duur, maar nie een roer nie, want soos soveel keer in die wildernis, is die een wat die eerste roer die eerste een wat sterf.

Ek laat my regterhand stadig afsak na my .45 Government Colt-pistool, waarsonder ek my sedert my dae van grensdiens nooit in die veld begeef het nie. Ek maak die leerknip stadig los terwyl my oë geen oomblik van die slang af beweeg nie, want die mambamonster is plus-minus 10 tot 15 meter van my af – veels te naby vir my gemoedsrus. My geweer staan nutteloos 'n anderhalfmeter van my af teen 'n boom.

Ek trek die .45 uit die skede, bring dit stadig tot op my skoot en trek die sluitstuk in een vinnige beweging agtertoe. Die patroon glip in die kamer.

Toe ek gereed vir aksie is, lig die mamba sy massiewe kop so 20 sentimeter van sy dik middellyf af op!

Ek sit met my rug teen die boom en tel my regterarm stadig maar seker op. Plotseling tel die mamba sy kop hoër op! Ek wou die slang eers deur sy kop skiet, maar uit vrees dat die eerste skoot mis sou wees, laat sak ek die pistool totdat sy dik middellyf in die visier wys. Dis duidelik dat die slang geweldig gespanne is, so asof hy hom soos 'n staalveer opwen om my met een magtige sprong aan te val!

Ek trek die sneller!

Met die klap van die skoot vlieg ek orent om die ergste af te weer, want die magtige slang kom blitsig in beweging. Maar die .45 koeël, wat bekend is as die een wat die hardste slaankrag van alle handwapens het, plof in die groot slang se lyf – ongeveer 30 sentimeter laer af onder sy kop. Ek spring verskrik orent!

Ek staan versteen met my rug teen die boomstam en aanskou die drama voor my. Die magtige slang raak aan't tol en rol in die rondte dat daar 'n stofwolk onder hom uitslaan en ek is nie gebore instaat om 'n tweede skoot af te trek nie. Ek staan met my pistool voor my gereed om te skiet as daar 'n verdere bedreiging sou wees, maar die slang dans sy dodedans en net so skouspelagtig as wat hy tekere gegaan het, verdwyn hy in die erdvarkgat, half agter die hoë miershoop!

Die stof gaan lê en ek staan sonder om asem te haal met my pistool nog steeds gereed om te vuur sou hy weer uit die gat verskyn.

Die Bosveld is skielik doodstil en geen voël of dier maak 'n geluid nie – die Bosveld swyg, ek swyg.

Ek weet nie hoe lank ek daar gestaan het nie, maar na wat soos 'n ewigheid geduur het, stap ek stadig en katvoet nader aan die gat waar die slang verdwyn het!

Niks roer nie... net die donker gat is die swygende getuienis dat die slang wel daar is! Ek waag dit twee meter van die gat af met die pistool se loop op die gat gerig!

Ek sien die merke waar hy sy dodedans uitgevoer het – maar niks gebeur nie, geen beweging nie. Dan sien ek die bloed en ek weet die .45 het my nie teleurgestel nie.

Ek draai net daar om en maak my uit die voete – eerder bang Jan as dooie Jan!

Later, om die kampvuur, vertel ek oom Ben en die plaaseienaar die verhaal. Albei manne, gesoute jagters, is oortuig dat ek die beste ding gedoen het deur daar pad te gee.

Die boer was verheug om te hoor dat die mamba sy moses teëgekom het. Daar was al voorheen van sy vee deur 'n mamba gepik en met die knewel aan't sterwe in sy gat was die boer van een gevaar op sy plaas ontslae.

Omdat 'n swart mamba so vinnig en giftig is, is hy die mees gevreesde slang in die land. Dit is moeilik om te sê hoe lank 'n mens sal lewe nadat hy deur 'n mamba gepik is. Dit hang hoofsaaklik af van die plek waar die slagoffer gepik is en hoeveel gif die mamba in sy slagoffer gelaat het. Verder is die beskikbaarheid van serum en mediese hulp van deurslaggewende belang.

Die mamba beskik oor klein, kort, skerp giftande voor in sy bek en dit is nie vir hom nodig om 'n diep wond toe te dien om sy slagoffer te dood nie. 'n Volwasse swart mamba het minstens 20 druppels gif in elke giftand, waarvan twee druppels reeds dodelik vir die mens is.

Die gif van die swart mamba is neurotoksies, wat beteken dat dit die slagoffer se senuweestelsel verlam wat meebring dat hy aan versmoring sterf. Die dood kan binne minute intree.

Indien 'n slagoffer deur 'n mamba gepik word, is dit die enigste slangbyt wat met 'n wurgverband afgebind moet word. Daar word gewoonlik – indien 'n slagoffer aan een van sy ledemate gepik is, twee wurgverbande aangesit. Die eerste een kort agter die byt (naaste aan die hart) en die tweede een naaste aan die lyf en weer naaste aan die hart. Indien die slagoffer aan die lyf gepik word en daar nie onmiddellike mediese hulp beskikbaar is nie dan sterf so 'n slagoffer binne minute as gevolg van versmoring.

Serum vir mambapik is vandag vrylik beskikbaar. Vroeër was daar net een serum beskikbaar vir alle slange, behalwe vir die boom- en voëlslang. Die serum is nie aan die publiek beskikbaar gestel nie en is gewoonlik op aanvraag van die Mediese Instituut van Johannesburg na die slagoffer gebring of gevlieg. Daar is vandag nog steeds geen serum vir die voëlslang, wat ook uiters giftig is, beskikbaar nie, en so 'n slagoffer moet onmiddellik mediese hulp kry of sal sterf.

Wanneer iemand deur 'n mamba gepik word, word die liggaam hipersensitief, wat meebring dat enige aanraking van sy liggaam geweldige pyn veroorsaak. Hy moet so gou as moontlik serum toegedien word, verkieslik binneaars en deur 'n geneesheer of iemand wat 'n grondige kennis van die behandeling het, want foutiewe toediening kan noodlottig wees. Die serum moet baie stadig toegedien word en die pasiënt kan serumskok opdoen indien dit te vinnig toegedien word. Maak seker dat daar nie lugborrels in die pasiënt gespuit word nie, want ook dit kan die dood veroorsaak. Indien die toediener nie daarin slaag om die naald in 'n aar gesteek te kry nie, soos wat dikwels met 'n leek gebeur, moet die inspuiting op 'n bloedryke deel van die liggaam toegedien word, soos al om die naeltjie.

Sodra die pasiënt serum na 'n mambapik ontvang het, is dit raadsaam om ook 'n antihistamien-inspuiting toe te dien om die moontlike allergie wat die serum kan veroorsaak teen te werk. Dit is noodsaaklik dat die pasiënt so gou as moontlik onder doktersbehandeling geplaas word, maar hy moet so min as moontlik beweeg word. Hou die pasiënt kalm en moet hom nie vloeistof ingee nie – hy kan verstik aangesien die swart mamba se gif, soos reeds genoem, die senustelsel verlam en sodoende die slukproses belemmer. Vloeistof kan dan in die pasiënt se longe beland.

'n Interessante feit is dat slange nie goed kan hoor nie, alhoewel hulle 'n oorholte het. Dit moet die mens nie gerusstel nie, want 'n slang se sensitiewe senustelsel is uiters gevoelig vir trillings op die grond.

Vele soorte slange het my jagterspaadjie gekruis en ek het telkens as ek een teëkom net vriendelik gegroet, waarop die slang sy pad en ek my pad gegaan het. Alhoewel ek in talle lande gejag het, is ek gelukkig nog nooit deur enige slang gepik nie. Ek kan dus nie eerstehands beskryf deur watter trauma 'n slangbytslagoffer gaan nie, alhoewel ek my dit baie goed kan indink. Benewens die feit dat die pasiënt weet dat sy lewe aan 'n draadjie hang nadat hy deur 'n giftige slang gepik is, is daar nog die vrees vir nagevolge soos wanneer die pasiënt deur 'n kobra gepik word.

Die byt van 'n kobra bevat altyd minder gif as die van die adderfamilie, maar die uitwerking kan ernstiger wees, aangesien die gif sterker is.

Die giftande van die kobra is net enkele millimeter lank en nie hol soos die mamba se tande nie, maar word deur middel van gifkanaaltjies met die gifsakkies (kliere) verbind. Die kobra se gif is neurotoksies en tas gevolglik ook die senuweestelsel aan. Oor die algemeen is net 10% van alle kobrabyte lewensgevaarlik vir mense, maar as jy met een van die groter kobras, soos die koningskobra of Egiptiese kobra, te doene kry, het jy probleme. Hulle is selfs giftiger as die mamba en 'n behoorlike byt van 'n Egiptiese kobra stel genoeg gif vry om die dood van tot tien mense te veroorsaak.

Deeglike kennis van slangsoorte en die simptome van elkeen se byt kan lewens red. Hierdie feit is reeds bo alle twyfel bewys deur mnr. Jack Seal, die bekende dierekenner, eienaar en natuurbewaringsbeampte van Hartbeespoortdam se Slangpark.

Minstens twee gevalle is bekend waar persone deur slange gepik is, maar nie geweet het watter soort nie. Mnr. Seal is gebel en op grond van 'n beskrywing van die simptome kon hy bepaal dat die een deur 'n adder en die ander deur 'n mamba gepik was. Die regte behandeling is toegedien en albei slagoffers het volkome herstel. Hierdie tipe kennis is van deurslaggewende belang, aangesien die verkeerde behandeling tot die dood van 'n pasiënt kan lei.

In ligter luim vertel Jack Seal dat die diagnose van 'n slangbyt nie altyd ewe maklik is nie. Hierdie stelling word met die volgende staaltjie toegelig:

"Twee rou Engelse uitlanders het op uitnodiging van een van Johannesburg se dorpenaars die Magaliesberge naby die damwal gaan klim. 'n Paar uur nadat hulle die berg aangedurf het, kom die drie avonturiers uitasem by Jack Seal aan. Een van hulle is doodsbleek en die skuim staan om sy mond. Sy einde is in sig want, so verduidelik die ander twee onsamehangend met groot oë en vrees in hul hees stemme, 'n groot slang het hul kameraad gepik.

Jack ondersoek die man – ja, daar is bloed aan sy hemp bo teen die regterbors. Jack beveel die man om sy hemp vinnig uit te trek sodat hy 'n waardasie kan maak om die regte besluit te neem – want neem hy die verkeerde besluit en gee die man die verkeerde behandeling, dan sterf hy sonder twyfel.

Wat Jack nie kon verstaan nie, is dat die man nog nie dood was nie, verduidelik hy my later. As 'n man deur 'n slang gebyt word en hy klim nog teen beste spoed 'n berg af, dan pomp die slagoffer se bloed teen 'n ongekende spoed deur sy are – en dit is net wat slanggif wil hê om die slagoffer gouer te laat sterf.

Reeds tydens die ondersoek het Jack bemerk dat die bytmerke van die "slang" se "tande" darem 'n effe te vêr van mekaar af is om waar te wees en onderlangs begin glimlag terwyl die Engelsman se oë glasig begin word.

Die eienaardige slangbyt het nadere toeligting vereis en dis eers toe Jack die manne begin ondervra het dat die waarheid aan die lig gekom het. Die een bekornmerde vriend het voor die slagoffer geloop en die ander een agter hom. Hulle het nogal die slang gesien! Dit was so 'n dun, bruin slang en ontsettend vinnig – so vinnig dat hulle net so 'n bruin blits gesien het toe hy hulle maat pik en daarna was die slang skoonveld!

Deeglike ondervraging stel Jack in staat om die werklike verloop van die "slangbyt" so te rekonstrueer:

Ons drie vriende stap agter mekaar deur die doringbosse met hul oë voor hulle op die grond gerig. Sonder dat hy dit agterkom, haak 'n droërige doringtakkie aan die voorste een se baadjie vas, maar hy stap voort. Die tak buig tot maksimum – tot dit nie meer kan nie – en skiet dan los. Die veerbelaaide tak swiep tot teen maat nommer twee se bors, waar twee haakdorings deur sy hemp dring en hom geniepsig op die bors prik. Hy gil en gryp na sy bors. Die voorste maat spring om en hy en die agterste een is net betyds om te sien hoe die tak vinnig terugswaai na sy oorspronklike posisie. Hulle soek oral vir 'n slang, maar sien nie eens die doringtakkie raak wat hom nou ewe onskuldig hou nie. Dan storm hulle die berg af om hulp te soek terwyl hulle mekaar hygend oortuig van die blitsige bruin slang wat hulle met hul eie oë gesien het!

Teen die tyd dat hulle by Jack aankom, kan die ander twee 'n eed sweer dat
dit 'n slang was wat hulle gesien het en die arme slagoffer is so oortuig van wat
sy verbeelding hom vertel, dat hy jou werklik reeds simptome van ernstige
slangbyt toon. Jack is tot vandag oortuig daarvan dat die man aan verbeelding
en vrees kon gesterf het, as hy nie daarin geslaag het om hom te oortuig dat sy
slang bytwond 'n blote doringtakkie was nie!"

10. BILTONGBALLADE

Wie die eerste biltong gemaak het en wanneer en waar dit gedoen is, kan niemand stellig met sekerheid bepaal nie. Hieroor kan daar sekerlik ook boekdele geskryf word.

Dat die Voortrekkers die pionier-biltongmakers was en dit tydens die Groot Trek (1835 -1838) met vrug gebruik het, is alle kenners dit eens, veral as in ag geneem word dat nie enige stuk droë vleis biltong genoem kan word nie. Daar is byvoorbeeld beslis 'n groot verskil tussen biltong en die Amerikaanse "jerky", wat 'n blote reep drooggemaakte vleis is.

Dit is ook ongetwyfeld so dat biltong nie net in Suid-Afrika baie gewild is nie, maar ook sy beslag oorsee gevind het.

Interessant genoeg is, dat alhoewel biltong baie gewild is, daar tog heelwat mense is wat glad nie biltong eet nie. Hieronder resorteer natuurlik nie net vegetariërs nie, maar my vrou sal byvoorbeeld haar mond nie aan half-rou biltong sit nie – dit moet droog wees.

Toe ek nog jonk was, was biltong vrylik beskikbaar en was biltong-kerf saam met vriende 'n tradisie. Die op-die-stoep-sit met 'n heerlike vet stuk biltong en 'n skerp knipmes was ook 'n algemene tydverdryf.

Alhoewel biltong eers net in die winter gemaak is, het die manne die kuns al so vervolmaak dat dit nou regdeur die jaar, selfs in die somer, gemaak word. Om die biltong koud en gouer droog te kry, word daar deesdae 'n waaier op die biltongkas gesit, maar ek persoonlik is nie baie lief vir biltong wat met 'n waaier droog gemaak is nie, want dit is gewoonlik te hard.

Dit ook so dat daar byna net soveel biltongresepte is as biltongmakers. Die resepte ry wipplank regs en links van die basisgeursel, naamlik sout. Party manne sit die en daai moeties en toorgoedjies by en sommige kenners sneuwel en val as daar nie gebraaide, gerolde koljander bygevoeg is nie. Ander biltongma-kers word weer byna flou en sit nie sy mond aan die geurigste biltong as daar tot soveel as een korreltjie koljander daaraan sit nie.

Hierdie giere is natuurlik niks snaaks nie en dit is seker 'n man se prerogatief om te eet wat hy lekker vind en verkies.

Biltong is al van vele soorte vleis gemaak. Daar was biltong al uit alle soorte wildsvleis gemaak en ek het al vlakvark-, tarentaal-, zebra- en olifantbiltong wat nie juis algemeen is nie, geëet. Ek het al blouwildebees-, swartwitpens-, wildevark-, bastergemsbok-, kameelperd- en seekoeibiltong geëet wat normaalweg nie as biltongmaak-vleis gereken word nie.

So, terloops, het ek ook al skilpad-, leeu- en zebravleis geëet wat my 'n redelike fynproewer uitmaak. Niemand kon my egter so vêr kry om paddaboudjies te eet, wat te sê nog slang nie!

Die waarheid is egter dat daar geen biltong is wat lekkerder as 'n lekker vet stuk beesbiltong is nie. Vir my, persoonlik stel ek eland- en springbokbiltong tweede en derde. Hiernaas sal ek ander wildsbiltong in die ry plaas, maar dit sal maar moelik gaan om te sê watter een voorkeur bo die ander sal geniet, want een van die lekkerste stukkies braaivleis wat ek nog ooit geëet het, was 'n leeuwyfiefilet.

Die eindproduk hang natuurlik baie af van die kondisie van die bees of wildsbok. Alhoewel die wetenskaplikes gedurig waarsku dat 'n oormaat vet rooivleis cholestrol in die are tot gevolg sal hê, bly 'n lekker vet stuk beesbiltong nog altyd die koning van alle biltong.

Ek was nou die dag in die geselskap van 'n dosyn mans waarvan die ouderdomme gewissel het van jonk, ouer tot bejaard. Dis toe dat een van die manne 'n papiersak vol biltong uithaal en dit vir ons aanbied. Groot was my verbasing toe ek die enigste man was wat 'n sakmes byderhand gehad het. Dit is nou maar eenmaal so dat ek nooit sonder my knipmes loop nie. Daar is vele gebruike vir 'n sakmes. Ek sny papier, tou, hout en natuurlik biltong daarmee. My mes beskik oor 'n els, skroewedraaier, blik- en botteloopmaker, wat my al handig te pas gekom het.

Dit blyk dat die Boerseun-era aan die verdwyn is. Ek maak hierdie stelling want dis 'n mite dat die Boerseun 'n beter jagter, 'n beter kenner van die veld en wild is, as enige ander nasie. Dis reeds bekend dat die Amerikaners hul wapens baie ernstiger opneem as ons sogenaamde Boere.

Ek het al baie lekker soorte biltong in my lewe geëet, maar daar was nog nie 'n man wat lekkerder biltong as 'n ou Duitser uit my kinderjare kon maak nie. Hy het al jare gelede afgetree en bedryf nie meer sy slaghuis nie, maar Fritz Rokita van Usakos in Suidwes-Afrika se biltong staan na al die jare nog bo-aan my lys. Ek kon nooit sy geheim uit hom kry nie, die sal seker eendag saam met hom graf toe gaan. Al wat ek weet is sy biltong het nooit sout aangeslaan nie en was net die regte kleur. Daar was altyd gaargemaakte, gebreekte koljander op sy biltong, wat dit net die ekstra smaak gegee het waarna ek gesoek het. Daar is baie mense wat dit vandag nog eens is dat hy die beste biltong – ooit! – kon maak.

Met die val van die goudprys, het alles se pryse die hoogte ingeskiet – die prys van beesvleis nie uitgesluit nie. Kortom, beesbiltong het so duur geword dat dit byna nie betaal om biltong in 'n slaghuis te gaan koop nie.

Aan die ander kant het die pryse van wildsbokke so kwaai gestyg dat 'n voornemende jagter in die middelinkomstegroep – wat boonop sy brandstof en daggeld moet by tel – dit kwalik kan bekostig om vir hom 'n bok te gaan plattrek.

Jag het in Suid Afrika net vir die rykman beskore geword. Met skrywe van hierdie boek is die pryse van sommige wild soos volg:-

	1995 Trofee	1997 Trofee
Rooibok:	R700	R1 000
Gemsbok:	R1 500	R2 000
Koedoebul:	R3 400	R3 400
Waterbok:	R3 700	R5,000
Elandbul:	R3 700	R5 000
Blesbok:	R250	R500
Bosbok:	R350	R500

Ek is seker dat na my tyd die era van lekker (verniet) jag vir goed verby is, daarom is dit dat die gemiddelde Suid-Afrikaner eerstens nie meer so 'n groot belang het in 'n knipmes om lekker biltong mee te kerf nie. Toe ek begin jag het, was daar geen sprake van betaal vir 'n wildsbok nie – dit was beslis die era van die lekkerste jagterslewe ooit. Dis om die rede dat ek hierdie verhale skryf, want die nageslag sal net daarvan kan droom.

Die inflasie en die swak waarde van die rand het nog 'n verdere demper op die belangstelling van die meeste Suid-Afrikanerseuns geplaas – waarvoor ek hul nie durf kwalik neem nie. Die opset moet kwalik geneem word.

Ek het gaan naslaan en navraag doen oor waar die woord biltong vandaan kom en die naaste wat ek aan die waarheid kon kom, is dat biltong reeds sy ontstaan gedurende 1815 in die Suid-Afrikaanse/Duitse konteks gehad het, want so vêr as wat ek kon vasstel, was dit die eerste keer dat die woord op papier verskyn het.

Die gegewens wat ek opgediep het, is dat biltong sy naam op Suid-Afrikaanse bodem gekry het. Repe vleis is uit 'n bul se boud gesny en nadat dit gedroog is, het dit soos die tong van 'n bul gelyk – vandaar die kort, bondige en mees verduidelikende benaming, biltong!

Die eerste biltong – sê ander wat weet – is deur boere en veral jagters in die trekland gemaak – van wildsvleis en nie beesvleis nie. Eers was biltong in die veld gemaak, maar toe dit eers op plase en dorpe gemaak is, was die koeël deur die kerk en vandag word die kommersiële produksie van biltong op ongeveer 2 miljoen kilogram per jaar bereken.

Wanneer die eerste winterryp geval het en die goudbruin herfsblare grondwaarts fladder – en ek kry so 'n lekker jeukgevoel in my regter-wysvinger – dan bly so 'n paar biltongtjies die beste troos vir die winter!

Dit was nog altyd 'n plesier om my eie biltong te maak, maar vir die leek is dit beter om sy slagter in die verband te nader. Hy sal jou help om die kuns van biltongmaak onder die knie te kry.

Die eerste goue reël is om altyd vleis van 'n goeie gehalte te kies, soos binneboud en dy. Die heel beste biltongvleis is natuurlik rugstring. Dit is die sagste biltongvleis, maar peperduur.

Sny die vleis, met sy draad langs, in lang stroke.

Nadat jou biltong gesny is, word dit in lae in 'n skottel gepak. Besprinkel elke laag liggies met sout, peper en asyn en laat oornag staan in 'n koel plek.

Hang jou biltong op 'n koel en droë plek – verkieslik waar 'n trek is.

Ek sal nooit die woord biltong hoor nie, of ek dink aan 'n staaltjie wat my oorlede moeder my vertel het. Dit is geskiedenis dat die Boere tydens die oorloë tussen Boer en Brit aan die lewe gebly het met biltong en beskuit wat die vroue gemaak en gebak het. Dit was die jonger seuns se taak om die kos vir die kommando's te neem.

Renegate en swartes wat vir die Engelse gespioëneer het, het hulle oortuig dat die Boere se mag gebreek sou kon word as hierdie voedselbron afgesny word. Dit het gelei tot die grootste wandaad in menseheugenis – die internering van Boerevroue en kinders – as gevolg waarvan ongeveer 26 000 vroue, kinders en ou mense in die haglikste omstandighede van Britse konsentrasiekampe gesterf het!

Gedurende die tyd het van die Engelse soldate ook van die biltong en beskuit wat hulle van die Boerekinders afgeneem het geëet.

So het dit gebeur dat een jong Engelse soldaat so baie van die biltong gehou het, dat hy dit met sy mense tuis wou deel. Hy het 'n pakkie biltong met die skip na sy ouers in Engeland gestuur. Dit het so drie na vier maande vir die pakkie geduur om sy bestemming te bereik.

Dit was so vyf of ses maande later dat die Engelse soldaat weer 'n brief van sy ouers uit Engeland ontvang het wat soos volg gelui het:

"Dear John, I have planted the roots you have send me, but they wouldn't grow!"

Biltong is dan inderdaad ons nasionale erfenis!

11.   KAMPVUURMISTIEK

"Naand Vriend. Moenie skiet nie. Dis net 'n jagmaat wat hier deur die ruigtes van gister se jagtersverlede deurwerk na jou aanloklike kampvuurtjie. Ek kom net hande warm maak by jou gesellige hardekoolvuurtjie wat jagterstories van lank, lank gelede fluister; vlammetjies wat lek na gister, vandag en môre se wildslewertjie, om jou kampvuurtjie."

In my lewe gaan daar kwalik 'n kampvuur verby, of ek dink aan hierdie woorde waarmee 'n medejagter homself laat een aand vanuit die duisternis aangekondig het. Watter ware jagter sal nie te bereid wees om sy vuurtjie met 'n man wat 'n vuur so goed verstaan te deel nie?

Luister maar na die meeste jagters, hengelaars, kampeerders of natuurliefhebbers en almal is dit eens dat die hoogtepunt van vry wees se betowering beslis die afsluiting van die dag se bedrywighede om die kampvuur is. Die rustige nabetragting van die dag se jag om die kampvuur is die plek waar lekker herinneringe ontspring.

Die hoogtepunt van enige stedeling se veld toe gaan is beslis en gewis die samesyn om die kampvuur. So was dit nog altyd vir my en so sal dit altyd vir my bly. Geen jagtog is volmaak sonder die nabetragting en saamgesels om die kampvuur nie.

Wat is heerliker as om na 'n dag se lang stap in die jagveld by jou kamp op te daag, hout te breek en 'n vuurtjie aan te slaan? So 'n kampvuurtjie is 'n aardse wonder.

Die geleerdes sê 'n vuur is die blitsige verbinding van die koolstof in brandbare stowwe met die suurstof in die lug – of so is dit in verreweg die meeste van die gevalle. Koolstof en selfs suurstof is nie altyd nodig vir 'n vuur nie. Die gas, asetileen – 'n verbinding van koolstof en waterstof wat gebruik word om mee te sweis – stel byvoorbeeld by sekere temperature lig en warmte vry, selfs al is suurstof – die belangrike onderhouer van verbranding – nie teenwoordig nie. 'n Paar soorte metale kan selfs in stikstof, die gas wat as die onderdrukker van verbranding bekend staan, brand.

Vuur is dus nie 'n vastestof, vloeistof of gas nie. Daarom is dit nie materie nie. Dit het geen massa nie en tog ken ons almal die vonkende tonge van vuur, die gloeiende kole van hete energie wat byna alles kan vernietig. Die ironie van die saak is dat vuur nie rêrig stoflik is nie – en tog is dit iets. Dit is waarom ek sê dat 'n kampvuur 'n aardse wonderwerk is wat deur die Skepper spesiaal vir ons jagters geskep is.

Maar daar hou die wondere van vuur en verbranding nie op nie. Ons kry verbranding wat so stadig plaasvind dat die warmte verstrooi word en daar geen vlam sigbaar is nie. Dit is wat in ons liggame plaasvind. Die kos wat ons eet om energie aan die liggaam te verskaf, word gedeeltelik "verbrand" deur die suurstof wat deur die bloed in die longe opgeneem word.

Die grootste wonder van ons sterrestelsel is die feit dat die mens deur die eeue geglo het dat die son uit vuur bestaan – wat natuurlik 'n mite is. Die son se gloed word deur kernreaksies veroorsaak. Die son is dus nie 'n bol vuur nie, want eintlik is dit te warm om in die gewone sin van die woord te brand.

Vuur en die mens kom al 'n lang pad saam – presies hoe lank kon niemand nog bepaal nie. Tog het ek al gesien hoe 'n groentjie homself blou in die gesig sukkel om 'n behoorlike kampvuurtjie aan te slaan. Vuurmaak is redelik maklik as die leek al die kommoditeite beskikbaar het, soos papier en van die moderne aansteekmiddels. Geen ware jagter reken egter dat 'n kampvuur so aangeslaan behoort te word nie. Dit doen beslis afbreuk aan die vuur se karakter.

Elke kampvuur het sy eie karakter en sy besondere herinneringe. Dit moet 'n jagter se trots wees om sy kampvuur met so min as moontlik hulpmiddels aan die gang te kry – selfs koerantpapier is 'n stedelike ding wat nie in die jagveld tuishoort nie.

Om 'n behoorlike kampvuur te begin, moet die jagter eers bepaal hoe die wind waai – dit kan 'n belangrike faktor wees. As die wind na die kamp waai moet die kok in die rook staan en kos voorberei, of die jagter kan die hele nag met sy gesig in die rook slaap, wat 'n onaangename ervaring kan wees. Maak dan gerus jou kampvuur 'n entjie weg van jou eetplek en veral van jou slaapplek, maar maak seker dat die plek wat jy kies nie tot 'n veldbrand kan lei nie.

Om 'n behoorlike kampvuur aan te slaan, moet die jagter eers 'n klein voorvuurtjie met droë, fyn takkies maak. As hy 'n bietjie sukkel, moet hy eers wag tot die klein takkies brand en dit nie dadelik met groot, swaar houte stook nie. Voer dit maar met takkies totdat dit behoorlik vlam gevat het. Pak nou stadig en met verdrag groter houte op en siedaar – 'n ware jagters-kampvuur.

Gewoonlik gebruik die leek sommer die eerste die naaste droë hout wat hy in die hande kry en dit is natuurlik ook verkeerd. Dit is belangrik dat die jagter die hout waarmee hy sy kampvuur aanpak, sal ken. Dit moet die regte soort hout wees.

Sommige houtsoorte wat op die oog af ideaal lyk, kan tot onaangename verrassings lei. Sommige hout maak geen kool nie, maar rook ook daarby so geweldig dat dit 'n beproewende onplesierigheid afgee in plaas van 'n gemoedelike en aangename atmosfeer te skep. Die keuse van hout hang natuurlik af van waar die jagter hom bevind, aangesien die hout wat in die Suidweste van ons land voorkom byvoorbeeld nie in Natal groei nie. Dit is van die uiterste belang dat die jagter moet weet wat hy doen, want maak hy 'n oordeelsfout kan so 'n verkeerde kampvuur hom sy lewe kos.

Dit moet beklemtoon word dat daar sommige soorte hout is wat semi-giftig is en ander wat dodelik giftig is. So is daar talle ander kleiner struike wat giftig is en dit sou fataal wees om aan enige blaar of takkie in die bos te proe of selfs te kou. Die jagter moet weet waarna om op te let, daarom is 'n voorafstudie van giftige bome, struike en plante 'n absolute moet! Hier volg 'n kort lys van die bekendste giftige bome, struike en plante:

Die gifboom of Thymelaeceae is 'n wydversperide familie met ongeveer 40 genea en 500 spesies, waarvan die meeste in Suider-Afrika en Australië voorkom. Bekende Suid-Afrikaanse voorbeelde is die basboom (Dias coutinifolia), die gonnabos (Passerina-spesies) en die gifbossie (Gnidia kraussiana). Die gifbossie kom in groot dele van die land voor en is so giftig dat net 'n paar blare 'n groot dier soos 'n perd of bees kan laat vrek.

Mag hierdie inligting help om te verhoed dat 'n jagter, hengelaar of natuurliefhebber deur onkunde (soos by baie mense die gewoonte is) aan enige blaar of takkie proe of kou.

Dit is so dat menige man by sy Chev, Ford of Landrover 4x4 sal staan en val. Dit is ook die geval met gewere: Niemand kom sê my .375 Magnum Holland & Holland is swakker as sy .458 nie. Waarom sou dit nou anders wees met die keuse van hout om vleis te braai of 'n kampvuur aan te slaan?

So sweer die Suidwesters dat geen hout – maar geen hout – beter vuurmaak of kole verskaf as die bekende kameeldoring nie. Die Noord-Transvaalse boere glo weer aan hardekool en mopaniehout. Die feit van die saak is dat 'n man maar in die meeste gevalle tevrede moet wees met wat jy het – soos wat die stedeling gewoonlik met perdevye tevrede moet wees.

Ek het die eer gehad om 'n paar kampvure met 'n ou Suidwesboer en vriend van my te deel. Hy was by uitstek 'n kenner van die natuur en ek het baie by hom geleer. Hy het altyd gesê dat vuurmaakhout, en die vuur wat daarvan gemaak word, 'n karakter het; byna soos 'n mens. Hy erken die bekende en beste vuurmaakhout in die volgende rangorde: Mopanie, hardekool, sekelbos en kameeldoring.

Dat Hampie 'n veldkenner was is gewis, want hy vertel my dat hy benewens bovermelde houtsoorte ook witgat-droëhout verkies as hy 'n stadige vuur wil hê. Ek het spesiaal witgathout in die Kalahari gaan haal en gevind dat dit volkome aan Hampie se beskrywing voldoen.

Gewoonlik is die witgatboom se bas mos bros en nie veel werd as vuurmaakhout nie, maar aan byna elke witgatboom is daar gewoonlik 'n paar droë, kaal takke, wat lyk of dit dood is. As die droë takke afgebreek word, sal daar gevind word dat dit, in teenstelling met die oorblywende ligte en swakker takke, swaar en stewig is.

Die swaarder takke maak eers 'n lekker gesellige vuur en daarna brand sy kole lank en stadig – die perfekte kool om vleis of vis tydsaam gaar te braai. Dit was inderdaad soos Hampie voorspel het – die witgat se kole brand tot laataand en gloei later net soos 'n speld se punt.

Hoe kan 'n mens van kampvure praat sonder om van 'n paar eerstehandse vuurmaak-insidente te vertel?

Ek en Piet kom een winter op Groot Eduard Mostert (later skoonpa) se plaas aangery. Julle weet mos, daardie skielike besluit om te gaan jag. Die lus vir 'n springboklewertjie en -niertjie het die spreekwoordelike myl uitgehang.

Toe ons op Groot Eduard se plaaswerf op Kameelpan – so 25 kilometer wes van Leonardville – stilhou, het dinge vinnig gebeur. Groot Eduard, wat 'n legende in sy tyd was, het twee meter in sy velskoene gestaan en was so sterk soos 'n leeu. Toe hy van jag hoor, was hy onmiddellik reg vir aksie.

Op Groot Eduard se voorstel het ons besluit om naby die Korridor te gaan jag, maar eers moes ons Leonardville toe om vier rou Johannesburgers, wat daar gekuier het, te gaan oplaai.

Nadat ons op Leonardville brandstof getap het, het Groot Eduard die Ford se neus noordwes gedruk – Korridor toe. Aangesien die paaie baie sleg was, veral deur die Amenuis Herero-reservaat, kon ons nie Groot Eduard Mostert se standplaas, wat destyds tydens die knellende droogtes deur die Suidwes-regering aan hom toegestaan is, voor donker bereik nie. Ons het besluit om daar in die oop Kalahari-veld te oornag.

Ek het 'n jong springbok vir die pot geskiet en ons het ons reggemaak vir 'n gesellige nag onder die sterre. Wat 'n ontnugtering toe ons wou begin inkruip! Daar was net die drie klein kombersies wat ek en Piet saamgebring het en ons was sewe groot mans. Hoe nou gemaak? Net so bloedig warm as wat die Kalahari-woestyn in die dag word, net so bitter koud is dit snags, veral in die winter. Bedags styg die kwik tot meer as 40 grade en snags daal dit weer tot onder vriespunt.

Daardie betrokke nag gebeur dit net so, maar 'n Boer maak 'n plan en as hy sien daar is 'n moontlikheid om te verkluim, maak hy die plan baie gou. Kameeldoringhout was volop en ons het daarvan 'n reuse perdeskoen, omtrent 'n meter hoog, gepak en aan die brand gesteek. Glo my, dit was 'n wondervuur, daar in die donker Kalahari-woestyn. Ek onthou dit vandag nog duidelik en met groot verlange.

Met die oupa van alle vure aan die knetter, het ek die springbokboude- en blaaie gesny en al sewe van ons het heerlike springbokvleis, lewer en niertjies geëet. Hier het ons weer die geweldige potensiaal van kameeldoringhout vir die braai van vleis gesien – voorwaar een van die bestes.

Na ete het ons een na die ander begin stil raak en kort voor lank het al sewe mans op die drie klein, karige komberse nes geskop vir die nag.

Laatnag, of sal ek liewer sê vroegmôre, word ek wakker en lê en kyk na die kolewonder wat soos 'n reuse gloeiende perdeskoen, beskermend om die slapende jagters gloei. Dit was 'n onvergeetlike ervaring om in die nag na die bloedrooi gloeiende kole te lê en kyk en nie eers te weet wat dit is om koud te kry nie. Dis 'n belewenis wat my vandag nog bybly en – glo my – vandag, na 35 jaar, lê die uitgebrande perdeskoen nog steeds in die Amenuis-reservaat en het dit al 'n landmerk vir reisigers geword.

Nog 'n kampvuur wat ek nie lig sal vergeet nie was toe oorlede kolonel Piet Fourie na Sendelingsdrift, 'n byna vergete polisiestasie aan die Oranjerivier, gereis het. Ek het die voorrade grondlangs met 'n Landrover gekarwei en kolonel Fourie het met die polisie-helikopter gevlieg. Ons was op die spoor van onwettige gemsbokjagters agter in die spergebied.

Die eerste nag het ons noordwes van Auss – my klein maar pragtige geboortedorpie – kamp opgeslaan. Dit was 'n avonturiersrit en daar was genoeg kameeldoringhout beskikbaar om 'n ordentlike vuur aan te slaan. Soos gewoonlik het ons tot laatnag om die kampvuur vergader en indaba gehou.

Die volgende oggend het die kole gelyk of die vuur maar pas aangeslaan was en ons het haastig ontbyt gemaak, want Sendelingsdrift was nog vêr – nie vir die helikopter nie, maar vir my met die Landrover.

Na 'n dag se verkenning het ons die aand in die koel waters van die Oranjerivier lafenis gevind, maar geen onwettige gemsbokjagters nie. Nieteenstaande die feit dat dit winter was, was dit snikwarm en toe die son eindelik agter die westekim gedaal het, was die koel suidwester wat van die see af opgesteek het soos 'n genadegawe.

Die aand braai ons weer vleis op 'n kameeldoringhoutvuur en nadat ons geëet het, merk ons dat kolonel Piet Fourie stilletjies uit die geselskap verdwyn het. Eensaam en met 'n vêr kyk in sy oë het hy daar onder op die wal van die Oranje gestaan.

Terwyl ons hom so staan en kyk, sê iemand hier agter my: "Kêrels, ons almal weet dit tog – ons kan dit maar sê, maar net hier onder ons: Die kolonel se besoek gaan nie om wilddiewe nie. Hy het Suidwes kom tot siens sê."

So was dit inderdaad gewees, want hy is die volgende jaar Kaap toe verplaas en twee jaar later is hy oorlede. Ons het nie die gemsbokjagters gevind nie.

Die kolonel was as jong konstabel op die einste Sendelingsdrift gestasioneer.

Die volgende oggend was ons vroeg op en op pad terug. By ons eerste kampplek in die spergebied het ons weer stilgehou, soos wat 'n veldman maar geneig is om sy ou kampplekke weer te besoek. Ons het immers die vorige aand by die kolonel gesien dat die verloop van tyd tussen die besoeke glad nie saakmaak nie.

Wat 'n aangename verrassing – toe ek die ketel met koffiewater op die ou, oënskynlik dooie kole plaas, het ek die as net so eenkant moes krap en daaronder het ek die heerlikste kole gevind met genoeg durf om 'n skaap op te braai.

Terwyl die ander manne nog eenkant staan en skerts, het ek diep in die kole gekyk en gedink: toe kolonel Piet Fourie gisteraand daar langs die Oranje die assies van die tyd eenkant toe krap, het hy ook gevind dat sy kole van herinnering nog warm gloei?

Ek het opgekyk, vas in die kolonel se andersins streng oë, en gesien dat hy dieselfde ding dink...

-oOo-

Dit is bekend dat kameeldoringhout uiters hard is, lank vat om kole te maak, maar 'n uiters gesogte vleisbraaihout bly omdat sy kool jou nooit sal aanjaag of in die steek laat nie.

Toe ek in die Oos-Caprivi gestasioneer was, was daar natuurlik genoeg vuurmaakhout – soveel om te kus en te keur. Dis nie my doel om al die houtsoorte te bespreek nie, maar al die erkende houtsoorte vir 'n ordentlike kampvuur was daar beskikbaar – kameeldoring, hardekool, mopanie, jakkalsbessie en sekelbos, om maar die ou staatmakers te noem.

Dit was hier waar ek met mopanie- en hardekoolhout kennis gemaak het – voorwaar twee van die beste soorte hout om vuur te maak en veral om vleis te braai. Albei houtsoorte is swaar en hard. Anders as wat van sulke hout verwag sou word, breek hardekool nogal maklik. Mopanie is taaier en 'n man moet vasvat om hom te breek, maar hy breek darem makliker as kameeldoringhout.

Daar is egter 'n verskil tussen die kole van hardekool en mopaniehout. Hardekool maak 'n ordentlike kool en gee ook lieflike kole af om die aand met 'n behoorlike vleisbraai af te sluit. Dié kole brand uit tot 'n fyn as en dis selde dat daar die volgende oggend gloeiende kole oorbly – tensy jy 'n hele stomp aan die brand sou steek.

Mopaniehout is volgens my beskeie mening een van die beste houtsoorte vir 'n kamp en veral om vleis op te braai, indien dit nie die beste is nie. Dit raak maklik aan die brand, gee eers 'n aangename helder vuur en dan kole wat, net soos kameelhout sin, tot die volgende dag bly gloei. Sy kole brand ook nie totaal uit nie.

Dis hier in die einste Oos-Caprivi waar 'n man gebly het wat lief was vir kampeer, maar terselfdertyd baie bang was. (Tot sy verskoning moet gesê word dat enige man in enige deel van die Caprivi maar katvoet moes slaap toe die bosoorlog op sy felste was). Hy was nie 'n groot jagter en ook nie 'n geesdriftige hengelaar nie, maar een ding was seker – as hy gaan kamp het, het hy 'n groot vuur aangepak; so 'n groot vuur dat dit al 'n gesegde geword het dat, as 'n 'bang man' 'n effe te groot vuur aangepak het, dit deur die spotters 'n 'Gert van Eedenvuur' genoem is.

Vuur en lande soos Angola, Zimbabwe en Caprivi is en was nog altyd sinoniem, want die lande brand altyd, veral in die winter. Geen wonder dat die Portugese ontdekker van die seeweg na Indië, Vasco da Gama, op grond van die rook van sulke brande na Suid-Afrika as 'Terre de Fume', – Land van Rook, verwys het nie.

Lande soos hierbo genoem, word gewoonlik net voor die reënseisoen deur die swart inwoners aan die brand gesteek, vermoedelik om die volgende redes:

- Om die ruie bos en gras af te brand sodat daar makliker gejag kan word.
- Om kortpaaie deur die bos, wat met 'n reënval van nagenoeg 1 000mm per jaar nogal ruig kan word, te verkry.
- Om hul vee so gou as moontlik na die reën op die groen uitloopsels te laat wei.
- Om bosluise en dergelike peste uit te roei.
- Om bygelowige redes.

Hoe dit ook al sy, ek het gesien dat bome en hout ter waarde van miljoene rande elke jaar op die onbesonne wyse deur brand vernietig word. Die brandery het ook 'n uiters nadelige uitwerking op die ekologie omdat dit van die kleiner diere en insekte, wat 'n onmisbare skakel in die natuurketting vorm, uitroei. Die natuur kan nie 'n jaarlikse uitgebreide brand bekostig nie en gebiede wat voorheen welig was, kan daardeur uiteindelik in woestyn omskep word.

Dit is die vernaamste rede waarom 'n verantwoordelike jagter altyd sorg dat sy vuur so gemaak word dat dit nie skade aan die natuur kan berokken nie – die geslagte na ons wil ook die voorreg geniet om, soos ons nou, in die veld te kan ontspan.

Toe ek in die Transvaalse Bosveld begin jag het, het ek Oom Ben Potgieter leer ken en tussen die twee van ons sou ons al boekdele oor talle kampvure kon skryf. By Oom Ben het ek baie geleer, want hy was 'n uitstekende natuurkenner. By hom het ek geleer dat sekelbos en rooihout net sulke lekker kole as kameelhout en die ander grotes maak. Hy het my ook geleer van doppertjiehout met 'n fyn grein waarmee lekker houtlepels gemaak kan word. Hy het vir my die beste vuurmaakhout in die Bosveld uitgewys.

Oom Ben het benewens mopanie, kameeldoring en hardekool, altyd aan twee soorte hout uit die Noordwes-Transvaal voorkeur gegee – kareehout, sekelbos en rooihout – wat onder die conbretums val!

Dit was vir my 'n plesier as jy deurgaans in Suidwes met die taai en harde kameeldoring te doene gehad het want dit was die prins van prinse met betrekking tot vuurmaakhout! Dis 'n plesier om rooihout te breek – sommer so met die hand. Al is dit lig, maak dit 'n ordentlike kool.

Sekelbos is rooihout se eweknie, al is die sekelbos harder, wat dit moeiliker maak om te breek. Ek en Oom Ben is dit eens dat daar baie min tussen rooihout en sekelbos te kies is.

Onlangs sit ek en Oom Ben en nog 'n vriend in die Bosveld om 'n heerlike kampvuur van sekelbos. Ons het pas bymekaargekom na 'n middagstappie in die veld met die roers. In die rustige atmosfeer het ek so al starende in die kole in my eie gedagtes versonke geraak. My lewe het weer in die vlamme voor my afgespeel en ek het geweet dat as ek dit weer oor sou kon kry, ek dit net soos dit was sou wou hê. "Naand Vriend. Moenie skiet nie. Dis net 'n jagmaat wat hier deur die ruigtes van gister se jagtersverlede deurwerk na jou aanloklike kampvuurtjie. Ek kom net hande warm maak by jou gesellige hardekoolvuurtjie wat jagterstories van lank, lank gelede fluister; vlammetjies wat lek na gister, vandag en môre se wildslewertjie, om jou kampvuurtjie." Ek kyk verward op – die stem is weg – daar is niemand nie – net ons drie sit om die kampvuur – elkeen versonke in sy eie gedagtes!

'n Kampvuur vir my altans, moet net soos Ouma se kombuis wees – ek meen nou soos destyds toe daar nog koolstowe was. Die geur van moerkoffie en moskonfyt. Dan is daar nog iets wat nie deur die geleerdes met hul moderne tegnologie oortref kan word nie – die ou, rasende primusstofie met die reuk van paraffien en brandspiritus.

Daar is 'n geweldige verskil wanneer 'n vleisie gebraai word en dit op die moderne klinkers, of noem dit wat jy wil. Dis nooit dieselfde as op behoorlike hardekool, mopanie of enige ander ordentlike vuurmaakhout nie. Die klinkervleis kan ook nooit so lekker smaak nie, en dis nie net verbeelding nie.

So sit ons drie jagters daar in die Bosveld om 'n gemoedelike kampvuur. Op die aandwindjie sweef ek hoog bo die Bosveld, waar my siel weer rus kry, terwyl die syagtige arms van die aandskemering om my vou. Van vêr uit die gedagtes in my agterkop kom die bekende Afrikaanse liedjie weer na vore met sy mooi en paslike woorde:

"Daar doer in die Bosveld,
daar wil ek bly.
Daar doer in die Bosveld,
daar's rus vir my..."

12. CHAPPIE

Chappie is 'n pikswart bullterriër met wit voete, 'n wit stertpunt, 'n wit streep tussen die oë en 'n groot wit vlek, wat soos 'n spierwit waslap lyk, op sy breë bors. Ek sê altyd vir my vrou as ons in die aande uit was en Chappie kom hek toe gehardloop dan sien 'n mens nie die swart hond nie, want in die donker moet jy mooi kyk, maar dan sien ek net die wit waslap aankom. Dan weet ek dis Chappie.

Terwyl ek op Katima Mulilo gestasioneer was, het ons in 1976 op Rundu gaan rugby speel. Dit was reeds in die aandskemering van my sportloopbaan en ek was toe nog in my laat dertigs (dirty thirties) en het so aan die veertig (naughty forties) geraak. Ek het altyd vir myself gesê ek gaan rugby speel totdat ek veertig is. Daardie droom is toe verwesenlik, maar meer daaroor later.

Eers moet ek so 'n bietjie van die rugbywedstryd vertel, want dis mos ons nasionale spel. Ek was die kaptein van die Katima Mulilo-span, en toe ons van die vliegtuig afklim op Rundu was Bytel Erasmus dadelik by met sy alombekende gasvryheid. "Johann, hoe is julle span", groet-vra hy terwyl ons bladskud.

"Wel Bytel," sê ek, "jy weet mos hoe gaan dit op Katima Mulilo – daar is net twaalf spelers en drie moes ons fabriseer."

Ek het geweet dat ons 'n lekker, agtermekaar spannetjie gehad het. Ons het 'n paar ou staatmakervoorspelers van Katima Mulilo se polisie en die dorp bymekaar geskraap en ons het van die weermag se uitstaande manne gekry. Kortom, ons het oor 'n gesoute pak voorspelers beskik wat die dinge kon doen en oor 'n paar jong losvoorspelers wat lus was om te hardloop. Verder het ons die room van die jeug – seuns wat grensdiens verrig het – in ons agterlyn gehad; jong, sterk, blitsvinnige seuns wat weet wat dit beteken om dit te vat en ook uit te deel.

Verder moet ek darem ook meld dat ons nie teen 'n gewone span op die veld gedraf het nie. Die span in Rundu het bestaan uit die room van die valskermbattaljon – die Reccie's, soos hulle in dié wêreld alombekend was. Hulle is nou die bullterriërs van die weermag – die 'tawwe manne'. Ook het ek verder verneem dat hulle spanne soos Ondangua met 80-0, Grootfontein 40-0, Tsumeb 30-0 en Kombat 60-0 gewen het, wat natuurlik beteken het ons was in vir 'n ding! Ek het verder verneem dat van die plaaslike polisie op Rundu se sterk manne, soos Caries Mostert, ook vir die Reccie span uitgedraf het.

Voor die wedstryd het ons gashere my by Dik Potgieter laat tuisgaan. Met ons aankoms by Pottie se huis het ek gesien dat hy 'n bullterriërteef met ses kleintjies het. Ek het in my lewe baie honde gehad, maar my begeerte was nog altyd om 'n bullterriër te besit. Hier was my kans en ek het my begeerte aan Pottie duidelik gemaak. Hy sê toe dat al die hondjies reeds base het, buiten een: Chappie, alhoewel dit toe nog nie sy naam was nie.

Dit was 'n koue wintersmôre toe ek Chappie uitkies. Hy het in die koue bo-op sy boeties en sussies gelê. Ek sê toe vir Pottie daardie een wat weet hoe om die beste van 'n koue nag te maak, wil ek hê. Dis hoe ek die baas van Chappie geword het.

-oOo-

Die middag was ek in die taaiste en hardste rugbywedstryd van my lewe gewikkel. Ek wil nie die wedstryd in detail bespreek nie, maar elke keer as ek my kop uit 'n losskrum of vasteskrum haal dan is die Reccie-manne op ons doellyn. Hulle veg besete om die bal, net soos 'n klomp wildehonde om 'n stuk aas. Ek het nog nie so 'n fikse span teëgekom nie. Die parabats, soos hulle ook bekend gestaan het, het ons behoorlik nerf-af gedruk, geduik, geskop en geslaan. In die skrums het hulle ons laat kraak en kreun en as hulle agterlyn die bal in die hande kry, dan stuit ons hulle ternouernood op ons doellyn.

Dit was die moegste wat ek in my hele lewe in 'n rugbywedstryd was. Ek was nog net een keer moeër as dit en dit was in 1969 toe ek op die Suid-Afrikaanse spele (amateur) gestoei het. Na die taai geveg teen 'n Sweed was ek so gedaan dat die wit ligte in die saal vir my pienk gelyk het.

Ons was 8-3 agter en die eindfluitjie kon enige oomblik blaas. Ek het reeds gesien hoe ons verloor, want die parabats was knaend op ons doellyn, toe daar 'n losskrum ontwikkel, ek die bal in die hande kry en na Barnard, die slot, laat loop. Dié laat loop na ons skrumskakel, wat reg agter die skrum gestaan het, en in plaas van regs-om, beweeg hy steelkant om. Dit het Rundu se manne, wat so seker van 'n wen was dat hulle waaksaamheid effe verslap het, onverhoeds betrap. Die skrumskakel gee uit na Harry, wat reguit doellyn toe nael. Toe Harry die bal kry, het ek gaan staan. Ek het geweet dis 'n drie, want min manne kan die blitsige Weermagsenter vang. Dit was ook so – hy het die bal onder die pale gaan druk, ek het verdoel en ons wen die wedstryd 10-8.

-oOo-

Chappie was nog skaars myne en hy was reeds 'n gelukbringer duisend!

Omdat Chappie nog te klein was, het ek hom eers by sy ma laat bly totdat hy ses maande oud was. Hy het nog soos sy ma gelyk – swart met wit vlekke; 'n rare, maar pragtige kleur vir enige hond, veral 'n bullterriër. Sy pa was glo 'n groot Engelse kampioen – spierwit van kleur.

Chappie was nog klein toe ek eendag langs die Zambezi-rivier gehengel het. Daar kom toe 'n man met sy motor aangery en die het 'n groot, uitgegroeide doberman. Hy loop Chappie sonder seremonie by, tel hom in sy bek op, skud hom so 'n slag en gooi hom eenkant dat hy so asvaal van die stof spook om sy voete te vind. Chappie het nie getjank nie – hy het net opgestaan en die doberman lank agterna gestaar.

Van daardie dag af kon Chappie geen doberman verdra nie. (Ek ook nie.) Dit was 'n bietjie meer as twee jaar later dat Chappie sy weerwraak geneem het. Hy het eendag 'n doberman in die hande gekry en die uiteinde van die saak was kwaaivriende met die baas en die hond moes na die plaaslike geneesheer gaan vir steke aan die blad. Daar was nie 'n veearts op Katima Mulilo nie.

Ek is baie lief vir Chappie, want hy is 'n hond met 'n pragtige temperament. Hy sal nie sommer goedsmoeds 'n hond bydam en baklei nie. Iemand moet ook nie 'n geveg vir hom reël of probeer om hom teenoor 'n ander hond op te steek nie – hy reageer minagtend op so 'n gebaar en steur hom nie aan die ander hond nie. As 'n ander hond hom sou bevlieg of eerste byt, dan is dit 'n perd van 'n ander kleur!

Chappie is baie lief vir kinders en sou nooit eens vir hulle knor nie. Hy het nog net een kind geknyp! Ek was baie teleurgesteld daaroor en die bure het kwaaivriende gebly. Ek neem hulle dit nie kwalik nie, maar waaroor ek hulle wel kwalik neem is dat ek eendag na die voorval dieselfde kind gevang het, besig om Chappie deur die heining met 'n stok te terg. Natuurlik sal enige hond wat sy sout werd is onder die omstandighede die kind byt. Ek het toe beter gevoel oor die episode en nie my hond alleen die skuld gegee nie.

Eendag ry ek en Chappie by 'n stat in die Oos-Caprivi aan. Toe ek nog aankom, tel ek sewe honde wat die polisiebakkie bestorm. Chappie staan agter op die bak se petroltenk en bekyk die honde minagtend. Daar is nie die geblaf soos 'n ander hond sou gedoen het by hom teenwoordig nie. Ek hou stil en Chappie spring tussen die honde van die bakkie af – vreesloos soos eie aan 'n bullterriër. Hy kyk nie eens na die honde nie, maar stap minagtend na die wiel en teken sy kontrak vir die ligswaargeveguitdunne. Toe weet ek as een hond verkeerd trap is daar perde. Die sewe honde staan blaffend, keffend en dreigend in 'n kring om hom.

Die grootste een van die trop kom onseker, dog dreigend, met lang, ontblote tande nader aan Chappie. Toe hy aan Chappie raak, is daar pandemonium! Soos 'n weerligstraal skiet die swart terriër onder die groot grou hond in en voor hy tot verhaal kan kom, sit Chappie aan sy keel.

Hy wou aanvanklik seker die hond aan die keel gryp, maar kry hom so half aan die onderkakebeen en keel beet. Hy smyt die groot, swaarder hond teen die grond neer en toe verander die hond se dreigende gegrom en geblaf in 'n helse getjank. Ek sê toe vir my kollega dat hy net moet help keer dat al sewe honde nie vir Chappie pak nie, want al die honde storm toe nader. Ons weer die honde af en net die grou hond en Chappie bly in die arena agter. Dit was korte mette – die hond wou nog spook, toe gryp Chappie hom aan sy voorpoot en dop hom weer onder. Dit was nog altyd my mening en my ondervinding dat 'n hond wat 'n ander hond eerste aan die voorpoot bykom, die geveg klaar gewen het.

Dit was toe ook so. Toe ek sien dat die grou hond nou te veel pyn ly, praat ek met die swart terriër en neem hom aan sy stert en toe los hy die hond. Ek het nog nooit 'n hond so haastig van die gevegstoneel sien verdwyn soos daardie dag nie. Die hutte van die swartes was ongeveer 70 meter van die geveg af. Die grou hond het die eerste hut binne plus-minus 10 sekondes gehaal met die vreeslikste geween en gehuil asof die dood in wese agter hom was!

Alhoewel ek nie 'n voorstander van gevegte tussen diere, en veral tussen honde, is nie, is dit tog so dat dit soms vir die goeie orde en sedes noodsaaklik is.

-oOo-

Chappie se geveg was 'n geval waar die doel die middele heilig. Die betrokke vrou was vir my kwaad oor 'n keer waar ek tydens die loop van 'n polisie-ondersoek haar seun moes ondervra. Die seun, wat aan my bekend was, was glad nie skuldig in die saak nie, maar was ten tye van 'n misdaad by die huis waar die misdaad gepleeg was. Toe ek die seun inroep en die normale prosedure van ondervraging begin, storm die ma my kantoor binne en daar verstaan sy toe die hele aangeleentheid verkeerd – vandaar die totaal onnodige kwaaivriendskap. Dit neem soms 'n insident soos die geveg tussen die honde wat mense weer bymekaar bring en help om mekaar beter te verstaan, en tot hul sinne te bring!

Eers moet ek vertel hoe Chappie vir Flip, die wolfhond, die eerste keer afge-ransel het. Ek was die middag op pad huis toe en toe ek stilhou en uitklim om die hek oop te maak, staan die groot rooibruin wolfhond langs my Land-Rover se deur en hy dreig my sommer met sy lang gevaarlike tande. Ek is 'n man wat nie sommer skrik nie en ook nie bang is nie, maar met sulke lang tande redeneer ek nie – veral nie kaalhande nie. 'n Mens het mos verstand gekry om sulke dinge te beheer en op te los.

Dis toe ek die bedreiging hier voor my eie werf ondervind dat ek net 'n lang fluit gee en die volgende oomblik kom daardie swart gevaarte met sy wit borslap om die hoek. Ek maak die hek oop en trek die Land-Rover onder die afdak en toe ek terugkyk, steek net die wolf se vier pote onder Chappie uit.

'n Vriend van my het daar verby gery en toe hy die honde sien baklei, hou hy daar stil om te kyk wat aangaan. Ek moes ook naderstap, want die wolf begin toe al "cry to me, mama" te sing. Ek sien Chappie het hom weer aan die onderkaak beet en dis net bloed waar jy kyk. My vriend het ook 'n bullterriër, hy sê toe ek kan maar los, want Chappie sal hom nie los nie. Ek stap maar nader en vat Chappie aan sy stert om hom met wolf en al uit die sloot te trek – en wonder-baarlik los die terriër.

Die wolf het in daardie stadium al so 'n groot respek ontwikkel vir die terriër dat hy, in plaas van weghardloop, op my vriend se bakkie spring. Daar sit hy en verseg om af te klim. My vriend moes hom maar huis toe karwei.

Die wolf het nie die drag slae vergeet nie en ek neem hom nie kwalik nie. Ie-wers in sy verstand het dit egter vasgesteek dat hy op eie werf sterker en slimmer is en dat sy neerlaag net te wyte is aan die feit dat dit nie by sy huis plaasgevind het nie. Elke hond is mos op sy werf baas! Daarna het dit male sonder tal gebeur as ek verby die huis van die wolf se eienaar ry en Chappie draf saam, dan storm die wolf teen die draad vas en dreig dat die tande en spoeg so staan en spat – dit terwyl die hek oop staan.

So het dit vir maande voortgegaan. Later het die wolf seker vergeet van die drag slae en dit tot buite die erf gewaag as ek daar verbykom. Dan storm hy soos 'n bang olifant sulke fratsstormlope, maar nooit tot by Chappie nie. Chappie het hom altyd geïgnoreer, of soms net langs die draad gedraf, sy gevegskontrak met die lig van sy been onderteken, en teruggeblaf – tot eendag op 'n reëndag, toe wat ek al lankal gesien kom het, gebeur.

Soos 'n maat vir my gesê het – daardie wolf is 'n ongeluk: hy soek net 'n plek om te gebeur. Toe gebeur die ongeluk. Ek was op pad werk toe en Chappie het die oggend nog vroeg by majoor Dulchig gaan besoek aflê, nie vêr van die wolfhond se huis nie. Toe ek met my motor om die draai kom en Chappie my gewaar, begin hy sommer uit vrye wil saam met my motor draf. Hy het nooit self kar gejaag soos so baie doen nie. Dis toe die môre, met die vars reëngeur in die lug, dat die wolf genoeg moed bymekaar skraap en Chappie te lyf gaan.

Dit het die vorige nag lekker gereën en die pad was nie geteer nie. Daar was ook 'n diep wielspoor in die modder getrap en die het vol water gestaan. Dis net by die waterspoor dat die wolf vir Chappie "ambush". Hy gryp Chappie aan die een oor, dop hom op sy rug in die watersloot en daar ploeg die wolf die pad met Chappie.

Ek moet ook verduidelik dat in die meeste gevegte waarin Chappie betrokke was, sy teenstanders groter as hy was en met die eerste kontak was Chappie gewoonlik onderstebo. Dit het my ook eers gepla, maar later het ek gesien dat dit nie vir Chappie saak maak waar hy in 'n geveg beland nie – dit is vir hom om te ewe.

Terwyl die wolf Chappie so in die watersloot opvryf, staan die kwaai vrou en haar kinders ook nader. Sy sê ek moet die honde keer, want die wolf gaan vandag vir Chappie doodbyt.

Ek moet dadelik erken dat Chappie in daardie stadium van die geveg in 'n baie benarde posisie was. Ek besluit toe so in my enigheid twee dinge. Eerstens gaan ek die honde vandag laat uitbaklei sodat die hond wat verloor weet wie sy meester is, anders gaan hulle mekaar maar net by elke beskikbare geleentheid weer gryp; en tweedens loop ek nie met my skoon skoene in die pap modder nie.

Om heeltemal eerlik oor my menslike swakhede te wees, moet ek erken dat ek eintlik ook wou gehad het dat die honde die ding moes uitspook, want so 'n oorwinning sou vir die baas ook 'n morele oorwinning beteken. Die vrou en haar kinders lag lekker vir die penarie waarin Chappie hom bevind. Dit is net asof hy nie die wolf kan afskud nie – elke keer as hy probeer opstaan, dan gly sy pote in die modder water en dan is die wolf op hom. Die wolf los ook nie waar hy het nie – hy hou om lewe en dood aan Chappie se oor. Dis asof hy weet as hy los dan is dit klaarpraat met hom. 'n Bullterriër is nie verniet die baasbakleier van alle honde nie. Hy doen soms die dinge wat vir jou onmootlik lyk op die regte tyd. Dit was die betrokke dag die geval met Chappie.

Toe ek reken dit is vandag sy beurt om slae te kry, doen hy die onmoontlike. Dis asof hy my teenwoordigheid en my begeerte aanvoel dat hy die spesifieke geveg moet wen. Eensklaps staan hy met die wolfhond en al uit die modder op en dop die wolf op sy beurt onder. Hoe hy dit reggekry het sal ek nooit kan verklaar nie, want die wolf is twee maal groter as hy. Die volgende oomblik het hy die wolf hoog bo aan sy voorbeen beet.

Die wolf is nog vol veglus en besef nie dat hy reeds die geveg verloor het nie. Die terriër ploeg die aarde met die wolf en dis toe dat die wolf se gedreig in 'n getjank verander en helaas, in 'n jammerlike gekerm. Chappie is blind van woede en hy ploeg die aarde terwyl hy by tye daardie swaar wolfhond skoon van die grond af optel en soos 'n vrot vel skud.

Dit is in die stadium van die geveg dat die kwaai vroumens weer op die voorgrond tree en dis toe dat ek ook die kinders se hartlike gehuil hoor. "Keer die hond – hy gaan Flip doodbyt!" skree sy – die vermakerige lag van flussies het nou oorgegaan in woedende histerie en 'n tranedal!

Ek sê: "Kyk, ek gaan nie daar inmeng nie; netnou byt die honde my – wat al voorheen gebeur het – en vandag moet die twee honde gerus maar die ding uitbaklei sodat die een die ander nie weer in die straat molesteer nie."

Daarvan wil die kwaai vrou niks weet nie en sy keer net en soebat my later om die honde uitmekaar te maak.

Toe daar omtrent ses, sewe motors staan met mense wat die geveg gadeslaan, besef ek dat ek vandag sal moet ingryp anders is die wolfhond waarlik dood. Chappie is nie net met 'n oorwinning tevrede nie – hy soek sy aanvaller se dood! In die stadium het Chappie al amper die watersloot met die wolf skoon geveeg en staan ons al in die sloot die geveg en bekyk. Ek sien nog motors nader kom om die geveg by te woon en toe besluit ek dat die wolf genoeg pak gekry het om hom voorlopig te laat besef wie baas is.

Ek stap die vegtende honde by, pak Chappie weer aan sy stert en toe ek trek los hy die wolf. Die wolf is een klont vaalbruin modder en net sy oë blink, maar ek het nie lank kans gehad om verder te kyk nie. Soos 'n vetgesmeerde blits nael die hond sy baas se werf binne en eers twee weke later het ek hom vir die eerste keer na die geveg weer gesien. Die ironie van die saak was dat daar lank daarna mense in die dorp was wat vir my kwaad was oor die pak slae wat Chappie die wolf toegedien het, maar die eienaar – 'n Duitser – was nie kwaad nie. Hy huldig die mening dat die beste hond wen en waarom moet hy vir my kwaad wees?

Chappie lê na aan my hart, want hy is nie 'n keffer-tipe van hond wat die hele nag die bure uit die slaap hou en vir alles wat beweeg blaf nie – soos honde wat die hele nag onder sy baas se kamervenster vir die maan sit en blaf en die hoor dit nie. Nee, Chappie blaf selde en as hy blaf kan jy maar gewis gaan kyk – daar is rede voor.

As ek en Chappie in die veld slaap of reis en hy gewaar wild of iets, gaan hy nie histeries te kere soos soveel honde die gewoonte het nie. Nee, Chappie sit of staan doodstil die petalje en bekyk en dan grom hy net sulke kort gromme om my te waarsku. Wat wil 'n man nou meer van 'n waghond verwag?

Eens het dieselfde Duitser wat eienaar van die wolfhond is, 'n groot wilde jagluiperd in 'n hok in sy agterplaas aangehou. Ek en hy raak aan die gesels oor die dier wat besig is om uit te sterf en toe vertel hy my van die reaksie van alle honde wat daar naby die jagluiperd kom. Hy beweer dat alle honde wat nog daar aangekom en die jagluiperd geruik het, soos blits, stert tussen die bene, wegge-hardloop het en nooit weer daar gekom het nie.

Dis toe ek besluit om die terriër te toets. Die mense sê mos dat die terriër die hond is wat enige leeu sal stormloop en aanval. Gewoonlik word die hond dan doodgebyt. Daar word ook beweer dat die beste honde om by 'n leeujag te gebruik foksterriërs is. Hy is net so dapper soos die bullterriër, maar laat hom nie vang nie omdat hy so rats is.

Ek reël toe met die Duitser dat hy die jagluiperd in die hok moet hou sodat ek Chappie kan bring om sy reaksie te toets. Ek stap doodluiters om die huis se hoek met Chappie wat niks vermoedend agter my aandraf. Ek moet natuurlik ook bysê dat Chappie toe maar pas twee jaar geword het en relatief 'n jong hond was. Nietemin hou ek hom fyn dop toe ek om die draai kom.

Die jagluiperd gewaar die hond eerste. Eers spits hy sy ore en dan trek hy hulle plat en blaas soos 'n kat mos maak. Dit is in die stadium dat Chappie die dier gewaar en ruik. Soos blits vlieg die terriër om en daar verdwyn hy om die huis se hoek.

Die Duitser lag uit sy maag en ek is... bek-af.

Ons staan nog so, toe storm die terriër soos 'n pyl uit 'n boog om die huis se hoek – reguit na die jagluiperd se hok. Nog voor ek besef wat aangaan is die hond by die hek en was dit nie vir die Duitser wat ook gesien het wat die terriër se plan was en die hek betyds toegeklap het nie, was Chappie binne in die hok en dit sou beslis sy grootste geveg gewees het. Ek wonder vandag nog wat die uitslag van die geveg sou gewees het!

13. VLAKVARKJAG

As ek een vlakvark in my lewe geskiet het, dan het ek al talle geskiet. Die alombekende vlakvark met sy byna haarlose vaal lyf en 'n gesig wat net 'n moeder kan liefhê, kom wydverspreid in ons land voor. Vir 'n gewone vaal vlakvark het hy 'n meer indrukwekkende naam, te wete Phacochoerus aethiopicus!

Daar is twee soorte wildevarke in Suid-Afrika – die ander is die bosvark met die Latynse naam Potamochoerus porcus.

Die Afrikaanse vlakvark is eintlik nie heeltemaal kaal nie; hy verhaar gewoonlik aan die begin van die somer sodat hy byna kaal voorkom. Hy het lang, stekelagtige hare wat yl oor sy liggaam versprei is. Dis veral die beer wat oor 'n bos stekelagtige maanhaar beskik wat van sy nek tot (soms) by sy kruis strek.

Vlakvarke kom algemeen in Afrika voor, vanaf Noord-Afrika tot in die Kaap. Die vlakvark het 'n uiters gesogte wildsoort vir jagters in Afrika geword.

Vlakvarke het 'n wit wangbaard aan albei kante van die onderste kakebeen en twee paar vratte op hul gevrete.

Vlakvarke woon in gate wat hulle in die grond grawe, veral naby erdvarkgate of ou miershope, terwyl alleenloperbere in die bosse slaap.

'n Vlakvarkma baar tussen Junie en Oktober, maar soms tot so laat as Desember en gee geboorte aan drie tot vyf klein varkies. 'n Vlakvarksog is 'n toegewyde moeder.

Die vlakvark wissel dikwels van kleur – soms wit, vaal tot swart en partykeer selfs rooi, afhangende van die modder waarin hy geploeter het.

Net soos mak varke, is vlakvarke lief vir hulle modderbad. Daar is egter 'n goeie rede waarom vlakvarke in modderpoele ploeter. Eerstens bedek hulle hul amper haarlose liggame met 'n modderlaag om dit teen die versengende son en insekbyte te beskerm.

Die groot bere merk hulle gebiede af deur oral teen boomstompe te skuur en hul reuk te laat geld. Deur hierdie modus operandi by damme na te speur het ek altyd bepaal hoe groot die beer van die trop is wat ek by die watergat voorsit. Sodra 'n mens die oukêrel se spoor en tuiste vind, weet jy hoe groot hy is.

Vlakvarke is sosiale diere en word meestal in groepe aangetref. So 'n trop varke bestaan gewoonlik uit 'n groot beer, 'n sog en kleiner varkies. Groot en ouer bere is geneig om, soos baie ander wilde diere, alleenlopers te wees.

Alhoewel ek al in Suidwes begin vlakvark jag het, het ek weens die toenemende skaarsheid en veral hoë pryse van wild, geleentheid gekry om nogal vrylik en verniet, vlakvark te jag.

Dit sal vir die leek blyk dat dit maklik is om vlakvark te jag, wat inderdaad ook so is, maar net op 'n plaas waar daar nogal min en selektief gejag word.

Dis egter 'n ander storie om 'n vlakvark te skiet waarop aanhoudend jag gemaak word. So 'n vlakvark word 'n uiters geslepe prooi wat nie maklik gevat word nie. Hy is beslis nie meer die dom vaal vlakvark wat soms stilstaan en vir jou kyk terwyl jy jou geweer uithaal en hom op jou tyd skiet nie.

Hy sal sy vreetpatroon onmiddellik verander. As hy in die oggend gejag word, sal hy in die middag kom suip en vreet. As hy in die oggende en gedurende die middae gejag word, sal hy laataand kom water suip. Jag jy hom dwarsdeur die dag, dan sal hy sonder huiwering in die nag kom suip en vreet.

Moet hom nie onderskat nie – hy sal jou so gou soos jy kan sê: "Joseph Rodger"[13] 'n oor aansit. 'n Belangrike faktor wat enige jagter altyd moet onthou, is dat 'n vlakvark se reuk- en hoorsintuie besonder goed ontwikkel is – veral as daar gedurig op hom jag gemaak word.

Alhoewel sy sig nie goed ontwikkeld is nie, is dit fataal om die ou grote te onderskat. Hy het nie verniet so groot en oud geword nie. Alleen deur 24 uur van die dag wakker te loop, het hy oorleef.

As 'n man 'n vlakvark – wat jagters gewoond is – by 'n watergat gaan soek, moet jy baie fyn trap. As hy sy drinkplek nader – want varke moet gereeld water drink – is sy gehoor en reukvermoë op 'n hoë intensiteit ingestel.

Al lê jy wind-af in die lang gras en hy jou nie kan hoor, ruik of sien nie, sal hy swak soos sy oë is, die geringste versteuring van die luglyn opmerk. Hy sal dan met 'n verontwaardige snork – sonder uitsondering – kenmerkend met sy stert soos 'n radio-antenna in die lug, die ruigtes in vlug en voor jy kan aanlê is hy weg!

Die rekordlengte van 'n vlakvark se tande is 609,6mm (24dm) en hierdie gevaartes word meestal gebruik om grond mee om te dolwe op soek na uintjies, sappige wortels en selfs insekte. Sy onderste tande is korter en dunner as die boonstes – en vlymskerp. 'n Jagtersvriend van my het glo een keer 'n vlakvarkbeer geskiet en hom met die voet gestoot om seker te maak hy is dood. Die volgende oomblik het die vlakvark sy regterskoen met sy vlymskerp ondertand deurboor!

Talle jagters het my al gevra of ek reken 'n vlakvark is gevaarlik, my antwoord was nog altyd: "Enige wilde dier is op sy manier gevaarlik!"

---

[13] 'n Joseph Rodger is 'n baie goeie knipmes – wat hier tot die laat 1950's beskikbaar was en met sy goeie staal 'n gesogde mes onder die Boer-Afrikaner was!

Alhoewel ek nog nooit werklik deur 'n gekweste vlakvark gedreig is nie, het ek gelees van 'n plaasboer wat 'n reuse vlakvark van 131 kilogram gekwes het. Die knewel het hom onverwags bestorm en hom verskeie ernstige wonde met sy skerp ondertande toegedien. Die boer moes hospitaal toe geneem word vir behandeling en steke aan die oop wonde.

Dit was glo nie die eerste keer dat die boer 'n onderonsie met 'n gekweste vlakvark gehad het nie. Hoe ongelukkig kan 'n jagter dan wees?

Daar is ook die geval van Heinie en twee maters wat in die Bosveld naby Ellisras met die bakkie in die veld was. Sommer so van agter af op die bak het een van die knape op 'n vlakvarkbeer losgetrek. Houtgerus en met die gewere in en op die bakkie het die drie nader gestap, maar dit was nie maar net 'n saak van oplaai nie. Skielik het die dooie vlakvark 'n hoogs gegriefde, gekweste vlakvark geword. Hy het die drie jagters teen rekordspoed agter op die bak gehad en toe maar sy woede op die voertuig uitgehaal totdat een hom die doodskoot kon gee. Die duikklopper was glo baie bly!

Baie jagters reken dat vlakvarktande ook ivoor is, maar dit is nie waar nie. Nogtans word daar pragtige wandelstokhandvatsels, lampstaanders en botteloopmakers van 'n vlakvark se gekrulde bo-tande gemaak.

14.   MY ROOIBOKJAG

Vir iemand wat, soos ek, in Suidwes grootgeword het en die grootste gedeelte van sy lewe daar deurgebring het, is jag nie 'n vreemde ding nie. Kleintyd al kon ek met die manne saampraat wanneer jag ter sprake kom, maar vir my eerste rooibok moes ek lank wag.

Reeds in die vyftigerjare, toe ek begin jag het, het Suidwes eintlik maar oor min rooibokke beskik. Suidwes is eintlik springbokwêreld. Die enigste plekke waar rooibokke in Suidwes aangetref word, is in die noord-ooste van Owamboland en gedeeltes van die Caprivi. In 'n klein gebied in die noordweste van Suidwes word die rare swartgesig-rooibok aangetref. Verder is daar geen rooibokke in Suidwes meer oor nie, buiten die beperkte getalle wat in wildreservate aangetref word.

Die rooibok (Aepyceros melampus) is 'n antiloop wat ook as die impala bekend staan. Die ram bereik 'n skouerhoogte van 1,9 meter en 'n gemiddelde gewig van 50 kilogram. Die ooi is ietwat kleiner (1,8m skouerhoogte en 40kg) en leniger van bou as die ram.

Die rooibok se hare is kort en oorwegend rooibruin van kleur, met 'n vertikale swart streep agter op elke boud en 'n duidelike skeiding tot 'n ligter bruin langs elke flank. Sy ore is wit van binne met swart punte en die pens is wit.

Bykans elke dier het 'n unieke en rare eienskap. Waar die springbokram 'n pronk op sy rug het wat 'n heerlik-eienaardige soet reuk afgee, veral net voor die bok doodgaan, het die rooibok reukkliere laag onder aan sy agterpote. Die kliere is met klossies swart hare bedek.

'n Rooibokram het twee lang, liervormige horings, waarmee hy homself verdedig en in tweegevegte laat geld. Sommige gevegte tussen ramme eindig noodlottig. Die mooi horings is baie skerp en twee derdes daarvan is geriffeld. Die ooi het geen horings nie, maar het net 'n strook donkerbruin hare op die kroontjie van haar kop.

Rooibokke moet elke dag water drink om aan die lewe te bly en daarom word hulle gewoonlik naby die water aangetref. Dit maak die rooibok 'n maklike prooi vir mens en roofdier. Wanneer rooibokke iets verdags gewaar sal hulle – veral as daar voortdurend op hulle jag gemaak word – onmiddellik op die vlug slaan. Hierdie bokke kan sonder moeite drie meter hoog en tien meter vêr spring.

Rooibokke is uiters sosiale diere, veral in die droë wintertyd wanneer honderde in troppe saamkom. Wanneer dit begin reën, verdeel die troppe in kleiner groepies van twintig tot dertig, elk met een groot ram wat die spreekwoordelike haan onder die henne is.

Snaaks genoeg vorm die jonger ramme wat deur die groot ram van die ooie af verdryf word, 'n soort van alliansie en dit is niks snaaks om 'n trop van so ses tot sewe of selfs meer jong, hartseer ramme bymekaar te kry nie.

Die groot ram sal sy ooie met venyn verdedig en as daar ander jonger ramme in die omgewing is, sal die ou ram om sy ooie sirkel en knikkende bewegings met sy kop maak waarmee hy alle ander vryers vertel dat hulle onwelkom is. Gedurende paartyd raak die ram baie aggressief en sal geen ander ram naby sy harem toelaat nie. In dié tyd agtervolg hy gedurig die ooie, maak bromgeluide wat soms vêr gehoor kan word en lek aan die ooie. Dit gebeur soms dat twee troppe saam verkeer, maar hulle gaan gewoonlik later weer uitmekaar.

Die rooibok-ooi se dratyd is ses tot sewe maande en die lam word gewoonlik in November of Desember gebore. Net voor lamtyd sal die ooi die trop verlaat en alleen in die digte bosse gaan lam. Die klein lammetjie sterk gewoonlik verbasend gou aan en gou sluit die ooi en die lam weer by die trop aan.

Die rooibok het heelwat natuurlike vyande. Benewens die mens val die rooibok die volgende ten prooi: leeus, krokodille, luiperds, wildehonde, jagluiperds en jakkalse.

Ek is nou nie juis 'n man wat lief is vir trofee nie, alhoewel ek al 'n paar mooi horings en tande huis toe geneem het, maar waar hulle vandag is, moet julle my nie vra nie. Ek noem dit omdat ek vandag my grootste rooibokram geskiet het – en dit hier in die Transvaalse Bosveld.

Die rekord vir 'n rooibokram se horings is 80,97cm en as jy 'n rooibok met horings van 68,5cm skiet, verskyn jou naam in die Rowland Ward rekordboek. Die horings van my rooibok was nou wel maar net 61cm, maar in hierdie geval was dit nie die horings wat saakgemaak het nie. Ek het nou wel nie my bok geweeg nie, maar daar is 40 kilogram biltong- en worsvleis uitgeslag. Aangesien dit 'n alleenloper-ram was, het dit bygedra daartoe dat hy nie vet was nie. As my rekenkunde my nie in die steek laat nie, moes die rooibok so 50 tot 55 kilogram geweeg het.

Uiteindelik gaan dit vir die liefhebber van die veld en die wild egter nie om die trofee of die hoeveelheid vleis nie, maar om die jag: die kampeer, die kosmaak in die veld, die stap, die bekruip, die uitoorlê, die bevrediging van 'n goeie skoot en die gesellige nabetragting om die kampvuur.

ooooOoooo

Toe ek hier na die Transvaal "geïmigreer" het, het ek gedink dat my jagloopbaan finaal verby was. Dat ek nie weer sou kon jag soos ek vroeër gejag het nie is nou nog 'n voldonge feit wat ek lankal reeds aanvaar het en daarom is ek vandag meer 'n bewaarder as 'n jagter. Ek sal selektief jag en nie noodwendig die grootste bul of ram skiet nie. Ek sal ook nooit 'n dragtige ooi skiet nie en nooit tussen die bondel in skiet nie. Ek het al talle male kamp toe gekom sonder dat ek iets geskiet het, alhoewel ek tog verskeie wildsoorte raakgeloop het. Ek jag nie oor die draad nie en skiet nie op die "langplaas"[14] nie. As ek rooibok jag, skiet ek nie fisante, duiwe, hase en dassies nie. Ek het al 'n pragtige koedoebul bekruip waar hy salig onbewus was van my en met toe oë sy rug staan en krap het met sy horing, sonder dat hy hoegenaamd van my bewus was.

Ek kon hom net daar in sy spore laat neerslaan het so naby was ek, maar ek het nie toestemming gehad om hom te skiet nie. As 'n man se jare aanstap en die moeg vat jou gou na die eerste kilometer se stap saam met die grys aan die slape, dan is die besef dat dit dalk die laaste lopie in die veld kan wees, 'n realiteit.

Toe ek hier naby die Bosveld kom woon het, het ek met oom Ben maats gemaak, aangesien ons dieselfde belange gedeel het. Hy was by uitstek 'n fyn kenner van die veld en ook 'n skerp jagter. Ek en hy het derhalwe baie ure in die jagveld saam deurgebring.

Dis by oom Ben wat ek geleer het om 'n rooibok en 'n vlakvark – waarop gereeld jag gemaak is – te jag. Om 'n rooibok wat gereeld gejag word te uitoorlê kos fyn jagtersvernuf, geduld en kennis van die veld.

So het ek uitgevind dat dit nie maklik is om enige soort wild biltongrak toe te neem as die soort wild gereeld gejag word nie.

Die rooibok, net soos die vlakvark en ander, raak geslepe en dit kos mooi loop om hom in die visier te kry, wat te sê nog aan die biltonghaak. As jy nie die wind in ag neem nie en net op jou eie kennis staatmaak, belowe ek jou kry jy geen rooibok te skiet nie – dit is as die rooibok gereeld gejag word en nie mak is soos op boere se plase waar selektief gejag word nie, want daar is dit nie juis 'n groot kuns om 'n rooibok te skiet nie.

As 'n rooibok gereeld gejag word verander hy in 'n geslepe kalant en sal hy by die geringste reuk, geluid of verdagte beweging op die vlug slaan en in die digte bosse verdwyn, daar waar geen jagter hom maklik sal kan uithaal nie.

So was dit die dag toe ek die betrokke rooibok die stryd gaan aansê het met al die kunsies wat ek by oom Ben geleer het. Ek het juis nie die vorige aand gebad nie, want 'n rooibok se reukvermoë is van die beste in die diereryk. Die rooibok ruik die seep waarmee jy gebad het baie vêr en verdwyn soos 'n skim nog lank voor jy hom gesien het. As jy naskeermiddel gebruik het, kan ek jou 'n brief gee dat jy geen rooibok sal skiet nie.

Die jagter moet geluide in die veld ook in ag neem. Kyk waar jy loop – moet nie dink as jy teen 'n bos skuur met jou klere of op 'n takkie trap, dat hy jou nie sal hoor nie. O nee, hy hoor jou en weer is hy weg soos blits. Jagters moet nie

---

[14] *Die langplaas is die onwettige jag op enige paaie.*

dink dat hulle oop en bloot die veld in kan loop en dan 'n rooibok te siene sal kry nie, want beweging is die eerste waarop 'n rooibok ingestel is. Sy sig is besonder goed en hy sal op die geringste, verdagte beweging vir jou sy kloutjies wys. Goeie raad is dat die voornemende jagter altyd teen die wind op sal loop, want ruik sal hy jou sekerlik. Hou altyd 'n groterige bos tussen jou en die plek waar jy die rooibokke gaan soek.

Laastens en belangrikste, onthou tog dat die veld nie 'n modeparade is nie. Los die horlosies, ringe, hangertjies en donkerbrille liewer by die huis, want dit blits in die son en vertel die rooibokke reeds van baie vêr af dat daar 'n swaap op pad is.

Indien jy rooibokke sou gewaar, konsentreer op die een wat die naaste aan jou is en die beste teiken uitmaak. Beweeg altyd van ruigte na ruigte, loop stadig en moet nie op droë takke trap nie anders eet jy vanaand boeliebief in plaas van rooiboklewer. Loop gebukkend sodat jy onder die bosse kan in sien. 'n Rooibok loop op vier bene en sy kop is gewoonlik laag. Hy kan jou gewaar lank voor jy hom sien. Loop liewer baie stadig en hurk elke paar treë versigtig om onder die bosse deur te loer.

Ek, oom Ben en ons ander jagmaat, Deon het die betrokke ram al verskeie kere in dieselfde veld raakgeloop, maar elke keer het hy ons uitoorlê sodat sy hakskene die deel van hom was wat ons saans om die kampvuur die duidelikste onthou het. Elke keer wanneer ons moes oppak om huis toe te gaan, het ons onsself belowe dat ons hom met die volgende jagtog aan die haak sou hê, maar dit was nie so maklik nie.

Ons drome is uiteindelik bewaarheid toe ek eendag alleen na die jagveld gery het en vir Deon daar sou kry. Oudergewoonte het ek my bakkie by die draadhek getrek, 'n paar slukke koue water gedrink, die Männlicher .308 oor my skouer gelig en doelgerig na die rooibok se lêplek gestap.

So honderd treë verder het ek gaan staan en 'n vuurhoutjie getrek om die windrigting te bepaal. Die metode, wat nie juis vreemd was nie, het ek by oom Ben geleer. Ek het dié metode aanvanklik negeer want ek rook nie, maar dit later nadat ek 'n hele paar bloutjies met rooibokke geloop het, ook begin gebruik.

Die wind het direk noord-suid gewaai en ek moes die rooibok se lêplek van oos na wes nader, gevolglik was die windrigting vir die dag ideaal. Dit het die vorige dag gereën en daar was heelwat vars rooibokspore in die klam grond sigbaar.

Die veld was pragtig en ideaal vir jag van enige soort wild, want die soetgras, buffelgras en suurgras het welig gestaan. Die groter bome soos kameeldoring, suurpruim, rooibos, doppertjie en ander het in volle groen dos gestaan en die plante en natgereënde grond het so lekker geruik dat dit vir my hemels gevoel het.

Dis dié soort dag wat 'n mens beter laat verstaan waarom die Bosveld so ge-wild onder nie net die Boere nie, maar ook uitlanders en veral dorpenaars is. Terwyl ek so deur die pragtige natuur stap, het die bekende Afrikaanse liedjie weer by my opgekom:

"Daar doer in die Bosveld,
daar wil ek bly,
daar doer in die Bosveld,
daar's rus vir my!"

Toe ek die bosgedeelte bereik waar ek nog die laaste bloutjie met die alleenlo-per-rooibokram geloop het, skakel ek alle ander gedagtes uit en konsentreer op die jag. Ek het hom laas hierlangs aangetref, en hy moes my eerste geruik het, gehoor het en gesien het.

Ek was nie die keer van plan om dit weer te laat gebeur nie. Ek het stadig maar seker en doelgerig met my oë gedurig op die bosse daar vêr voor gerig, voetjie vir voetjie aangestap.

My kamoefleerbaadjie en bruin hoed met die luiperdvel het perfek met die omgewing saamgesmelt. My bruin velskoene se sagte sole het my in staat gestel om geluidloos te beweeg. In plaas van winkelveters was my skoene met sagge-breide steenbokvelrieme toegeryg. Die veters van materiaal, het ek gevind, haak te veel aan die lae klein doringtakke en rafel te gou uit.

Ek het al die voorsorgmaatreëls getref om die keer nie weer een van my vorige flaters te begaan nie. Om nou op 'n droë tak te gaan staan en trap, sal so amateuragtig wees soos kan kom en dan is dit weer neusie verby.

'n Berghaan draai hoog bokant my en in die bosse, vêr links, kwêêê-kwêêê die altyd teenswoordige wildebosloerie, beter bekend as die kwêvoël of pêvoël. Ek verwens hom vir die duisendste maal en wys hom stilswyend die vuis. Al ant-woord wat ek kry, is weer twee skel waarskuwende kwê-geluide.

Ek konsentreer skerp hier voor my in die bosse om te sien of die rooibok nie notisie van die kwêvoël geneem het nie, maar die Bosveld swyg. 'n Koel winters-windjie stoot hier skerp van die noorde af en raak my regterwang aan en ek weet ek is windsgewys nog reg.

Aanvanklik het ek net 'n klein bewegingkie, ongeveer 200 treë voor my in die bosse, gesien. Ek was besig om agter 'n raasblaarboom in te beweeg toe ek die beweging gewaar het. Met my regterbeen nog so in die lug om die volgende tree te gee, het ek botstil gaan staan met net die doef-doef van my hart wat die adrena-lien deur my liggaam versprei en my oë wat kyk asof die voortbestaan van die mensdom daarvan afhang. Daar was niks verder te siene nie, maar instinktief het ek geweet dat dit die rooibokram was wat die eerste verkeerde beweging gemaak het.

Net so versteend het ek bly staan en wag... vyf, ses, sewe, agt, nege, tien se-kondes. Net om seker te maak staan ek nog tien sekondes en aftel.

Dan sak ek stadig en versigtig op my regterknie... en meteens sien ek hom!

Pragtig, groot, met sy ligbruin vel en twee swart strepe agter op sy boude. Ek sien sy mooi kop en die horings blink in die wintersonnetjie.

Toe my knie op die grond druk, tel die rooibok sy kop in een vinnige beweging op en kyk in my rigting.

Sou hy my wraggies gewaar het? Dis onwaarskynlik, maar 'n rooibok is fyn om beweging op te merk. Sou hy my geruik het? Dis ook onwaarskynlik, anders sou hy soos die wind weg gewees het. Hy kyk direk in my rigting en ek vrees dat hy my nie net sien nie, maar wag dat ek my geweer optel sodat hy kan vlug.

Ek wag weer... Die rooibok kyk reguit na my.

Dan verloor hy belangstelling en laat sak sy kop. Ek gebruik die geleentheid om die Männlicher teen my skouer te gooi en aan te lê.

Toe die rooibok in die 1x10 Buschnell-teleskoop verskyn, mis my hart so 'n slag of twee, want hier voor my staan die grootste rooibokram wat ek nog ooit gesien het. Hy kyk direk na my en ek haal skaars asem.

Ek sien die voordeel is aan sy kant, want hy het in dieselfde rigting as ek beweeg en is effe agter 'n bos verskuil. Ek sien net sy bors, nek en kop. Sy blad en sy is agter 'n paar takke versteek en net sy twee boude steek uit en vorm 'n mooi teiken. Ek was nie van plan om die rooibok in die boude te skiet nie – inteendeel geen ware jagter skiet 'n bok in sy boude nie. Dis dan die beste vleis. Ek wag en die rooibok beloer my asof hy nie seker is wat dit is wat sy aandag getrek het nie.

Ek bring die loop van die Männlicher stadig op en sentreer die kruis van my teleskoop op sy kop. Ek wil hom heelhuids hê. Dis toe die rooibok sy kop draai in die rigting waarheen hy op pad was, dat ek die kruis mooi onder sy linkeroor sentreer, my asem diep intrek en die sneller trek.

Die res is geskiedenis en ek het die grootste rooibokram van my lewe aan die haak gehad.

Later die aand toe die afgeslagte rooibokram soos 'n pronkstuk in die kamp hang en ons om die kampvuur sit, help Deon – die immer meelewende maat – my trots nog verder aan deur te sê: "Ja-nee, toe ek jou skoot hoor klap toe weet ek dit was raak, maar ek het nie geweet dis die groot rooibokram waaragter ons so lank al is nie. Ek is bly om jou onthalwe."

15.   MY SWARTWITPENS

Die Kwando se water het laag gelê en die seekoeie in die kuile het sproeie waters die lug in geblaas toe ek op die brug tussen die Wes- en die Oos-Caprivi Zipfel rem getrap het.

Die Ford het gehyg en gesis toe ek op die spierwit, breë grondpad stilhou. Soos altyd as ek hierlangs gegaan het, kon ek die versoeking nie weerstaan om van die Kwando se soet waters te drink nie – om net so op my maag langs die kant te lê en lang teue van die wonderlike soet water te drink.

Dit is 'n bekende feit dat die water van die Kwando, as dit net so uit die rivier gedrink word, suiwerder is as die water wat by Katima Mulilo uit die Zambezi-rivier gepomp word – al ondergaan laasgenoemde water 'n omslagtige suiwerings-proses.

Die paar keer wat ek die voorreg gehad het om met die motorboot op die Kwando te vaar en vis te vang, het ek graag met 'n glas van die water uit die rivier geskep. As jy die glas teen die lig hou, lyk dit amper of dit leeg is, so skoon en helder is die Kwando se water. Net so skoon as wat dit is, so soet is dit, want die Kwando se waters kom uit die bergwêreld in die noord-weste van Zambië en die noord-ooste van Angola.

Dit is geen wonder dat hierdie deel van Afrika, Suidoos-Angola, die enigste plek in die wêreld is waar die rooi buffel en die reuse swartwitpens aangetref word nie. Geen wonder nie, want die sub-tropiese gedeelte van Afrika met sy asemrowende plantegroei kan dan net die woonplek van die twee edeldiere uitmaak. As na die soet waters en die welige plantegroei gekyk word, waar die reënval duisend millimeter per jaar en veel meer beloop, kan dit net nie anders as om die mekka van grootwild en ander wat saam die soetwaters deel, uit te maak nie.

Die vloed-area van die Kwando by die Kongola-brug is amper twee kilometer breed, maar in die winter, wanneer die water afgeloop het, is die stroom by sommige plekke so smal dat jy amper daaroor kan spring of deur kan loop.

Hier word die kameeldoring, jakkalsbessie en talle ander bome tot 20 meter hoog en so ruig dat as jy 'n Ford eentonner onder die takke sou intrek vir die dag se lafenis teen die skerp tropiese son, geen vliegtuig jou uit die lug kan sien nie.

Dit sal vir die vreemdeling ietwat vreemd klink as ek sê dat die grond in die Caprivi oor weinig klippe beskik. Daar is geen berge of koppies in die Oos-Caprivi nie; dit is net hier en daar waar 'n komglomoraat van bros klipformasies so hier en daar kop bo die wit sand uitsteek. Die kleur van die grond in die Caprivi is oorwegend wit behalwe vir 'n paar plekke soos naby die Kwando en af tot by die Boesmanstatte van Choi waar die rooigrond kop uitsteek.

Die warmte en sagte grond wat hier aangetref word, het 'n gekombineerde uitwerking op die ekologie. Hierdie deel van die Caprivi is ryk aan diere- en voëllewe. Die rivier is vol vis en daar is nog talle krokodille en seekoeie in die diep kuile. Hier moes seker voor die witman se koms geweldig baie diere gewees het, maar soos in talle Afrika-state, het die geweer en die assegaai ook hier sy onregverdige tol geëis.

Die somerdae is warm tot bloedig warm en die nagte drukkend. Die alomteenwoordige muskiete is geen vreemdelinge nie en as jy nie voorsorg tref nie, is malaria jou voorland. In die amper nege jaar wat ek in die Caprivi was, het ek na die eerste jaar nie meer anti-malaria pille geneem nie en het ek so ietwat immuun daarteen geraak net soos die plaaslike bevolking.

Nogtans het die malaria my drie keer platgetrek en dis geen plesier nie. 'n Malaria-aanval duur so drie dae en eers na die driedaaglikse behandeling is die koors gebreek. Daar is min dinge in die wêreld wat 'n man so sleg laat voel as wanneer hy malaria het: eers is jy bang jy gaan dood – en dan, later, wens jy jy gaan dood. Dit is die heilige waarheid.

Dit is in die wêreld waar die bekende worsboom saam met die kameeldoring en die jakkalsbessie so hoog word dat die kleiner struik verdwerg word. Dis die einste worsboom wat die gramskap van die Trichard-boere op trek na Lourenco Marques op die hals gehaal het. Die Trekkers het in hulle onkunde die boom verantwoordelik gehou vir die malariakoors wat hulle opgedoen het.

Hier is van die wêreld se dodelikste gifplante, naamlik die oordeelsboom en die Skotse dissel. Die dodelike gif van hierdie plante het die geleerdes lank laat gis, maar hieroor later. Ek kan net meld dat die meeste wildsoorte die giftige plante soos die pes vermy want alles aan die oordeelsboom – blare, takke, bas en wortels – is dodelik en gevolglik vreet die diere nie aan die plante nie.

-oOo-

Die swartwitpens (Hippotragus niger) is 'n groot, swaar geboude wildsbok en een van die swaarste en grootste antiloopspesies in Suider-Afrika. Dit kom in Noord- en Oos-Transvaal, Zambië, Malawi, Kenia, Angola, Botswana en Zimbabwe voor.

Kenmerkend van die pragtige dier is die groot, lang en swierige horings, wat na agter gekrul is en die mooi swart-en-wit kleur van die bulle, wat hulle nieteenstaande hul klein getalle, 'n uiters gesogde jagtersprooi uitmaak.

Die bul, wat oor die algemeen 'n skouerhoogte van sowat 140cm bereik en tot 200 kilogram en selfs meer kan weeg, is ook 'n pragdier en as 'n jagter skielik in die veld op die bok afkom, dan bly jou oog asof gehipnotiseerd op die bok vasgenael terwyl jou regterhand soek-soek na jou geweer.

So was dit dat ek die dag, kort nadat ek die Kwando se soet water gedrink het, van oog tot oog voor een van die nog groter subspesie (Hippotragus Niger Variani) wat, soos ek gesê het net in Suidoos-Angola voorkom, te staan gekom het. Dit is niks snaaks as die reuse-swartwitpens, soos hy dan inderdaad ook genoem word, se horings tot 160cm lank word nie. Die rekordlengte van die gewone swartwitpens is net 155cm. Horings wat dik uit die kop loop, geriffeld is en spits loop na die punt toe, kom by albei geslagte voor. Die gemsbok se horings het skerp en gevaarlike punte.

Toe ek die middag die pragtige reuse swartwitpensbul raakloop, het ek geweet: vandag is die dag. Ek het hom nie so naby die Golden Highway (soos die pad tussen Rundu en Katima Mulilo bekend is) verwag nie.

Toe ek die bul sien, sien hy my en ek skop die Ford se remme vas. Ek vermaan die ander manne wat saam met my was en die Boesmans agter op die Ford se bakkie om stil te bly sit.

Ek het van oos na wes gery en die groot swartwitpensbul aan die suidekant van die Golden Highway verras waar hy op pad terug was na sy domicilium van herkoms, naamlik die suid-ooste van Angola.

Ek neem my Norma Magnum, gelaai met sy 180 grein staalpuntpatrone, van die soort met die geel plastiekpuntjie, spesiaal voor aan die projektiel aangebring om oop te bars en om meer slaankrag te verseker, sodat die wild wat geskiet word gedood en nie gekwes word nie.

Ek klim stadig aan die regterkant uit en stap stadig agter om die Ford se bak terwyl ek die patroon in die loop stoot en die grendel afdruk.

Toe ek om die Ford se bak loer, staan die swartwitpens doodstil vir my en kyk. Ek lig die Norma Magnum op en die reuse swartwitpens verskyn hier vlak voor my in die visier. Ons beloer mekaar en terwyl hy sy evaluasie maak van wat ek nou gaan doen, sentreer ek die kruis van my Duitse Zeiss-Ikon teleskoop op sy kuiltjie en trek die skoot af.

Asof 'n magtige hand hom oplig, word die bok agteruit geveeg. Hy beland met sy vier bene reguit na vore op sy boude, bly vir 'n paar sekondes so sit en tuimel op sy regtersy en bly lê.

Ek stap na die gevalle swartwitpensbul met 'n nuwe patroon in die loop, maar toe ek by die bok kom sien ek dat 'n tweede skoot oorbodig is.

Die ander drom saam om die bok te bewonder, die rare dier wat min mense die eer het om te sien, wat nog te sê skiet.

-oOo-

Dit is slegs volwasse bulle wat 'n blinkswart bo-sy het, maar die wit pens en wit strepe in die gesig kom ook by die koeie voor. Daarenteen is die koeie se bosye rooibruin en word al hoe donkerder namate hulle ouer word. Die jong bulle is kastaiingbruin van kleur. Die sterte is taamlik lank en eindig in 'n kwas terwyl bulle en koeie regop maanhare op die nek en skouers het, wat die bok hoogs aansienlik maak.

Bulle is soms erg aggressief en benewens die feit dat twee bulle tot die dood om 'n koei sal veg, verdedig hulle, hulle ook met uiterse aggressie teen roofdiere. Selfs leeus het voor 'n baster gemsbokbul se skerp, sabelagtige horings geval. Tog sal die gemsbok, soos alle ander wildsbokke, eerder vlug as veg en net in uiterste omstandighede tot selfverdediging oorgaan. Koeie en kalwers val dikwels wildehonde ten prooi.

'n Swartwitpenskoei is sowat nege maande dragtig en een kalfie word gewoonlik in die somer gebore. Vroeër het groot troppe van tot 100 swartwitpense so vêr suid as Noord- en Oos-Transvaal voorgekom.

-oOo-

Nadat ons met veel moeite die swaar swartwitpensbul op die Ford se bak gelaai het, was dit reeds laat en ons was diep in terroriste-wêreld. Ek het toe besluit dat ons 'n slaapplek in die bos moes vind voor die donker, wat in die deel van Afrika se bos gou kom, op ons toeslaan.

Ons volg 'n droë Omuramba[15] wat noord-wes van die Golden Highway loop.

Na so vyf kilometer kry ek waarna ek gesoek het: 'n Paar mooi groot kameeldoringbome, waaraan ons die vleis van die swartwitpens vir die nag kon ophang om af te droog en af te koel.

Ek het 'n baster Boesman by my gehad, wat hom vir 'n voorslag slagter uitgeleen het en nadat ek die bok met 'n windas opgetrek het, het ek die Boesman en sy twee maats opdrag gegee om te begin afslag. Hulle het ook die opdrag gretig aanvaar, want swartwitpensvleis is so skaars soos hoendertande.

Terwyl hulle messe geslyp en begin afslag het, het ek en my maats kamp opgeslaan en 'n vuur aangeslaan om die vetderm te braai.

Die Omuramba waarin ons oornag het was droog, maar ons het twee waterkuile, wat genoeg water vir tot die winter sou hou, teëgekom en naby een kamp opgeslaan. Daar was talle wildsoorte, wat 'n aanduiding was dat die watergat 'n gewilde drinkplek was.

Daar was volop riete en waterlelies as die stille getuienis dat daar lewe en water was – waarsonder niks op hierdie kontinent kan hoop om te oorleef nie.

Terwyl die gewerskaf in die kamp aan die gang was, het ek na die een waterpan gestap en die spore bestudeer. Daar was 'n luiperdspoor, so twee dae oud.

Die onmiskenbare amper ronde spoor van die vlakvark was volop, ook binnein die groot skottelspoor van 'n ou olifantbul, wat die een kant die waterpan in gelei het en die ander kant weer uit. Daar was ook nog die spore van 'n paar koeie en jonger olifante, asook 'n tiental buffelspore – dit was immers die hartland van die rooibuffel en die reuse swartwitpens. Daar was ook rooibok-,

---

[15] *Herero vir droë rivierloop*

koedoe-, steenbok- en talle bastergemsbokspore by die waterkant – 'n ware wildsparadys.

Ek draai om en kyk na ons kamp... dis goed geleë en ek sien my prys-bok aan die hak hang terwyl die Boesmans besig is om dit af te slag.

Die olifantgras staan welig, asook die buffel-, soet- en lamboloegras. Die kleiner bossies, soos die bloubos, bitterbos en rosyntjiebos staan groter hier as wat ek dit ken. Daar was oral sekelbos, kanniedood, swarthaak en talle ander struike, wat die prentjie so pragtig geskilder het dat ek dit nou nog so onthou – meer as tien jaar later.

Die son het in 'n kaleidoskoop van onvergeetlike kleure in die weste gesak en toe ek later – bedwelmd deur die nektar van die asemrowende natuur – by die kamp aangestap gekom het, was dit reeds sterk skemer.

Die Boesman was net besig om die laaste snit van die vel by die hakskeen van die swartwitpens, wat toe reeds spierwit afgeslag aan die hak gehang het, te sny. Toe ek sien die Boesman sny, toe weet ek hy sny verkeerd en voor ek kon keer sny hy die hakskeensening waaraan die bok hang af en die swaar karkas plons voor my oë op die grond neer.

Gelukkig was daar baie droë gras en blare onder die boom, soos dit oral hier waar min mense kom die geval is, en die skade was nie te groot nie.

Na 'n lang gespook het ons die bok aan sy ander hakskeensening opgehang. Ek het self die boude en blaaie en ander snitte uitmekaar gesny en in die boom opgehang om af te droog.

Daarna het ek die niertjies, hart en lewer van die rugbiltonge in blokkies opgesny en gedokter met sout, peper en ander speserye wat ek altyd saamry. Ek het vier uie geneem, in klein blokkies opgesny en bygevoeg. Daarna het ek die vetderm van die swartwitpens skoongestroop en omgedop. Nadat ek dit behoorlik gewas het, het ek die een punt geknoop, met die vleismengsel gestop en die ander punt ook toegeknoop.

Teen hierdie tyd was die lekker mopaniekole net reg. Ek het daarvan uitgekrap en die rooster, waarin die vetderm vasgeknyp was, met 'n paar klippe ietwat hoog bo die kole gestel. Daarna het ek op my veldstoel stelling ingeneem om die aandete met 'n arendsoog dop te hou, want sien, 'n vetderm brand maklik deur en dan loop al die moeties uit. As dit gebeur, is jou ete nie so lekker as wat dit hoort nie.

Nee, dit is 'n jagtersdis wat stadig maar seker goudbruin gebraai moet word. Jagters noem dit dan tereg die pofadder.

-oOo-

Die nag kom Afrika ten volle in sy glorie tot sy reg. Vroegaand, terwyl ons nog om die kampvuur sit en wonder of ons nie 'n plekkie iewers vir nog 'n stukkie pofadder het nie, hoor ons die jakkalse huil in 'n koor en die kekkellag van die hiëna terwyl die tarentale en fisante lustig na mekaar roep om nes te skop vir die nag.

Nie lank nie of die naguiltjie kom steek ook kers op net buite die kampvuur se gloed met sy ge-krrrr, krrrr. 'n Swerm wilde-eende vlieg oor ons kamp en maak skerp geluide uit protes teen die snaakse verskynsel so naby hul slaapplek.

Ek lê op my rug en bewonder die helder uitspansel. Die suiderkruis verskyn in die weste terwyl die vier konings reg bo ons hang.

Die vuur het al laag gebrand toe ek die eerste leeu, vêr wes van die Omuramba hoor brul. Die ou Boere het beweer 'n groot leeu se brul kan tien tot twaalf kilometer vêr gehoor word en die leeu was nog vêr.

'n Uur later het ons die brul weer gehoor en omdat dit heelwat nader was, het die ander manne en die Boesmans skielik kiertsregop gesit – vinniger as wat jy kan sê: "Jospeh Rodger"!

Ek kon nie anders as om my lag te bedwing toe ek die manne se gesigte gesien het nie. Hulle is holdersbolder op en een-twee-drie toe brand daar 'n Gert van Eeden-vuur!

Daardie nag was daar van slaap geen sprake nie en ek het so op my elmboog na die manne se bangmaakstories lê en luister tot hier so drie-uur die oggend, toe die een na die ander geknak en die velle opgesoek het.

Teen kwart-oor-vier, roep die eerste fisant weeklaend na sy maatjie. Die wekker van die natuur het my vars soos 'n neut uit die vere laat spring. Terwyl die dag so vuilskemer in die ooste begin breek, slaan ek 'n koffietjie aan en ek weet ek is in my aardse hemel.

16. KOEDOELEWER, GAL EN SOUT

Dit was gedurende 1958, toe ek nog as jong konstabel op Otjiwarongo gestasioneer was, toe 'n langtermyn-gevangene op Otavi ontsnap het. Genoemde gevangene was 'n geharde misdadiger met 'n elle-lange rekord en so skelm soos die houtjie van die galg. Hy het die ouerige polisieman wat hom die betrokke Sondagmôre ontbyt gebring het, in die sel se binneplaas voorgelê en toe die man niksvermoedend die seldeur oopsluit, stamp hy hom uit die pad en lê rieme neer.

Hiervan hoor ons twee dae later toe my Stasiebevelvoerder my inroep en sê dat ons saam met speurder-adjudantoffisier van Rooyen en sersant Smit moet gaan om die spoor op te neem.

Die skelm was reeds naby die bekende Waterberge, suid-oos van Otjiwarongo, wat 'n mens aan die Grand Canyon in Amerika herinner. Pragtig, maar om 'n ontsnapte gevangene in daardie doolhof van klipkoppies en struike te soek, was net so onmoontlik soos om na die spreekwoordelike naald in 'n hooimied te gaan soek. Ons het 'n opdrag ontvang en dit moes uitgevoer word.

Toe ons die Waterberge nader, was ons vier man sterk – ou Bartolomeus, my Herero-konstabel, het hom intussen by die drie reeds genoemdes gevoeg.

Die Waterberge het aan die suidekant loodregte kranse wat op party plekke seker honderd tot honderd-en-vyftig meter die hoogte inskiet. Die rotsformasie is van 'n ligte rooi graniet en hier het ek een van die mooiste en sterkste huise ooit gesien. Een van die Duitse boere het groot vierkantige stukke uit die groot granietrotse gekap en sy huis daarmee gebou. Die glo ek, sal vir ewig daar staan! Toe ek die huis die eerste keer gesien het, het ek aan die Bybel-teksvers gedink: "Bou jou huis op die rots, die rots wat vir ewig staan!"

Ons sou van die suide af die berg en die ontsnapte benader, terwyl die Otavi-manne aan die noordekant regstaan. So gesê, so gedaan.

Aan die suidweste kant van die Waterberge lê twaalf plase aan mekaar, wat aan 'n Duitser, ene Schneider behoort. Sy vader het van Duitsland af Suidwes toe gekom om te boer. Die Waterberge het hom so aangegryp dat hy net daar sy huis gebou, en begin boer het. Die plase, en veral die berg, was hom so goedgesind dat hy sy seun die voornaam Waterberg-Schneider gedoop het. Uit die berg loop 'n konstante helder waterstroom wat in 'n fontein bo in die berg ontspring. Wat wil 'n Suidwesboer nou meer in 'n land hê as lekker weiveld waar soetgras die stapelvoedsel is en vars fonteinwater? Dié het Waterberg-Schneider in oorvloed gehad toe hy die boerdery by sy pa oorgeneem het.

Dit was die einste Waterberg-Schneider wat ons gulhartig by sy huis ontvang het met tipiese Suidwes-gasvryheid. Alle moontlike hulp wat ons maar kon verlang, het die vriendelike Duitse boer ons gegee. Sy opstal is so groot dat dit vir die reisiger by die eerste aanblik soos 'n klein dorpie lyk en te oordeel aan die ontvangs wat ons te beurt geval het, is sy hart nog groter.

Hoe dit ook al sy, eers het ons al om die berg gewerk met al wat selfs vaagweg na 'n spoorsnyer gelyk het. Waterberg-Schneider het met die operasie 'n groot rol gespeel, want hy het sy nuwe vierwielaangedrewe Landrover tot ons beskikking gestel. Ons tweewielaangedrewe Ford-bakkie se beweging was tot die plaaspaadjies beperk.

Die tweede dag het nog geen teken of spoor van die ontsnapte bandiet opgelewer nie en ons was almal alreeds pootseer. Ons besluit toe om die berg uit te gaan want daar was 'n magdom moontlike skuilplekke vir so 'n skelm. So gesê so gedaan.

Bo-op die berg is 'n natuurreservaat en wild wat daar aangetref word is koedoes, gemsbokke, duikers, steenbokke en die skaars klipspringer. Die Departement van Natuurbewaring het met 'n stootgraaf op een plek 'n sloot, wat soos 'n pad lyk, maar nie heeltemal 'n pad is nie, teen die een skuinste wat redelik gangbaar was, gemaak. Dit was die enigste plek waar 'n voertuig moontlik kon beweeg.

Hier is ons sweet-sweet met die Ford-bakkie uit en bo-op die berg het ons kampplek gesoek. Die "pad" is deur die Departement van Natuurbewaring gemaak om voorrade en materiaal die berg op te karwei om water vir die wild aan te lê. Dit is by hierdie waterplek waar ons kamp opgeslaan het.

Die natuurskoon was ongerep en wonderskoon. Dit is nie snaaks as jy skielik 'n trop van twintig koedoes sien wat op honderd meter vir jou staan en kyk met bakore en wipsterte nie. Dit is ook glad nie snaaks as jy nog so stap en hier spring 'n gemsbok uit en hardloop asof hy betaal word nie, maar dit net omdat hy te nuuskierig was en te lank staan en kyk het hoe jy aankom. Op nommer nege-en-negentig skrik hy eers vir sy eie vrypostigheid en lê dan vir die vale rieme neer.

Ek het my veral verkyk aan die pragtige, ratse klipspringer wat asemrowend van een rots tot 'n ander spring en dan eenklaps teen die berg af tuimel, dat ek sweer hy is verpletter, maar dan sien ek hom daar onder van rots tot rots dans en akrobatiese toertjies uithaal wat enige sirkusakrobaat in die skadu sal stel.

Hy kom net so skielik tot stilstand en jy moet mooi kyk, want hy smelt saam met die rots asof hy deel daarvan word – as hy nie roer nie, sien jy hom nie.

Hier het ek die lekkerste tuisgemaakte pomelokoeldrank gedrink wat soos nektar uit die hemele smaak. Dit was tweejaaroue pomelosap wat volgens 'n spesiale Duitse resep gemaak is. As jy dit in die glas gooi, loop dit stadig soos stroop uit die houer en word daar net yskoue water bygevoeg om dit 'n volmaakte dorslesser te maak.

Toe ons bo-op die Waterberge kamp opgeslaan het, het die vriendelike Duitser vir elke man 'n perd beskikbaar gestel om die berg bo-op te fynkam. Die taak is na die beste van ons vermoë uitgevoer, al het ek vanuit die staanspoor gesien dat dit 'n verlore taak was, maar ons het 'n bevel ontvang en dit moes uitgevoer word.

Die berg was bo redelik plat, maar dit was ruig met geweldige rotse wat skuilplek vir 'n duisend impi's gebied het.

Op die derde dag was ons kos gedaan en ons was blikners[16] gery. Ons het kajuitraad gehou en besluit dat ek vir ons 'n jong koedoe sou skiet. Daardie dae was dit nog vry om iets vir die pot te skiet.

Teen vuilskemer het ons op 'n trop koedoes afgekom. Ons was in aantog met die perde deur so 'n oop vlakte en tweehonderd meter voor ons staan sewe koedoes; 'n bul, vier groot koeie en twee jong kalwers. Toe die koedoes ons gewaar, steek ek spore in die perd se lieste en jaag die koedoes by wat toe reeds teen die koppie afgehardloop kom om die oop vlakte te kies waaroor hulle moes vlug om die bosse te bereik. So tagtig treë agter die koedoes spring ek uit die saal en lê met die ou .303 aan. Ek soek gou 'n jong koei uit en in die hardloop klits ek haar dat sy witstert neerslaan.

Die ander manne kom lag-lag nader en is bly oor die vleis. Ou Bartolomeus is so groot dat hy sy voete moet optel as hy op die perd sit, anders sleep hulle op die grond. Hy ry sonder seremonie verby my na die gevalle koedoe. Net daar maak hy hout bymekaar en as die vuur lustig brand, begin hy die pens oopsny.

Ek het intussen saam met die ander lede van die geselskap nader gestaan en soos dit altyd in die jagveld gaan as 'n man 'n bok geskiet het, word daar na die skoot gekyk en gespekuleer. Ek was tevrede dat ek die koedoe 'n sportiewe kans gegee het, want sy het gehardloop toe ek geskiet het, maar die hoofsaak was voedsel. Die het ons nou gehad en die manne was honger.

Nadat ou Bartolomeus die koedoe oopgesny het, haal hy die lewer versigtig uit terwyl almal hom dophou. Hy stap na die vuur wat in die tussentyd mooi kole gevorm het. Ek sien hom vandag nog hoe hy die lewer kunstig oopkerf met sy mes en dan na 'n kameeldoringboom stap om een van die dorings af te breek. Terug by die vuur kerf hy die gal mooi netjies weg van die lewer. Met die pendoring steek hy 'n gaatjie in die gal, en net nadat hy die lewer op die vuur gesit het, drup hy 'n paar druppels gal op elke stuk.

Ek het hom sit en dophou en toe hy die gal op die lewer begin drup, spring ek op. Met 'n armswaai probeer ek hom keer en vra driftig of hy van sy sinne beroof is, maar eie aan hom gaan hy doodluiters voort asof hy my nie hoor nie.

Eers nadat ek 'n paar heftige kragwoorde gelos het, kyk hy met 'n glimlag op sy ou swart gekreukelde gesig op. Hy kyk my meewarig aan en sê met 'n vonkel in die oog: "Basie, dis die sout van die veld dié."

Ek blaas verder stoom af en laat hom goed verstaan dat ek nie 'n wildsbok vir die pot skiet vir hom om die vleis te bederf nie. Ek onthou, om sake te vererger,

---

[16] *Deurgeskaaf op die sitvlak deurdat 'n mens op 'n perd gery het.*

hoe die Boere altyd die gal verbrand sodat 'n hond dit nie dalk moet optel en vreet nie. Ek het eendag 'n hond gesien wat gal gevreet het en dis seker daar waar die spreekwoord vandaan kom wat lui: so siek soos 'n hond. Sieker as daardie hond het ek nog nooit gesien nie.

"Nee my basie," gaan ou Bartolomeus ongesteurd voort, "jy moet hom net nie te veel sout (gal) by die lewer gooi nie, want dan jy word siek soos die hond."

Die ander manne het ook maar die sakie skepties staan en beskou.

Later die aand eet ons van die lekkerste wildlewer wat ek nog ooit in my lewe geproe het. Nou nog, as ek van die episode vertel, dan water my mond vir die lekker lewer wat ou Bartolomeus vir ons soos 'n wafferse uitgelese kok voorberei het.

Die ou grote is vandag nie meer daar nie. Hy het die tydelike met die ewige verwissel, maar ek maak vandag nog 'n punt daarvan as ek jagveld toe gaan om die eerste lewertjie op die "Bartolomeus-resep" gaar te maak.

Daar het jy dit – hier water my mond alweer.

17.   BOSVELD MISTIEK

Ek persoonlik glo, dat geen menslike wese of geen pen en ink, daarin kan slaag om 'n neutvars Bosveld-oggend of 'n magiese Bosveld-aand, regtens te kan beskryf nie! Ek bedoel soos dit nou regtig lyk, voel, proe en sien, sê so uur of wat tot so 'n halfuur voor sonop en/of sononder. Ek kon dit nog nooit regkry om dit vokaal te beskryf of op skrif neer te lê – ek glo geen homosapien sal ooit daarin kan slaag nie!

Enige Bosveld-oggend en aand is vir my 'n magiese belewenis, maar om dit behoorlik te beleef en te waardeer moet dit so gedurende Maart tot en met Julie maand wees. Ag, dan is daar die dae en aande wat deurstrek tot en met Oktobermaand. Hoe pragtig beeld die bekende Afrikaanse liedjie[17] dit uit:-

> *Dit is die maand Oktober!*
> *Die mooiste, mooiste maand:*
> *Dan is die dag so helder!*
> *So groen is elke aand...*

Dit is die tyd van die jaar wanneer dit nie te koud of te warm is nie, die daaglikse temperatuur is dan ideaal vir ons homosapiens!

Die spreekwoord sê nie verniet – "Oggendstond het goud in die mond!" Dit was nog altyd vir my aan die een kant geweldig interessant, en aan die ander kant 'n uitdaging om die oggend of aandlug en lig, nie net te evalueer nie, maar te takseer, memoriseer en veral daaroor te fantaseer, maar ook om dit so lank as moontlik te waardeer!

Niemand kon nog eintlik met sekerheid sê wanneer is dit nog nag is en wanneer breek die dag nie – jagters wat die natuur intens lief het, so glo ek, kan darem met redelike sekerheid sê wanneer die dag breek. Ek meen, daar is tekens in en uit die natuur wat jou duidelik sê wanneer vind hierdie metamorfose plaas,

---

[17] *Oktobermaand – Oorspronklik 'n gedig van C Louis Leipoldt, musiek getoonset deur Bernhard Pompecki en verwerk deur Dirkie de Villiers.*

want sien die aanbreek van 'n nuwe dag is inderdaad net so groot gebeurtenis soos die geboorte van 'n kindjie, 'n steenboklammetjie of die swartkruis-arend se eier wat deur sy kuiken oopgebreek word – iets wat ons almal weet die kuiken nooit in staat is om te doen nie, tensy hy bonatuurlike krag êrens vandaan put nie!

'n Ware jagter staan gewoonlik net so voor dagbreek op en druk die keteltjie water so neffens op laasnag se kole en dan kan hy maar sy ore spits vir die roep van die fisant-haantjie! Hy kan dan ook maar opkyk na die hemelruim en hy sal sien dat die môrester besonder blink en dat daar so 'n ligte skynsel in die ooste op die horison lê! Dan sê ons jagters dat die dag breek!

Ons kan met 'n mate van sekerheid sê dat as hierdie natuurverskynsels daar is, dan breek die nuwe dag! Om in die Bosveld te oornag is 'n voorreg en was vir my nog altyd 'n besondere belewenis gewees!

Hier, so vier-uur in die môre, wanneer die ooster-kim vuilgruis tot 'n silwerkleur aanneem en dan, onmisbaar word die getjirp van die eerste veervoetjies (voëltjies) gehoor! Die eerste man (jagter) staan dan op en sit 'n paar stukke hout op gisteraand se kole – sodat, wanneer die môrester, dof begin raak – begin die koffieketel te sing en is dit opstaantyd vir die jagters. Hier diep in die Bosveld, laat die natuur niemand toe om laat te slaap nie!

Net so voor ses in die oggend, wanneer die sonnetjie so triesterig, sy kop uitsteek, veral in die winter en die jagters sit om die kampvuur met 'n beker boeretroos in die hand – dan begin die jagter se dag!

Dit is die tyd van die dag wanneer die temperatuur skielik en vinnig daal – so net voor die sonnetjie sy kop uitsteek. Dit is dan wanneer die ysbeertjies aan die ore, hande en kuite byt! Wanneer die ryp nog wit op die gras lê, kom die jagters agter dat die oggendluggie, wat soos 'n skeermeslemmetjie, dwarsdeur jou jagtersbaadjie kan sny – heelwat anders is as die aandluggie.

Die skerp oggendlug skep die opgewonde verwagtinge van nie net 'n heerlike, maar suksesvolle jag nie – waar die aandluggie weer die einde van die dag aankondig en die opgewonde vooruitsig om weer om die kampvuur uit te span en te mediteer oor die dag se gebeure! Hierdie is die uur voor dagbreek met die opgewonde verwagtinge oor die naderende jag – net soos 'n swanger vrou oor die geboorte van haar eersteling. Die grasse staan styf in die koue, terwyl die oggendluggie gewoonlik so skerp en vol vars suurstof is, dat sou die jagter buite staan en sy longe meer as drie tot vier maal tot 'n volle kapasiteit sou vul, dit gewoonlik jou longe sal seer maak! Ek doen dit gereeld wanneer ek die Bosveld besoek, want die inaseming van 'n vroeë wintersoggend se neutvars suurstof het my nog altyd die nodige krag en inspirasie gegee in die wete dat dit genesend – soos tonikum wat deur geen medikus voorgeskryf kan word nie – my die nodige krag gee wat dit vir my moontlik maak om die hele dag op 'n wildspoor te kan loop! Die verkwikkende, kraakvars oggendluggie neutraliseer die hart se opgewonde gepomp en die adrenalien wat in die are opstoot!

Die eerste gewaarwording wat weer op sy beurt die naderende aandskemering aankondig is vanaf so vier-uur in die middag, daar waar jy omdraai met die Mänlichter oor die skouer en jou tong dik geswel van die dors, sonder speeksel –

met 'n klippie onder die tong omdraai en die namiddagson, heerlik snoesig-warm agter teen jou rug skyn. Omdraai, sodat jy die wind in jou guns het en die son nie in jou gesig skyn as jy daai wildsbok sou raakloop en jy aanlê, veral met die teleskoop, sodat jy hom nie net beter kan sien nie, maar inderdaad jou skoot plaas waar jy wil. Ek moet seker te maak om nie die bok te kwes nie – want die oë wil nie meer so goed kyk soos voorheen nie! So skuins teen die wind dat die rooibok nie jou reuk en beweging kry nie – so met die wind teen jou wang!

Terwyl die winter-sonnetjie, so skuins van agteraf op die westerkim begin skyn, die wind reg waai en jy stap dan ligvoets deur die bosse sodat jou klere nie onnodig teen takke haak en skuur nie, want die geringste geluid of beweging sal tot gevolg hê dat die jagter net die takke hoor kraak en die rooibok sien wegvlug! So stap dat jy liewers op die sagte plat getrapte lang grasse loop voor jy op droë takkies, harde gras en droë gruis trap, anders kras jou skoene onnodig!

So stap dat jy altyd 'n groterige bos tussen jou en die bok hou sodat die bok jou nie so maklik gewaar nie en jy 'n beter kans het om 'n goeie skoot in te kry.

So tussen 5 – 6 uur die middag – as jy nog nie jou bok gekry het nie – is dit reeds naby skemer – werklik en inderdaad, die mooiste en aangenaamste tyd van enige tyd van die jaar – dan moet 'n jagter werklik ligvoets stap of soos daar in die jagvelde gepraat word, "katvoetstap"!

Dis hierdie goue tyd van die dag wat die wild gewoonlik – na die dag se hitte – weer aktief begin wei en uit die bosse begin beweeg. Hier moet 'n jagter sy kanse behoorlik benut – anders is dit neusie verby – vir die dag altans, want die skemering lê naby.

Tussen 6 – 7 uur, is volgens my, dié oomblik van die dag! Dis die tyd wanneer die aroma van maroela, wildevy, kruisbessie, suurpruim, mispel en die geur vermeng met die ryp bessies van die rooi-ivoor, saam met die soetgras en talle ander wat te veel is om op te noem, vermeng raak, dat ek dié tyd as die room van die dag en jaar benoem het! Die mooiste en heerlikste tyd van die jaar denkbaar.

Elke sonsondergang, tot die koms van die helder aandster, is weer op sy beurt so 'n natuurlike wonderwerk soos wanneer die môrester sy laaste lig oor die Bosveld werp en soos altyd wyk voor die aankoms van die oggendson, nog 'n stap nader aan die openbaring van 'n jagtershemel, behalwe dat die donker die wonder tydelik verswelg en jy dan geskok oor die vergane wonders, spesiaal deur ons Skepper verniet aan die homosapiens geskenk, vir etlike minute langs jou kampvuur sit en bedwelmd na die vlamme sit en staar en dan tevergeefs probeer om elke wonderlike kleur en goue oomblik op die horison tot herinneringe terug te roep – maar tevergeefs – jy sal en kan dit nooit weer regkry nie!

Daardie Godgegewe oomblikke is vir goed verby en jou lewe speel voor jou af in jou kampvuur se vlamme – binne sekondes – voor jou geestesoog en dit laat jou klein voel en jy sit daar en staar na die vlamme soos 'n mot wat deur 'n perdeby gesteek, en verlam is deur die toksiese gif. In die geval is dit natuurlik nie die werklike gif van die perdeby nie, maar inderdaad die magiese aura wat saamgevoeg is met die fauna en flora in 'n goddelike embrio wat elke keer, net gedurende die tyd van die jaar, geboorte gee!

Die wonderbaarlike akoestiese milieu word saamgevoeg in 'n embrio met 'n kweekhuis-effek, waar die diep gebrul van 'n leeumannetjie, die gejil en gelag van die hiëna, die gesteun van die aardwolf, die huil van die jakkals, die gemoedelike getjirrr van die tarentale wat hoog in die boom nes skop vir die nag en die finale roep van die fisantmannetjie – so net voor die donker soos 'n satynsluier om jou skouers sluit. Die oomblik wanneer die laaste sonlig vir oulaas voor die komende duisternis van die nag wyk! 'n Epiese wonder waarvan talle bewoners van die beton-oerwoud se sinne so jammerlik afgestomp is dat hulle dit jou waarlik nie eens raaksien nie of salig onbewus is daarvan!

Die oomblik wanneer die diere – van die magtige olifant tot die kleinste kewertjie sy slaapplek opsoek en rustig raak en die nagdiere weer op hul beurt, soos die luiperd, aardwolf, muskeljaatkat, hiëna, naguil en talle ander klein diertjies uit hul woonplek kruip – op soek na kos!

Die wonderbaarlike oomblik van die dag is as die son soos 'n betowerende rooi bal, die horison met alle kleure van die reënboog inkleur – sodat my keel toetrek en ek geen woorde vir die wonders van ons Skepper het nie!

Iets wat my nog altyd gepla het en nog steeds verstom, is dat daar min mense is wat werklik hierdie wonders in die natuur raaksien en waardeer! Gelukkig weer, is daar baie, wie die nodige insig en visie het, om Sy wonderwerk saam met ons jagters te geniet!

18. DAAI VLOEKSKOOT

Watter jagter, van watter klas ook al, wil nie graag spog met daai kopskoot op 500 meter en selfs verder nie? Ek glo daar is geen jagter wat nog nie in die een of ander stadium 'n ordentlike skoot geskiet het en dan daarna so 'n bietjie breëbors daaroor om die kampvuur sit en spog het nie.

Dit is darem sekerlik waarom dit gaan. Die meeste jagters soek maar altyd na daardie grote en, of daardie "skoot uit die boek".

Daarom is daar die manne wat die rekords najaag en poog om in die Roland Ward en ander annale verewig te word. Kyk maar na die rekords wat jaar na jaar in ons land opgestel word – alhoewel die jaggeleenthede en jagplekke al duurder en skaarser word.

Weg is daardie dae toe ek vir geen wildsbok betaal het nie, wat te sê nog vir dinge soos daggeld en slaggeld. Weg is die dae toe ek nog na my mense se plaas gereis het en 'n paar springbokke plus 'n koedoe vir die winter geskiet het – sonder om 'n sent te betaal – en dan boonop 'n slagvark op die "koop" toe gekry het.

Daardie dae is vir goed verby. Vandag moet die jagtersdrif uitgeleef word op 'n kommersiële jagplaas waar daar – teen 'n prys – kampgeriewe verskaf word. Die manne van die middel- en behoeftige klas kan maar vergeet van 'n ou springbok- of koedoebiltongtjie – veral op sy eie manier gemaak.

Toe ek nog jonk was en die oog nog reg ingestel was, kon ek nog 'n bok in die hardloop geskiet het. Ek het eenkeer noord-wes van Ondangua vier groot springbokke in die hardloop geskiet. Dit was nie vloekskote nie... of was dit?

Daar vêr in Suidwes, diep in die Namib-woestyn, het 'n man gebeor wat kón skiet! Sy naam was Jors Thomas en hy het nie 'n bang haar op sy kop gehad nie.

'n Leeu het sy skape gevang en Jors was boos. Hy het die leeu in die droë loop van die Uchab-rivier gevat en toe die leeu in die riete en palmiet verdwyn, het hy nie twee keer gedink nie. Hy is agter die derduiwel aan.

Omdat die riete lank en dig was, het Jors tot tien meter van die leeu af gevorder en toe bespring die leeu hom. Jors het korrel gevat, geskiet en toe eenkant gespring sodat die dooie leeu nie op hom moes val nie!

Dis hier waar hulle koedoes, wat net af en toe daar deurgetrek het, op 600 tot 700 treë met die Lee-Metford platgetrek het. Dit was glo nie vloekskote nie, maar skote uit nood gebore, glo ek.

Wat is nou eintlik die definisie van 'n vloekskoot? Daaroor is al diep gesels, maar die jagters wat weet sê 'n vloekskoot is eintlik 'n raakskoot wat so bedoel was en wat inderdaad die onmoontlike skyf getref het. Die jagter doen al die passies en met 'n bietjie geluk tref hy die skyf. Óf hy dit verwag het en óf hy nou skoon gelukkig is, hy slaag in sy doel.

Ek het ook deur die jare my eie aantal vloekskote ingekry, waarvan ek met huiwering vertel omdat die reine waarheid baie keer moeiliker geglo word as die blatante leuen.

Een keer jag ek saam met Gert "Cashbox" van Wyk daar in die wit Namib-woestyn, noord-oos van Swakopmund. Om daar te jag is amper soos by Jors Thomas se plaas – moeilik – want as 'n springbok net 'n bewegingtjie sien, dan hardloop hy waaragtig moerlandspan toe.

So was dit dan ook die dag: Toe die groot springbokram ons gewaar, draf hy so oosweg van die ses ooie en laat sak sy kop so in die stywe draf tot amper op die grond; so asof hy na hoogste rat oorskakel.

Ek sê vir Gert, wat bestuur, hy moet die bakkie so suid-oos van die ram druk, want daar voor lê 'n groot droë rivier. Hy moet die springbok reg op die loop af druk en as ons die wal haal, sal ons so te sê gelyk daar aankom.

Dit is nou die springbokram en die bakkie. My plan is as ons gelyk by die wal aankom – albei in volle vaart, dan moet Gert ankers aanslaan. Ek sal uitspring en die groot springbokram in die hardloop skiet.

Skiet ek raak, dan het ons 'n ou vleisie. Skiet ek mis, weet ek die groot springbokram sal daar anderkant die droë loop stywe been verder wegdraf en so vermakerig met sy horings na die grond gaffel om my mislukking in te vryf.

Wat die ram nie geweet het nie, was dat dit die dag my dag was en nie syne nie. Dit was skietdag en nie net jagdag nie!

Ek was gewapen met my 8mm Duitse Mauser uit die laaste wêreldoorlog. Die Duitse Arend was nog daarop gegraveer en daaronder het, netjies uitgebeitel, 1942 gestaan. Die Mauser was oud maar glad nie koud nie en ek was nog rég.

Die bakkie kom so twintig treë voor die groot springbokram by die wal van die droë rivier en toe Gert nog tot stilstand gly-rem in die dik gruis, is ek uit en die Mauser is oorgehaal. Toe ek uitspring en vaste aarde onder my voete voel, gebeur 'n paar dinge gelyktydig:

> Ek sien die springbokram laat sak sy kop in volle vaart om hom gereed te maak om van die wal in die droë loop, drie meter laer, te spring.
> Ek gooi die Mauser aan my regterskouer, want daar is nie tyd om stadig korrel te vat nie – dis óf raak óf mis.
> Oor die visier sien ek die knewel hier 30 meter regs van my in dolle vaart op die wal aangestorm kom, sodat die wit Namibsand onder sy kloue uitborrel!

Al hierdie dinge gebeur in 'n breukdeel van 'n sekonde terwyl ek uit die bakkie spring en aanlê.

Toe die bok vastrap, het ek die korrel netjies op die bruin streep agter sy regterblad en toe hy sy voorbene in 'n netjiese S onder sy bors invou, knyp ek stukkend.

In perfekte balans kom die groot springbokram op sy voorbene te lande en vir 'n vlietende oomblik is ek oortuig dat ek hom totaal mis geskiet het, maar die volgende oomblik vou hy leweloos inmekaar en plof in die sand dat daar eintlik 'n stofwolk opwarrel.

Nog half verdwaas staan ek daar toe Gert uit die bakkie spring, my hand gryp en dit op en af pomp terwyl hy my aanmekaar geluk wens met die "vloekskoot".

Ek het talle sulke skote al belewe en hierdie was een van daai skote wat 'n man nie maklik vergeet nie, maar tog nie baie oorvertel nie, want dit lyk altyd of hulle jou nie glo nie.

Laatmiddag hou ons by 'n paar knoetserige houte in die wit Namib-woestyn stil. Gert sny die bok oop terwyl ek 'n vuurtjie aanslaan sodat ons lewer en niertjies kan braai.

Ek sit hom so en kyk hoe hy eers die pens uithaal, toe die niertjies, toe die lewer en laaste die hart. Dis toe hy die hart uithaal dat Gert vir die tweede keer dieselfde middag my hand gryp en dit op en af pomp in gelukwensing; die keer woordeloos, maar in plek van woorde hou hy die groot springbokram se hart in sy linkerhand. By nadere beskouing sien ek dat die koeël mooi netjies dwarsdeur die hart is.

Later die aand, toe die son daar vêr op die see wyk vir die koms van die nag, raak dit stil tussen ons twee. Ons eet die lewer en niertjies dat die sous langs ons monde afloop en sit net en grinnik vir mekaar van genot – terdeë daarvan bewus dat ons in ons aardse hemel is.

-oOo-

In die sestigerjare nooi 'n Duitser naby Kapsfarm, so vyf-en-twintig kilometer noord van Windhoek, my om 'n koedoe te kom skiet.

Met my aankoms op die plaas ry ons eers met die bakkie die kampdrade na, soos dit maar die gewoonte in hierdie wêreld is. Dit dien 'n tweeledige doel: daar word na die drade gekyk en terselfdertyd kan die jagter kyk of hy nie dalk 'n koedoe in die rante kan uitruik nie.

Laat die middag beweeg ons naby die droë rivierbedding toe die groot koedoebul, wat tussen die kameeldoringbome en kleiner haak-en-steek- en wag-'n-bietjie-doringbome geskuil het, uitspring en skuins voor die Duitser se bakkie probeer verbykom. Ek het agter op die bakkie gestaan en dadelik die beweging van die hardlopende koedoebul tussen die bome gewaar.

Omdat ons glad nie van 'n bewegende bakkie af jag nie, het ek op die kap geklop en toe die Duitser rem skop, was ek af.

So in die afspring het ek die grendel reeds toegedruk en die geweer was gereed vir aksie. Met my oë nog steeds onafgebroke op die bul het ek die 9mm Mauser aan my skouer gegooi.

Dit was 'n pragtige gesig toe die reuse koedoebul hier voor my met een geweldige sprong uit die bosse bars en plankdwars deur die lug trek. Ek het die korrel agter sy blad, in lyn met die visier, gehad toe hy nog in die lug was en die skoot afgetrek.

Die groot koedoebul se lyf het so 'n ruk gegee en toe hy op sy voorpote te lande wou kom, was daar geen krag meer in nie. Hy het bollemakiesie met sy magtige en sierlike horings in die grondpad neergeplons en net daar bly lê.

Nadat die stof weggetrek het, het ek nog verdwaas na die koedoe gestaar. Ek kon nie glo dat ek hom in die lug of uit die lug platgetrek het nie.

Skielik bars daar 'n oorverdowende kreet agter my los.

Dis die Duitser wat luidkeels aan die vêrste rante verklaar dat hy nooit in sy ganse lewe so 'n vloekskoot gesien het nie. Hy spring uit die bakkie, gryp my regterhand en pomp dit op en af terwyl 'n stroom gelukwensings die lug in borrel.

Oplaas los hy my hand, hardloop terug na die bakkie en pluk 'n bottel Duitse likeur uit – "Jägermeister" wat "Jagmeester" beteken. Hy sê dat net 'n jagter wat so 'n skoot kan skiet 'n "Jagmeester" kan wees en dat ek spesiaal van sy "Jägermeister" moet neem.

Ja, daardie naweek was ek die Duitser se Jagmeester!

-oOo-

Dan was daar weer die dag toe ek en groot Eduard Mostert agter die groot springbokram aan was. Dit was op sy plaas daar agter in die Kalahari, so 30 kilometer wes van Leonardsville en 200 kilometer suidoos van Windhoek.

Ons het ook weer die patroon soos hierbo met die koedoe gevolg – eers het ons die karakoelskaap-kampe besoek en langs die lyndraad gery om te sien of daar nie weer 'n jakkals deurgebreek het nie.

Naby die groot wit pan waarna die plaas gedoop is, Kameelpan, het ek die alleenloper-springbokram opgemerk, daar in die lang wit soetgras, wat vol in die saad gestaan het.

Die bok het ons lankal gesien, of seker die bakkie gehoor dreun, en so stywebeen reg voor ons in die gras weggedraf.

O ja, ek ken al die draffie van 'n springbok al te goed. Hy draf eers so met stywe bene, speel-speel so met sy kop dan linkerkant dan regterkant, terwyl hy jou behoorlik in die oog hou. Dan draf hy met sulke gemaakte lopies en dan spring hy hoog in die lug en soms maak hy die pragtige pronk op sy kruis oop. As jy hom verder jag, laat sak hy sy pronk en ore en dan keer min dinge hom.

Ek het daardie tyd 'n 9mm Mauser gehad wat ek ook by Rosenthal, die bekende geweerhandelaar in Windhoek, gekoop het. Toe ek die groot springbokram gewaar, was ek gereed met 'n koeël in die loop.

Daar was geen kans om die bok te voet agterna te sit nie; daarvoor was die vlakte te oop. Hy het die omgewing terdeë uitgebuit en die bome en bosse vermy.

So het ek agter op die bakkie gestaan en skoonpa het op 'n slakkegang al agter die groot springbokram aan gery.

In hierdie wêreld word springbokke groter as enige ander plek in Afrika. Hier het kolonel Loots van die Suid-Afrikaanse Polisie 'n Afrika-rekord opgestel deur 'n springbokram plat te trek wat aan die haak 56 kilogram geweeg het. Hier het ek ook al 'n paar van dieselfde klas springbokke geskiet.

Toe die ram weer vassteek om te kyk waar ons is, was ons so tweehonderd meter van hom af. Met sy omkykslag stop skoonpa en daar van die bakkie se kap af skiet ek die groot springbokram in die hol – terwyl hy doodstil staan.

Toe ek by die bok aankom, was ek betyds om te sien hoe hy styf skop en sy pronk pragtig oopgaan. Ek het die Mauser teen sy rug staangemaak en afgebuk om vir die hoeveelste keer die heerlike reuk van 'n sterwende springbokram se pronk te ruik.

Later het ek die bok met my nuwe Puma-jagmes oopgesny en versigtig die lewer en niertjies uitgesny. Ek het die bloed afgewas met die water wat ons in 'n ou melkkan saamgebring het en dit eers aan 'n wag-'n-bietjie-bos se takke gehang. Terwyl dit afgedroog het, het ek die kameelhoutvuurtjie aangeslaan.

Veel later het ek die lewer en niertjies oopgevlek en dit op die kole – so, sonder rooster – gebraai. Terwyl die geur van gebraaide lewer en niertjies die lug vul, merk ek hoe die son daar vêr in die weste op die horison bewe en aan die ooste kruip die grysheid van die nag nader.

'n Jakkals stuur sy weëmoedige gehuil oor die grasvlaktes uit. Ek hoor hoe die fisant sy lang geroep na sy slaapmater roep en ek sien die sterwende son se strale silwer gooi op die ryp grassade wat soos 'n kapokkombers voor my uitgestrek lê.

Ek sien al hierdie dinge en 'n snaakse beklemming pak my om die keel. Hoe lank nog gaan hierdie paradys en jagtersmekka vir ons bestaan?

Later raak ons rustig en gesels oor hierdie dinge wat ons almal raak en ek kyk daar na bo, daar waar ons Hulp vandaan kom en ek kry geen antwoord nie.

Toe ons oppak en die Ford se neus huis toe druk, kom die ou bekende Afrikaanse liedjie onwillekeurig by my op en ek neurie:

As ek moeg word vir die lewe in die stad
lok my die wandelpad
As ek moeg word vir die lewe in die stad
lok my die wandelpad
In die veld pluk ek 'n wandelstaf
van die naaste doringboompie af
en sing my wandellied, en sing my wandellied
Of ek luister na my eie voeteval
op pad oor berg en dal
Dan's ek weer die eensaam wandelaar
Van die lekker landstreek, wie weet waar
'n swerwer lewenslank, 'n swerwer lewenslank...

-oOo-

Ja, ek het al van baie vloekskote gehoor en daar was al baie stertjies aan menige van die verhaaltjies gelas. Daar was die skoot van die jagter wat die bok teen die horing geskiet het en toe hy by die huis aankom en die bok opstaan, was daar chaos.

Daar was die slag toe groot Eduard self drie gemsbokke in 'n ry met een skoot morsdood geskiet het.

Dan is daar die storie van die boorman wat twee koedoes met een skoot met 'n .22 doodgeskiet het.

Om te onderskei tussen die ware vloekskoot en die blote storie het 'n luisteraarskuns geword!

En dan is daar vloekskote wat nie vloekskote was nie...

Lank lewe die vloekskoot!

19.   DIE GROOTSTE VAN DIE GROTES

Waar begin 'n mens as jy van olifante praat? Begin jy by sy slurp en eindig by
sy stert, of begin jy by sy geboorte en eindig by sy dood?

Praat jy van sy uitsonderlike intelligensie of praat jy van sy krag? Skryf jy oor
die duisende wat oor die Afrika-vlaktes loop of mediteer jy oor die onregverdige
slagting wat die olifant so uitgedun het dat hy nou al deur die mense wat omgee
as 'n amper bedreigde spesie beskou word.

Beide spesies (Afrika- en Asiatiese olifante) resorteer onder 'n soogdiergroep
waarvan ongeveer 300 uitgestorwe spesies bekend is. Die oudste fossiele dateer
uit die Eoseentydperk – ongeveer 50 miljoen jaar gelede.

Albei olifantspesies is kuddediere wat in troppe van 10 tot 50 voorkom. Ek
het die rare voorreg gehad om een middag in 1975, 500 olifante te sien wat in die
Chobé rivier kom water drink het. Ek glo dat min mense die voorreg gehad het
om so baie olifante bymekaar te sien. Ek self het dit sedertdien nog nie weer
gesien nie en ek glo daardie dae is ongelukkig vir goed verby.

Dit is egter baie interessant dat die eerste bekende olifant, die Moeritherium
van die familie Elephantidae, 'n klein dier van net sowat 60cm hoog was en
tydens die Ystydperke van die Eoseen in Egipte voorgekom het. Die lede van die,
"familie" waarvan die laaste een uitgesterf het, was die Mastodons en die Mam-
moete wat tot in die steentydperk geleef het. Die grootste, Mammuthus Impera-
tor, was ongeveer 4,5 meter hoog (by die skouer) en het, snaaks genoeg, in
Noord-Amerika voorgekom.

Ongeveer 10 000 jaar gelede het die bekendste soort mammoet (Mammuthus
Primigenius), wat 'n wollerige huid gehad het, in Siberië voorgekom. Talle ets-
tekeninge wat deur die Paleolitiese bevolking van die tyd nagelaat is, toon aan
dat daar heelwat op hulle jag gemaak is. Interessant genoeg het van hierdie
mammoete in die Siberiese gletsers vasgeys en sodoende duisende jare bewaar
gebly. Dit het wetenskaplikes in staat gestel om nie net die oeroue mammoete in
besonderheid te bestudeer nie, maar ook selfs tot die voedsel in hul mae te
ontleed en vas te stel wat hulle dieët was.

Nog 'n interessante faktor is dat die laaste en naaste lewende verwante van die olifante die dassies (orde Hyracoidea) en die lamantyne (orde Sirenia) is. Hoewel hierdie diere glad nie soos olifante lyk nie, stam hulle van dieselfde voorouers af en is daar nog sekere ooreenkomste soos die kruising van die voorpote en die afgeplatte bene onder die polsgewrigte.

Olifante is hoogs intelligente diere en moet nooit onderskat word nie. Daar is reeds by herhaalde kere waargeneem dat 'n olifant 'n siek of gewonde dier help, en nie goedsmoeds 'n gewonde makker aan sy lot oorlaat nie.

'n Navorser wat die Suid-Afrikaanse olifant bestudeer, het een keer olifante in die Etosha-panne in Suidwes Afrika dopgehou, toe hy merk dat daar 'n fisant met 'n paar klein kuikens die pad van die olifante gekruis het. Dit was in die reëntyd en die olifante het diep spore naby die watergat getrap. Twee van die fisantjies wou kortpad vat en het in die olifantspoor beland. Hulle het vergeefs gespartel om uit te klim.

Dit was juis die oomblik toe daar 'n trop olifante in die einste pad op pad watergat toe was. Toe die ou groot Afrika-olifant by die twee vasgekeerde fisantjies kom, het die navorser gesien hoe die sware voorpoot onvermydelik die verskrikte voëltjies sou verpletter, maar net voordat die poot op hulle neer sou kom, het die olifant botstil gaan staan en sy poot oomblikke lank net bo hulle koppe gehou. Daarna het hy dit opgelig, net langs die fisantjies neergesit en tydsaam verder gestap.

Die nuwe spoor wat die oue oorvleuel het, was vlakker en die fisantjies kon uit die gat skarrel na hulle ma wat angsbevange in die lang gras staan en toekyk het om te sien wat gebeur.

Die navorser het later in 'n artikel geskryf dat, volgens sy waarneming, olifante beslis 'n bydraende rol in natuurbewaring speel.

Ons Suid-Afrikaanse olifant het oorspronklik in die hele Afrika, suid van die Sahara woestyn voorgekom, maar sy verspreidingsgebied is geleidelik besig om te krimp. Die Suid-Afrikaanse olifant is groter as sy Asiatiese ewekniе: 3 tot 4 meter hoog by die skouer, en swaarder: tot 7 500 kilogram. Die ore en slagtande van die Suid-Afrikaanse olifant is ook groter as dié van die Asiatiese olifant, en die slurp van die Suid-Afrikaanse olifant eindig in twee vingeragtige verlengings teenoor die enkele verlenging van die Asiatiese olifant. 'n Verdere verskil tussen die twee olifantspesies is dat die Suid-Afrikaanse olifant vier tone aan sy voor- en drie aan sy agterpoot het, terwyl die Asiatiese olifant vyf tone aan sy voor- en vier tone aan sy agterpoot het.

Die slurp van die Suid-Afrikaanse olifant is die spil waarom sy hele lewe draai en bestaan uit 'n ongelooflike samestelling van spiere. Die reuk- en tassintuie van sy slurp is van kardinale belang en is hoogs ontwikkeld in teenstelling met sy oë wat uiters swak ontwikkeld is. Sy uitstekende gehoor kompenseer egter vir sy swak sig.

'n Olifant se oor word nie net gebruik om te hoor nie – die oorskulpe reguleer ook sy liggaamstemperatuur!

Die olifant se verlengde snytande verskil van ander soogdiere se verlengde oogtande. Dis hier by die ivoortande van olifante wat ek 'n bietjie wil stilstaan.

In ons moderne eeu het daar sewe (ses word hierin beskryf) besonder groot olifante in die Nasionale Krugerwildtuin en omgewing geleef. Van hulle is net een, Joao, by die skrywe hiervan nog lewend. Besonderhede omtrent die knewels is:

Naam	Ouderdom	Hoogte	Linkertand	Regtertand	Algemeen
Shawu	60 jaar	3,40m	317cm, 45cm in deursnee, 52,6kg	305,5cm, 45cm in deursnee, 50,8kg	Ek is seker dat dit Shawu was wat ek eendag saam met Piet Zandberg gekry het.

Opmerkings:
1. Langste tande van alle olifante in Afrika.
2. Shawu is vernoem na die Shawuvallei waar hy die grootste gedeelte van sy lewe deurgebring het.
3. Daar is ook na hom verwys as "Groot Haaktand" omdat sy tande 'n knyper gevorm het.
4. Shawu het oor 'n gebied van die mopanivlaktes tussen Letaba- en Shigwedzirivier van die hoof toeristepad tot by die Lebomboberge beweeg. Hy het baie stadig beweeg (gedwaal) en sowat ses maande geneem om van Suid na Noord te beweeg.
5. Hy was besonder verdraagsaam teenoor mense en het geen vrees vir voertuie getoon nie.
6. Shawu is op die ouderdom van 60 jaar naby die noordelike waterskeiding van die Shawuvallei van ouderdom dood. Gedurende sy laaste dae was hy siek en is sy bewegings daagliks deur middels van 'n radioband om sy nek gevolg.

Naam	Ouderdom	Hoogte	Linkertand	Regtertand	Algemeen
Dzombo	50 jaar	Onbekend	255cm, 50cm in deursnee, 55,5kg	237cm, 57,0cm in deursnee, 56,8kg	

Opmerkings:
1. Dzombo se tande het die klassieke Krugerwildtuin-vorm: 'n boog waarvan die punte vorentoe en effens afwaarts wys. Sy tande was besonder dik.
2. Dzombo is vernoem na 'n stroom wat tussen Shingwedzi- en die Shawuriviere vloei. Sy loopgebied het baie ooreengekom met dié van Shawu, in wie se geselskap hy dikwels gesien is. Hy het in die gebied gebly wat

deur die Letaba en Shingwedzirivier begrens word en is die meeste gesien in die graslaagte van die Shawuvallei oos van Bowkerskop.

Naam	Ouderdom	Hoogte	Linkertand	Regtertand	Algemeen
Ndlulamithi	58 jaar	3,45m	287cm, 64,6kg	273cm, 57,2kg	Baie kwaai

Opmerkings:

Ndlulamithi was 'n besonder hoë olifant daarom beteken sy Tsonganaam "Hoër as die bome"! Hy het vêr en vinnig beweeg in sy loopgebied tussen die hoofpad en Mooiplaas tot by die Wesgrens; en ook vanaf die Byashishidreineringstelsel oor die Shingwedzi tot so vêr soos Pongoe. Hy was baie kwaai en humeurig en het niks en niemand ontsien nie. Sy regtertand was 14cm korter as sy linkertand.

Naam	Ouderdom	Hoogte	Linkertand	Regtertand	Algemeen
Shingwedzi	55 jaar	Onbekend	207cm, 47,2kg	264cm, 58,1kg	Rustige ou

Opmerkings:

Shingwedzi beteken "Plek van die ysterklip". Hy was 'n rustige olifant en het selde van die ruskamp af beweeg. Tog was hy al so vêr wes as Nkokodzi en die Chuba Mila-heuwels en ook so vêr oos soos die Lebomboberge in die omgewing van Shingwedzi. Sy tande was die klassieke haak- en hulptand. Omdat 'n olifant se ouderdom redelik akkuraat geskat kan word volgens die verwering van sy tande, kon sy ouderdom bepaal word toe hy aan natuurlike oorsake dood is. Hy het onder 'n vyeboom inmekaargesak en doodgegaan.

Naam	Ouderdom	Hoogte	Linkertand	Regtertand	Algemeen
Joao	45 jaar	Onbekend	271cm, 55cm in deursnee, 70kg	250cm, 55cm in deursnee, 60kg	

Opmerkings:

Die storie van Joao is deurspek met dramas en tog is hy die enigste van die "groot sewe" wat tot en met 1986 oorleef het. Hy het egter in 1982 ternouernood aan die dood ontkom toe vier koeëls uit 'n wilddief se AK-47 hom getref het. Hy is verdoof en sy wonde is behandel, waarna hy volkome herstel het.

Die grootte van sy tande is op 'n skatting gegrond, aangesien hy in 1984 albei sy tande naby die lip afgebreek het, blykbaar in 'n geveg. Die tande het egter weer begin groei en in 1986 was hulle sowat 40cm lank.

Joao het sy naam te danke aan die feit dat hy die eerste keer naby 'n Portugees met die naam Joao, wat in Afrikaans Jan is, gesien is.

Hy was die mees genaakbare van die sewe, miskien omdat hy heelwat jonger was. Hy is gewoonlik deur twee of meer askari's of geselskapsbulle vergesel.

Naam	Ouderdom	Hoogte	Linkertand	Regtertand	Algemeen
Mafunyane	57 jaar	Onbekend	251cm, 48cm in deursnee, 55,1kg	251cm, 48cm in deursnee, 55,1kg	Tande was perfekte paar en reguit; punte was beitelagtig.

Opmerkings:

Mafenyane kan beslis as die mees legendariese olifant in Suider-Afrika, en ook as een van die sewe groot ivoorreuse, beskou word.

Sy Tsonganaam, wat as "Die prikkelbare" vertaal kan word, verwys na sy absolute minagting en onverdraagsaamheid teenoor mense.

Mafunyane is op 57-jarige leeftyd aan natuurlike oorsake dood en sy oorblyfsels is op 16 November 1983, noordwes van Shingwedzi, gevind.

Hy was nie besonder groot nie. Daar was 'n gat van 10cm in deursnit in sy skedel. Die gat het tot in sy neusholte gestrek en hy kon wonderbaarlik deur die gat, sy slurp en sy mond asemhaal. Hy het die gat waarskynlik in 'n geveg opgedoen.

Mafunyane was die geheimsinnigste van die groot bulle en net 'n handjievol mense het die eer gehad om hom lewend in die natuur te sien. Sy groot loopgebied het gestrek vanaf die Mafunyane-windpomp en die Phugwanerivier in die suide tot by die Shingwedzirivier en vanaf die wesgrens by Shongwani tot by die middelste voorbrandpad.

Olifanttroppe breek gewoonlik in kleiner groepe van so 20 en minder op en word meestal deur 'n groot koei, wat as die matriarg bekend staan, gelei. 'n Suid-Afrikaanse olifant se familie-eenheid bestaan uit volwasse en jong koeie, asook bulle van ongeveer 14 jaar oud. Tesame met 'n klompie teelbulle vorm hulle 'n teeltrop. Namate hierdie jonger bulle ouer word, probeer hulle 'n posisie in die trop oopveg deur met die teelbulle te veg. Nadat 'n ou teelbul so 'n geveg verloor het, verlaat hy die trop en neem die jonger bul sy plek as teelbul in. Sulke ou alleenloperbulle bly alleen en is gewoonlik baie kwaai, geïrriteerd en uiters gevaarlik.

Die Suid-Afrikaanse olifantkoei bereik na ongeveer 12 jaar geslagsrypheid en die bul na ongeveer 14 tot 15 jaar. Daar was egter gevalle waar koeie geboorte geskenk het op 'n ouderdom van 9 jaar. Kalfies word gebore na 'n draagtyd van ongeveer 22 maande. Hulle is oor die algemeen 0,9 meter hoog en weeg sowat 110kg.

As 'n koei wil kalf, word sy meestal deur twee ouer koeie bygestaan en soms staan die hele trop in 'n kring om die koei waar die geboorte plaasvind. Ou jagters beweer dat die klein kalfie sodoende deur die trop beskerm word. Gedurende die eerste paar jaar van sy lewe ontvang 'n olifantkalfie nie net van sy ma besondere aandag en hulp nie, maar ook van ander koeie in die trop.

Olifante is heeltemal uitgegroei as hulle ongeveer 25 jaar oud is.

Olifante eet 'n groot verskeidenheid plantaardige voedsel en is veral in droogtetye lief daarvoor om die bas van sekere bome af te stroop en te vreet. Die kremetartboom (Adansonia digitata) is een van die spesies wat dikwels deur olifante benut word, met katastrofiese gevolge vir die boomsoort.

Afgesien van die feit dat 'n olifant se dieët uit verskeie soorte plante bestaan, kan die Suid-Afrikaanse olifant by uitstek as 'n grasvreter beskou word. Die Asiatiese olifant is weer by uitstek 'n blaarvreter.

'n Volwasse olifantbul kan tot 410kg plantmateriaal, bestaande uit gras, jong takkies en boombas, per dag verorber.

'n Interessante aspek van die olifant is sy vermoë om 'n uitstekende insekweermiddel te vervaardig! 'n Ou Capriviaan het my geleer om, as die muskiete die nag in die veld baie pla, vier droë koeke olifantmis rondom my aan die brand te steek. So 'n miskoek smeul die hele nag en gee 'n bitter rook af. Dis hierdie rook, gebore uit die dwerg-mopanieboom se blaar, wat verseker dat geen muskiet jou in die nag sal hinder nie.

Die trekgewoontes van olifante het nog altyd die verbeelding van jagters aangegryp. Vroeër jare, toe Afrika nog nie so deur die beskawing bedreig was en daar nie soveel oorloë was nie, het die Afrika-olifant 'n vêr pad gestap. Hulle het eintlik in 'n sirkel in Suid-, Sentraal- en 'n gedeelte van Noord-Afrika gestap. Hulle looppad het in die Krugerwildtuin begin, na die groen gras en Savannawoude van Mosambiek. Baie troppe het hier deur Zimbawa na Zimbabwe en Tanzanië gestap en eindelik in Kenia en Zaïre gaan draai. Dan het 'n ander groep weer verder in die Kongo gaan draai en suidwaarts deur Angola tot so vêr soos die Etoshapanne in Suidwes-Afrika gestap. Ek glo dis hier waar 'n trop afgedwaal het tot laag soos die Kaokoveld, vandaar die ontstaan van die Suidwes-olifant en ook die Addo-olifant in die Kaap. Die kringloop het dan weer van Suidwes, deur Noord-Botswana, in die Krugerwildtuin geëindig.

Dit is ook hier in die Oos-Caprivi waar ek my vuurdoop met my eerste olifant geloop het, my eerste tree met die Magnum-reeks in die jagveld gegee het – en amper my lewe verloor het!

Toe Eddie my die dag nooi om vir die hoofminister van die Caprivi twee olifante te gaan jag, het hy my dag gemaak. Ek het op die stadium net 'n .308 Norma Magnum gehad en destyds was die swaarste patroon in hierdie kaliber 'n geringe 180 grein projektiel, wat beslis te lig was vir 'n groot olifantbul. Ek het toe, gewapen met 'n .458 van die plaaslike stamkantoor, na Lupala vertrek op een van my onvergeetlikste jagondervindings ooit.

Dit was winter en ons het op die hoofminister se eiland, Lupala, kamp opgeslaan. Die jaggeselskap het bestaan uit Eddie, myself, en twee swart ministers van die Caprivi-regering.

Dit was 'n ware jagtersparadys waarin ons kamp opgeslaan het. Ons het laatmiddag by ons kampplek opgedaag en in die wit sand, wat soos wit fluweel tussen die groen kort gras en riete-wêreld gelê het, rustig geraak. Die bome was nie ruig nie en daar was pragtige oop gedeeltes met die mooiste groen plantegroei denkbaar, nieteenstaande die feit dat dit reeds Julie en in die hartjie van die winter was.

Hier het ek van die mooiste plantegroei en bome gesien. Die kameeldoring het gewedywer teen die apiesdoring om die hemele te bereik. Oral het die bekende bobbejaantou aan elke boom gehang, net reg vir die spreekwoordelike Tarzan om daaraan rond te swaai.

Dit het kompleet gevoel asof ek in die paradys was. Daar was van al die diere denkbaar teenwoordig. Daar was kameelperd, buffel, koedoe, waterbok, baster-waterbok, basterhartbees (tsesebe), duiker en steenbok. Daar was leeu, olifant en luiperdspore – so vars dat ons begin rondkyk het of die gevaarlike diere nie vir ons staan en kyk nie. Daar was van die pragtigste voëls denkbaar: pelikane, visvangers van alle kleure, sekretarisvoëls, duikers, tarentale, fisante en die pragtige papagaaiduiwe.

Ons het die aand lank om die kampvuur gesels en ons strategie bespreek. Die nag was daar geen sprake van slaap nie, want as dit nie vir die gebrul van leeus was nie, het die gelag van hiënas ons kiertsregop in ons slaapsakke laat sit.

As dit maar ons grootste probleem was, maar daar was niks wat ons met die miljoene muskiete kon vergelyk nie. Ek het heelnag in my slaapsak gelê en probeer om die een na die ander swart wolk van muskiete wat op ons toesak af te weer. Die muskietnette wat ons gehad het, kon nie die muskiete keer nie. Hulle het eenvoudig by elke gaatjie en opening ingekom. Ons het olifant-miskoeke aan die brand gesteek, maar sonder sukses.

Toe onthou ek dat as jy 'n sterk naskeermiddel aan jou gesig, arms en hande smeer, dit 'n redelike muskietweerder uitmaak. Ek het die muskiete met hande-vol naskeermiddel soos water van my gesig en arms afgestroop, totdat ek soos 'n ware laventelhaan geruik het. Daarna het ek die slaapsak tot aan my ken toegerits en eers in die vroeë oggendure het die slaap my oorval.

Ons was die volgende dag, nieteenstaande die min rus, vroeg uit die vere en terwyl ons om die heerlike kampvuur 'n beker koffie vertroetel, het die spoorsny-ers gaan vasstel of daar olifante op die eiland was. Ons wou nie weer die mara-thonstap van die vorige keer deurmaak nie.

So tienuur het 'n spoorsnyer skielik die kamp binnegestap met die goeie nuus dat daar sowat twintig olifante op 'n klein naburige eilandjie was. Tussen hulle was twee mooi groot bulle...

Dit was 'n aardigheid om te sien hoe die kamp na die lang wag skielik in be-roering gekom het. Almal is skielik wawyd wakker en spring soos een man van die kampstoeltjies af op. Die kamp is in rep en roer.

Daar word natuurlik na die gewere gegryp; ammunisie wat reeds goed nage-gaan was, word in die sakke gestop; hoede vir die son wat nieteenstaande die feit dat dit in die hartjie van die winter is, hier in die tropiese gebied, stekend warm word. Alles word nagegaan om te verseker dat die jag 'n sukses gaan wees – niks word oor die hoof gesien nie.

Toe ons die eiland deur die vlak moerasagtige water nader, hou ons eers ka-juitraad. Die eilandjie – wat eintlik maar 'n klein deeltjie van Lupala-eiland uitmaak, is soos dit hier in die moerasagtige gebied is, maar net 'n stukkie hoogland en deel van die ander. Die stukkie eiland is ongeveer 800 meter lank en so 500 meter breed, maar goed bebos. Welige jakkalsbessie, kameeldoring, skelbos, en 'n tiental laer struike groei op die stukkie grond en dit is met die eerste oogopslag duidelik dat dit nie 'n maklike taak gaan wees nie.

Die enigste faktor wat in ons guns tel, is die windjie wat relatief sterk van noord-wes na suid-oos druk. Ek is reg, Eddie is reg en ons is tevrede dat die jag maar kan begin.

Ons het ooreengekom dat Eddie die eerste olifant sou skiet en dat ek die tweede geleentheid kan benut. Ek moes dan as rugsteun vir hom optree, sou hy die olifantbul kwes.

"Onthou, nie een hardloop weg nie: as jy as rugsteun weghardloop is ons altwee dood, want 'n gekweste olifant is nie enige man se maat nie, en alles behalwe iets wat sonder handskoene aangepak kan word." Die waarskuwing het Eddie 'n paar keer herhaal terwyl ons ongesiens deur die vlak waters na die eiland stap.

Omdat dit my eerste olifantjag was, moet ek eerlik sê, het die hele Suid-Afrikaanse Simfonie-orkes se snare in my maag begin tokkel.

Die vroeë oggend lê nog naak en die natuur swyg toe ek my eerste onseker maar vasberade tree op die droë grond van die eiland gee.

Ons betree die eiland op die noord-westekant en ek merk ons is pragtig en strategies korrek in lyn met die wind. Die wind en geluide is altyd die eerste waarskuwing aan 'n olifant, omdat sy oë relatief swak is.

Ek merk dat die bosse plek-plek mooi ruig is. Dit gee ons goeie dekking.

Ons swart spoorsnyer, 'n Capriviaan, loop op sy tone voor. Hy is geweldig gespanne. Sy oë draai wit in hul kaste as hy omkyk en bly met sy wysvinger hier voor ons in die bosse beduie. Ek hoor en sien niks.

Eddie sê ons moet op die kroon van die bosse aan die noord-westekant begin en hy voeg die daad by die woord. Die spoorsnyer loop voor, Eddie agter hom en ek dek die agterhoede. Ons gewere is gelaai. Die veiligheidsknip van Eddie se .375 Magnum Holland & Holland is afgestel en sy wapen is op vuur. Die ou groot, swaar geweer kan net drie patrone hou; 'n faktor wat byna my lewe gekos het.

Dis toe ek en Eddie stadig om wattelbos sluip, dat die swart spoorsnyer soos 'n skim hier verby ons sweef; terug in die koers waarlangs ons gekom het. Dis soos een jagter eendag gesê het dat hy nie kwaad word vir 'n spoorsnyer wat hakskene wys nie – hy word immers nie betaal om gedood te word nie. Hy moet net die wild aanwys.

Daar is geen tyd om oor ou Sacharia se vlugvoetige aftog na te dink nie, want ek en Eddie sien ons prooi gelyktydig: 'n groot, uitgegroeide olifantbul wat salig onbewus van ons besig is om van die mopanieblare te pluk en met sy magtige slurp in sy bek te steek.

So naby hom is ons dat ek byna aan hom kan raak en ek sien sy oogwimpers duidelik knip van genot terwyl hy lustig kou. Daar is geen kans vir verdere beraadslaagings nie.

Eddie gooi sy .375 in een beweging aan die skouer. Ek tel my geweer ook op en druk die grendel af, toe knal Eddie sy .375 hier in my oor met 'n oorverdowende slag.

Die massiewe olifantbul val soos 'n sak patats met sy regtertand weg in die sagte klam grond. Hy bly lê sonder om 'n ooghaartjie te roer.

Die swaar .375 se staalpunt van 200 grein het net mooi netjies in lyn met die oor en die oog, so effe hoër in die breinkas gedring; die perfekte doodskoot.

Toe die Magnum-skoot klap, gebeur daar nog 'n paar ander dinge gelyktydiglik. Die res van die olifanttrop vlug suidwaarts op die eiland met 'n oorverdowende lawaai. Een van die ander groot oorblywende bulle raak aan die trompetter terwyl al die ander saam met hom deur die ruie bosse die loop neem asof 'n magtige hand hulle deur die bosse dwing met takke wat kraak en die grond aan't bewe asof 'n ligte aardbewing die eilandjie tref. Duisende voëls wat in die water kos gesoek en op die takke van die bome gesit het, kom in beweging asof 'n afsetter op 'n renbaan die skoot getrek het vir die wedloop om lewe en dood.

In die pandemonium het niemand opgemerk wat van ons spoorsnyer geword het nie, maar daar is steeds nie tyd om daaroor te wonder nie, want sowat vyftien olifante bars hier skuins regs voor ons deur die bosse en loop 'n klein stroompie storm. Die olifante gaan daardeur soos 'n warm mes deur botter, sodat daar watersuile voor hulle magtige bors vorm. Vêr voor hulle spat die water soos 'n reuse stortbad neer; so hewig dat 'n dubbele reënboog in die watersprei verskyn.

Ons het nie tyd om die mooi verskynsel te bewonder nie, want ons aandag is op die gevalle olifant en die verbystormende trop.

Eddie herlaai sy geweer meganies en is soos blits gereed om 'n tweede skoot te skiet. Die bul lê egter morsdood stil en ek sê vir Eddie dat 'n tweede skoot nie nodig blyk te wees nie.

Ek kyk om en sien ons spoorsnyer waar hy, kromrug, ons sy hakskene wys. Hy is al vyftig treë weg toe ek hom terugwuif. Ek durf nie roep nie, uit vrees dat die ander olifante sal vlug en ek nie my beloofde eerste olifant sal kon skiet nie. Na die geweldige lawaai is dit in elk geval te betwyfel of daar wel die dag op die eiland 'n tweede kans gaan wees.

Die geluk was egter die dag met my: ek sou my eerste olifantbul kry, maar amper teen die hoogste prys!

Toe die olifantbul geval het, was dit reeds middag en ons besluit om eers 'n rukkie daar te vertoef om die natuur en wild kans te gee om tot ruste te kom, eer ek my aanslag op my olifant sou maak.

Ons het die bul wat Eddie met so 'n pragtige skoot neergevel het van nader beskou. Die skoot was perfek en die tande was, nadat dit uitgeslag was, mooi 66 ponders (30kg). Ons het nogal lekker vir Eddie gelag toe hy na die regtertand, wat in die sagte sand begrawe was, soek en die bul met sy swaar kop daarop gelê het. Ek moes die tand oopgrawe om hom te oortuig. Min het ons geweet dat ons eers hierna groter drama sou beleef en daarna nog lekkerder sou lag.

Die spoorsnyer het voorlopig genoeg gevlug en is terug op sy pos. Ons stap weer in dieselfde gelid stadig suidwaarts op die eiland. Volgens die spoorsnyer is daar nog net een olifant op die eiland: 'n "makoebe" bul!

Die senuwees speel weer kitaar met my maagsenuwees, hierdie keer erger as tevore, maar van omdraai is daar geen sprake nie.

Op die suidwestelike deel van die eiland wys die spoorsnyer weer met 'n bewende vinger na die digte bosse en ek weet dat ek my eerste olifant-vuurdoop met 'n groot swaar Magnum-geweer gaan loop. Ek het die spreekwoordelike Rubicon bereik en die oomblik van waarheid het aangebreek.

Met die .458 Magnum stewig vasgevat betree ek en Eddie die bosse.

Die bos is geweldig ruig en ons kamoefleer-uniforms laat ons met die agtergrond saamsmelt. My grootste probleem is die skelbosse waaraan die bobbejaantoue so verstrengel is dat ek moeilik voor my kan sien.

Hoe nader ons aan die olifant kom, hoe moeiliker raak ons pad – so asof die ou grote ons in 'n lokval wil lei. Dit was inderdaad so...

Die laaste 20 meter moet ons op hande en knieë deurbring. Skielik doem die silhoeët van die magtige olifantbul voor my op en verduister die horison. Daar waar ek op my maag lê, weet ek: vandag is die dag.

Toe ek hom in sy oog kyk, haal ons skaars asem en dit lyk – swak sig of te nie – asof die bul in my siel kyk. Hy staan botstil na ons en kyk; dit is net sy groot ore wat heen en weer beweeg om sy liggaamstemperatuur te reguleer.

Ek snak na my asem en kan nie help om vir Eddie te fluister om na sy pragtige stel tande te kyk nie. Toe ek fluister, vries die ou bul en ons ook. Ons beloer mekaar en ek sien die onsekerheid van die olifantbul: hy weet ons is daar, maar sien of ruik ons nie.

Ek lê op my maag met die .458 Magnum op my linkervoorarm geleun en die loop na die olifant gekeer. Dis te ruig om 'n skoon skoot te waag. Ek wys vir Eddie dat ek nog nader gaan kruip om beter te kan sien. Hy sê niks en ek sien sy kiewe is bleek en sy oë tol rond in hulle kaste. Ek weet ons beweeg op dun ys.

Ek het gekom om 'n olifant te skiet en ek gaan nie nou omdraai nie. Ek is hier en ek moet nou deurdruk al waarsku 'n mannetjie agter my oor my dringend dat ek my hand oorspeel. Ek seil stadig met die Magnum vorentoe.

Met hande wat effe bewe rig ek die geweer op die olifant en neem stadig korrel. Waar skiet 'n man nou eintlik 'n olifant sodat hy neerslaan en nie gekwes word nie? Ek het nie die gulde geleentheid wat Eddie gehad het nie en ek het al talle staaltjies gehoor hoe moeilik dit is om 'n olifant se klein brein in die massiewe beenstruktuur wat sy kop uitmaak, raak te skiet.

Daar is nie tyd om daaroor te spekuleer nie en daar is so 'n ding soos 'n eerste keer. Vandag is die dag.

Ek knyp die korrel fyn, want die bul staan nie verder as dertig treë van my af nie.

Die skoot klap en net daar gebeur die onverwagte!

Die olifant val nie, maar maak op sy linker-agtervoet 'n tipiese militêre omkeer en storm verbasend vinnig met sy kolossale lyf die wal af om die moeraswater in te ploeg. Dit lyk asof ek hom misgeskiet het, so vinnig beweeg die bul.

Ek merk met skok dat my pragbul besig is om weg te kom en dit was beslis nie deel van my beplanning nie. Ek spring geskok op en sit die olifant agterna. Binne oomblikke lê ek die dertig treë na die wal af terwyl ek die grendel oopruk en 'n tweede .458 patroon so dik soos my duim in die kamer inpomp sonder dat my oë van die bul af wyk.

Onder 'n dik, verdorde apiesdoringboom op die wal steek ek vas en bring die geweer aan die skouer. Die bul is reeds so veertig treë die water in. Ek huiwer want ek is onkundig in olifantjag en weet nie juis waar ek moet skiet nie. Op laas skiet ek na sy rug.

Die .458 ruk die tweede keer aan my skouer en ek hoor hoe die koeël anderkant deur die lang riete wat in die water staan, sy doodsfluit gee.

Die olifant vlug voort en 'n beklemming kom in my hart, want ek sien my eerste olifant is weg. Ek ruk die .458 se slot vir die derde keer oop en stoot die laaste patroon in die kamer. Koorsagtig lê ek aan.

Waar... wààâr... skiet jy 'n olifant wat gekwes is en weghardloop van jou af? Ek weet ek sal hom nooit in die moerasse kan opspoor as hy eers weg is nie. Ek sentreer weer die .458 agter sy regteroor – daar in lyn met sy brein – en ek trek die sneller.

Weer gebeur 'n ding waarvoor ek en Eddie nie voorsiening gemaak of verwag het nie. Die massiewe olifant gee een magtige kreet toe die staalkoeël hom agter die regteroor tref waar dit seker die seerste gemaak het.

Soos blits vlieg hy om. Voor ek kan sê "Buck Rodger" storm die olifantbul op my af en ek staan met 'n leë geweer!

Ek kyk beangs om, maar sien Eddie nêrens nie en 'n onsigbare yshand klem my om die keel. Die olifantbul wat so dertig meter afgelê het, vergroot ek geensins nie.

Die olifantbul kom uit die water so 12 meter van my waar ek regs van die dik droë boom staan en nou lyk hy so onstuitbaar soos 'n berg.

Regs van my klap 'n skoot. Ek kyk in daardie rigting en eerste sien ek Eddie waar hy hardloop asof 'n duiwel agter hom is en voor, vêr voor hom, snel ons spoorsnyer voort – en ek staan man alleen met 'n leë geweer in my hande.

Daar is egter nie tyd om my oor my makkers te bekommer nie, want na die skoot uit Eddie se geweer, is die olifantbul op my. Hy storm op my af met opgehewe slurp en hy trompetter dat die aarde bewe.

Ek tel sy tande in sy rooi, bek wat wyd oopgesper is van woede. Ek sien hy het die mooiste identiese paar groot ivoor-tande, maar ek het nie veel tyd om dit te bewonder nie, want die briesende olifantbul is op my.

Ek het net een keuse en dit is om my lyf Paul Nash te hou, maar ek was 'n groot, swaar man en nie 'n vinnige hardloper nie.

Ek kan nie alles mooi onthou nie, maar tog is daar grepe uit hierdie nagmerrie ervaring wat my altyd sal bybly. Toe die olifant regs om die groot boom na my gryp met sy slurp, is ek soos 'n vetgesmeerde blits aan die linkerkant om die boom in die rigting, waar ek met angs in my keel skielik onthou, ek op my maag moes seil om onder die takke en bobbejaantoue deur te kom.

Daar was beslis nie tyd om weer stadig op my knieë en hande onder die takke en versperrings deur te kruip nie – ek gaan toe sommer reguit daardeur...

Ek weet tot vandag toe nie hoe ek die grypende slurp van die groot olifantbul ontkom het nie, maar voor jy twee maal kon sê "Jack Robinson" toe gaan ek vir

Eddie verby en haal die spoorsnyer in – dit nogal met die swaar .458 in my regterhand.

Ons plek van herontmoeting was by Eddie se dooie olifant en dit het ons etlike minute geneem om eers ons asem by te kry, wat nog te sê om te praat. Het ons nie lekker gelag vir die wedlopie wat ons so ontydig ons tekkies laat uitpak het nie!

Na so 'n uur het ons besluit om te gaan kyk of my gevaarlike olifantbul lewe en sekerlik weg is en of hy – een kans uit 'n duisend – daar iewers in die bos dood bly lê het.

Ons het die plek maar bra skepties en uiters versigtig genader en tot die ander se verbasing en my vreugde die ou groot bul so vyftien treë regs van die ou droë boom sien lê.

Hy was morsdood. Dit het my en die ander 'n goeie geleentheid gegee om hom beter te bestudeer. Benewens sy manjifieke lyf het hy daar gelê asof hy aan die slaap was.

Dis net die vier koeëlgate daarin wat die harde werklikheid uitgespel het. Hy moes sy massiewe kop op die laaste oomblik gedraai het toe ek hom die eerste skoot toegedien het, want die .458 koeëlgat sit perfek op die plek waar sy klein brein in die kolossale beenstruktuur gehuisves is. Daar was egter net een fout, want die projektiel het effens links geskram, daarom het hy bly leef en amper my lewe geëis.

Ek bestudeer die ander skote. Die tweede skoot het net voor sy heup ingegaan en is aan sy linkersy, net onder die rugwerwels, uit. Dis na die tweede skoot dat hy nog probeer wegvlug het.

Ek bestudeer die derde skoot wat skuins agter sy regteroor in is en ek reken dat dié een en die eerste skoot die deurslaggewende skote was wat hom so geïmobiliseer het dat hy my nie kon vang nie. Ek is vandag nog seker dat, as hy nie so swaar gekwes was nie, hy ons al drie beslis sou ingehaal en gedood het.

Ek kyk na die .375 skoot wat Eddie hom uit wanhoop in die nek toegedien het toe hy so te sê op my was en ek weet dat die skoot nie veel skade aan die dik nek kon aangerig het nie, maar beslis 'n bydraende faktor was.

Na al die drama verby was, sê ek vir Eddie dat ek net na my kamoefleerpet wil gaan soek wat ek daar tussen die takke en bobbejaantoue moes verloor het in my vlug. Ek sien toe dat hy ook nie sy pet op het nie en ek vra hom waar sy pet is. Hy sê toe dat hy nie 'n pet opgehad het nie en ook nie 'n pet saamgebring het nie. Ek weet hy het 'n pet opgehad, maar hy stry. Ek stel dit toe aan hom, maar hy bly ontken en ek sê toe dat hulle daar moet wag want ek gaan haal net my pet.

Ek stap eers op die olifant se spoor, daar waar hy by die boom verby is, en draai toe op die langgerekte treë wat ek in my vlug agter gelaat het, want dit was nie moeilik om dit te volg nie. By die plek waar ek en Eddie gelê het toe ek die eerste skoot geskiet het, moet ek op twee plekke laag buk om deur die takke te kom waar ek in die vlug regop deur was. Toe eers voel ek die snye en skrape aan my gesig waar die takke en dorings my bygekom het. Ek stel verder ondersoek in en sien dat my hemp ook nie ongeskonde daarvan afgekom het nie.

Dis toe ek weer by 'n lae tak kom dat ek die stille getuienis sien waarom dit nou juis gegaan het. Ek gaan sit net daar en begin so te lag dat Eddie verbaas nader stap en vra wat ek nou so amusant vind.

"Nee, kom kyk maar self," antwoord ek. "Jy glo my mos nie."

Daar in 'n ou olifantspoor, lê ons twee kamoefleerpette met hul pieke teen mekaar soos twee mossie-eiers in 'n nes.

20. DIE LEWENDE AMFIBIESE TENK

Die seekoei (familie Hippopotamidae) is alles behalwe wat sy Afrikaanse naam aandui en kom beslis nie in die see voor nie. Dat hierdie besondere amfibiese dier meer om sy formidabele lyf het as wat op die oog af lyk, is 'n feit soos 'n (see-) koei. Dit het ek baie deeglik ondervind nadat ek in 1973 na die pragtige Katima Mulilo, aan die oewer van die Zambezi, verplaas is.

Die seekoei behoort saam met die vark en pekari tot die nie-herkouende eenhoewige soogdiere – orde Artiodactyla. (Die pekari is 'n wildevark van die geslag Tyassu wat in troppe van Texas tot Paraguay voorkom.)

Fossielbene toon aan dat seekoeie gedurende die Tersiër in Suid-Asië en in die Middelandse see-gebied voorgekom het, maar sedertdien is seekoeie net in Afrika aangetref. Hoewel hierdie kolossale dier vroeër die Nyldelta in groot getalle bevolk het, het hulle daar geheel en al verdwyn.

Alhoewel die woord hippopotamus in Grieks letterlik perd van die rivier beteken (hippos = perd; potamus = rivier), hou die dier geen verband met perde nie.

Die vel van die seekoei is besonder taai en looi swaar. Die velle is vroeër in dun repe gesny om swepe en die bekende seekoeisambokke te maak.

Daar kom vandag twee soorte seekoeie in Afrika voor, maar tot die Pleistoseen het daar op die eiland, Madagaskar, 'n derde soort voorgekom, wat ongelukkig uitgesterf het.

Die twee soorte wat vandag nog leef, is swaar geboude, oënskynlik lomp en logge diere, wat die grootste deel van hul lewe in varswater deurbring.

Met die seekoei kan die leek, en ook die gesoute jagter, hom maklik gruwelik misreken deur hom te onderskat as net 'n logge en lompe waterdier. Die kalant kan uiters vinnig oor die aarde beweeg en sy humeur is net so vlugvoetig. Die seekoei is absoluut onvoorspelbaar en vergewensgesindheid is 'n eienskap waaroor hy glad nie beskik nie. Volgens my ondervinding en dié van kenners van die seekoei, is die dier een van die heel gevaarlikste in die hele diereryk! Dit is 'n bekende feit dat 'n seekoei-koei, wanneer sy 'n klein kalfie by haar het, gevaarliker is as enige van die vyf grotes.

Die seekoei het kort pote met vier tone elk. Tussen die tone is swemvinne (vliese) tussenin. Die feitlik haarlose, besonder dik vel is donkergrys tot swart en pienk aan die onderkant van die liggaam. Die enigste borselagtige, kort hare word rondom sy bek en sy kort, afgeplatte stert aangetref.

Net soos by die gemsbok, wat van 'n ingeboude bloedverkoeler voorsien is, het die Hoërhand daarvoor gesorg dat die seekoei gekompenseer word vir die feit dat hy heeldag aan die skerp Afrika-son blootgestel is. Die feit dat die seekoei die hele dag in die water is, vererger klaarblyklik die son se effek deurdat die water, soos menige swemmers al tot hul spyt bevind het, as 'n soort van 'n lens dien wat die son se skade verskerp. Die velkliere van 'n seekoei skei 'n bruinrooi, soet vloeistof af sodra sy liggaam aan te veel son blootgestel word. Dit is inderdaad 'n wonderwerk, want die vloeistof dien as 'n natuurlike sonbrandmiddel! 'n Seekoei wat vir lang tye aan skerp sonskyn blootgestel is, lyk inderdaad of hy met bloed bedek is.

Die bo- en onderkaak het sy snytande wat net soos die groot, haakvormige oogtande, aanhou groei. Die seekoei beskik, benewens die indrukwekkende stel haakvormige oogtande, nog oor twee reguit tande in die onderkaak, waarmee hy wortels en plante uit die grond grawe.

Interessant genoeg verskil die twee oogtande wesenlik van die ander gekrulde oogtande en word daar verkeerdelik na die tande as ivoor verwys. Die twee tande lyk amper soos 'n haai se tande wat ook foutiewelik as ivoor aangesien word.

Sy klein, beweeglike oorskulpe, die oë en die afsluitbare neusgate lê in een lyn en wanneer 'n seekoei onder die wateroppervlak lê, steek die ore, neus en oë bo die water uit.

Seekoeie is besonder sterk swemmers en om hulle as lomp te beskou, kan 'n fatale onderskatting wees. Hierdie waarheid word gestaaf deur te veel werklike tragedies wat ongelukkig te gou vergeet word. So kan ek onthou toe 'n besoeker aan Malawi, nieteenstaande verskeie waarskuwings van plaaslike inwoners, in die Malawimeer, waar 'n kwaai seekoei gehou het, gaan swem het.

Die toeris was tien meter in die water toe hoor hy skielik 'n luide geskreeu van die oewerbewoners, wat van beter geweet het. Toe die man opkyk, sien hy 'n seekoeibul ongeveer 30 meter verder aankom. Hy besef die gevaar en swem terug. Toe hy op die wal uitklim, was die seekoei op hom. Hy begin egter weg van die water af te hardloop.

Dis hier waar die meeste slagoffers die fout maak en die seekoei onderskat. Dit is waarom ek die seekoei as een van die gevaarlikste soorte grootwild beskou, want dit is 'n bewese feit dat seekoeie en krokodille meer mense dood as die sogenaamde vyf grotes.

Die seekoei, wat geensins lomp is soos beweer word nie, het uit die meer ge-klouter, die besoeker (glo 'n man uit die RSA) met gemak ingehardloop en doodgebyt!

Seekoeie kan etlike minute lank onder die water bly en kan selfs met die grootste gemak op die bodem rondstap. Hiervan kan ek getuig, want ek en Dr. Ben van der Waal, 'n visekoloog, het met paddavoete en snorkel, die Chinchima-nie-kanale op die grens van Botswana en die Caprivi Zipfel verken. Dit was 'n senutergende en uiters gevaarlike avontuur, maar so interessant as wat kan kom.

Hier het ek, onderwater, al met die seekoei-paadjie, geswem met 'n pylgeweer op jag na die koning van alle kurpers, die gesogte Robustus Nembwe of soos hengelaars hom noem, die groot roofkurper.

Hoewel die seekoei nie 'n herkouer is nie, bestaan sy maag tog uit drie dele. Die diere is ware plantvreters, maar wei nie in die water nie. Dit is die rede hierom seekoeie – meestal in die nag – uit die beskermingsgebied van hul waterdomein kom en vêr die land in beweeg op soek na kos. 'n Uitgegroeide seekoeibul weeg tussen 2 000 en 3 000kg en dit is geensins snaaks dat 'n enkele seekoei ongeveer 100kg plantegroei in een nag moet verorber om aan die lewe te bly nie.

Die seekoei wat ons ken (Hippopotamus amphibius) leef in die mere en riviere suid van die Sahara, met die uitsondering van die droë gebiede van Suidwes-Afrika en kan 'n skouerhoogte van 1,5 meter bereik.

Die dwergseekoei (Chocropsis Liberiensis) wat 'n maksimum massa van 250kg bereik en net 75cm hoog word, het 'n baie kleiner verspreidingsgebied en is beperk tot Wes-Afrika, te wete Sierra Leone, Suid-Guinee, Liberië, die Ivoorkus en moontlik ook Nigerië. Behalwe in liggaamsmassa en grootte, verskil die twee soorte ook wat hul lewenswyse en gedrag betref.

Seekoeie leef in klein troppies van vyf tot dertig diere. So 'n trop bestaan meestal uit 'n aantal koeie met hul kalfies. Aan die hoof is 'n dominante bul. Hy verdryf alle ander bulle uit sy harem met geweld en 'n erge venyn. Dit gaan gepaard met hewige gevegte waarby hul lang, skerp tande as wapens ingespan word, wat tot die dood van so 'n konkurrent kan lei.

In die Oos-Caprivi het ek baie met seekoeie te doen gekry. My werk, hengelgeesdrif en my wanderlust het my tot die verste horisonne geroep. Ek het aan die Weskus, in die Kunene, Okavango, Zambezi, Karibadam, Ooskus en by Mosselbaai, Port Elizabeth, Port Edward, Durban, St Lucia, Sodwana en die vêrre Black Rock gehengel. Ek het al in Laurenco Marques en 100 kilometer verder noord tot in Sao Martino gehengel.

Gedurende die tyd het ek eersterangse kennis van die Suid-Afrikaanse seekoei opgedoen, wat by my respek en bewondering vir hierdie amfibiese reus afgedwing het.

Tydens my avonture is my boot al gebyt, is ek meer as 'n dosyn kere deur 'n kwaai seekoei aangeval en gejaag – soms 'n koei wat maar net haar kalfie as hoogste prioriteit wou beskerm, of soms uit blote onverdraagsaamheid. Hiervan het ek gelukkig telkens ongedeerd afgekom.

Benoude oomblikke is deur my en Dr. Bredenkamp van Onderwys beleef toe ons by die watertoring van Katima Mulilo gaan tiervis hengel het. Ons is met my motorboot die rivier in. Alles het goed gegaan tot ons gaan draai het. Ons lyne was uit toe ons oor 'n paar rotse beweeg en my kunsaas-lepel aan 'n rots haak.

Toe ek die versnellerhefboom optrek, stol die 35pk Mercury-enjin en ons begin dadelik na die middel van die rivier, nader aan die vyandiggesinde Zambië te dryf. Tot my ontsteltenis moes ek ook merk dat ons direk in die rigting van 'n trop seekoeie dryf. Die Zambezi is hier 400 tot 600 meter breed.

'n Ernstige benoudheid pak aan my hart. My motorboot se enjin was van die soort wat met 'n tou aan die brand gepluk moes word. Hoe meer ek pluk, hoe minder wil die enjin vat en hoe nader dryf ons as 'n oop skyf vir die vyand oorkant die rivier en nader aan die seekoeie!

Ek het geweet dat die ou bul wat so groot soos 'n Olifant-tenk is – en vir Paul Nash op sy gemak oor die honderd treë onder stof kan loop – wyd en syd bekend was vir sy aggressiwiteit. Van al die dinge was ek bewus, maar Dr. Bredenkamp wis van niks!

Die Zambië-grens kom vinnig nader. So tagtig meter van die seekoeie af is ek al flou gepluk aan die tou, maar die enjin bly so dood soos 'n mossie. Dis toe dat ek die groot seekoeibul sien duik en as hy duik, dan kom hy!

Ek kyk benoud na die niksvermoedende Doktor Bredenkamp en pak die tou met alle mag. Die volgende oomblik gly my voete op die nat glasveselvloer, ek verloor my balans en tot ons albei se skok, val ek oor die rand van die boot en beland op my rug in die vinnig vloeiende magtige Zambezi-rivier!

Ek sien vandag nog die skok op Dr. Bredenkamp se gesig toe ek onder die water verdwyn!

'n Paar ontstellende gedagtes spoel saam met die koue Zambezi se water oor my siel, gewete en liggaam:

> ➤ As Dr. Bredenkamp moet sterf, sal dit my einde wees!
> ➤ As die boot nie met hom sink nie, val hy beslis in die vyand se hande, wat net so erg sou wees!
> ➤ As die boot sonder my wegdryf, is die doktor gedoem en maak die groot seekoei bul my fynvleis.

Gelukkig was ek die dae nog relatief fiks en gedagtig aan al die vrese kom ek soos 'n kurkprop uit die water. 'n Paar kragtige, maar benoude, hale bring my weer in die boot. Ek het rekening van plek en tyd verloor en het net een doel voor oë: om weg te kom van die gevaar van die seekoeibul wat nog nie weer sy kop bokant die water gewys het nie. Dit was die onomstootlike bewys dat hy nog onder die water besig was om soos 'n duikboot sy aanval op my boot te loods!

Ek was bewus van die krag van so 'n groot seekoeibul. Benewens die feit dat talle bote al omgekeer en verskeie mense al doodgebyt was, het 'n soortgelyke bul 'n staalvlot met twee Landrovers daarop by M'Paula-eiland omgekeer! Die bul het ongeveer 6 000kg geweeg.

So, by my was daar geen illusies nie – die uurglas het vir my en die doktor uitgeloop! Toe ek die tou gryp om die halsstarrige enjin nog 'n keer aan die gang probeer kry, het ek geweet die verwoede bul is bykans op ons. Ek kan nie meer alles onthou nie, maar ek is seker daar het beslis 'n gebed opgegaan, want toe ek die tou een magtige pluk gee, kom die enjin aan't lewe en toe ek wegtrek en terugkyk, wip die massiewe seekoeikop uit die water met 'n knorrige frons tussen die oë – presies daar waar ons weggetrek het!

'n Week later besoek ek en sersant Barnie Barnard die bekende M'Paula-eiland. 'n Swart indoena versoek ons om 'n moordenaar te kom doodskiet. Hy ry saam met ons op ons boot. Ons kry die moordenaar daar waar hy op 'n eiland tussen die riete staan. Ek sien sy spore, wat kompleet soos die spore van 'n klein jeep lyk, want 'n seekoeibul stap twee rye spore.

Ek en Barnie hou kajuitraad en besluit ons kan nie anders as om reguit met die boot na die moordenaar te vaar nie. Die geruis van water wat daar naby oor die rotse snel, verdoesel die geluid van die enjin, sodat ons die kêrel ongehoord kan nader. Ons is 50 meter, toe 30 meter, toe 25 meter en ek weet ons kan nie nader nie.

Die bul staan jou waarlik en slaap. Toe ons 20 meter van hom af is, sien ek hy maak sy oë oop en ek sê: "Nou!" Ons skote klap soos een en ek sien, tot ons verbasing en die blydskap van die Indoena, dat die moordenaar se vier pote soos rubber onder hom ingee en dat hy net so bly lê.

Ons klim af en soos enige jagters, bekyk ons ons prooi. Dis 'n geweldige groot seekoeibul van minstens 2 800kg. Die twee koeëlgate is 4cm van mekaar, albei netjies tussen sy oë.

Toe ons later die middag met ons motorboot daar verby vaar, sien ons 'n tiental Capriviane besig om die moordenaar af te slag. Ek sien hoe hulle stroke spek afsny. Hulle klap vir ons hande en 'n paar sak op hul knieë in hul tradisionele groet.

Lank daarna vertel Ben Lottering my dat, benewens die spek van 'n seekoei, dit net sy biltong is wat iets om die lyf het, en dan ook net as dit baie droog is. Daar word gesê dat 'n man wat baie seekoeispek eet, gedurende dié tyd 'n vlek agter op sy broek wys.

Die beste, so vertel Ben, is as jy 'n seekoei se poot by die eerste lit afsny, dit goed sout en peper, met blare toebind en onder jou kampvuur begrawe tot die volgende oggend.

'n Paar jaar later het ek saam met 'n jagmaat, Hennie de Beer, in die veelbesproke Zambezi-vallei in Zimbabwe gaan jag. Ons het buffel, seekoei en rooibok geskiet. Dit is hier waar ek die seekoeipoot afgesny en mooi skoongewas het in warm soutwater. Ek het toe die nodige sout, peper en speserye ingegooi en die hele poot in tin-foelie toegedraai en vasgebind.

Nodeloos om te sê dat dit net 'n fees was die volgende oggend toe ek die gaar poot uit die grond gehaal het. Dit was kompleet soos die sult van beeskloutjies.

Ja, dit was goeie dae dié – dae wat ek en min Suid-Afrikaners ooit die eer of genot sal hê om weer te sien!

21. DIE WILDEMAKOU

Toe ek in die Caprivi grensdiens verrig het, het ek die eerste keer in my jagtersloopbaan met die wildemakou kennis gemaak. Die pragtige wilde voël is uiters gesog onder jagters en het 'n smaaklike en eksotiese vleis, waarvan verskeie disse gemaak kan word.

Soos dit maar met ons ou volkie die gebruik is, is ons soms geneig om ons eie name vir dinge te gee en by die wildemakou is dit geen uitsondering nie, want die Boere noem hom kortpad die wildegans.

Die geleerdes sê hy is geen gans nie maar wel 'n makou en volgens streng wetenskaplike klassifikasie word die benaming "gans" net vir twee genera binne die tweede onderfamilie (Anserinae) van die eend-agtiges (familie Antidae) gebruik, naamlik vir die grys ganse (genus Anser) en swart ganse (genus Branta), waarvan altesame veertien spesies wêreldwyd voorkom. Volgens die geleerdes broei ganse net in die Noordelike Halfrond en daarom kom daar geen inheemse ganse in Suider-Afrika voor nie.

Een van die eende wat ons ook verkeerdelik 'n gans noem, is die "kolgans" (Alopochen aegyptiacus), wat ook volop in Suider-Afrika aangetref word. Die kolgans word verkeerdelik so genoem omdat hy, soos die wildemakou, fisies soos geen eend lyk nie, maar stewig en groter is soos 'n gans, vandaar die benaming.

Ganse is stewiger gebou as eende en is besonder sterk swemmers, goeie stappers en baie sterk vlieërs met goeie uithouvermoë.

Die wildemakou is in Engels bekend as die "spur-wing(ed) goose" of "spur-wing" en word langs mere, riviere, damme en kuile water aangetref. 'n Uitgegroeide wildemakou kan tot 12 kilogram swaar word – veral as hy die boer se land stroop van die pas uitlopende mielies.

Dis 'n pragtige voël en dit is bekend dat daar 'n hegte band tussen die mannetjie en wyfie bestaan. As 'n wildemakou se maat doodgaan, paar hy nooit weer nie, maar treur die res van sy lewe.

Buiten die mens, het die wildemakou min vyande. Hy word selde deur enige ander vyand gedood, aangesien hy groot en sterk is en op die oop waters hou, waar hy nie maklik bygekom kan word nie. By die eerste gewaarwording van gevaar, waarsku die brandwag die swerm, wat dan sonder versuim opstyg en wegvlieg.

Die wildemakou is 'n sterk vlieër, maar omdat hy so swaar is, is sy opstyg en land nie sommer net 'n kwessie van in die lug wip of gaan sit nie. Met die opstyg hardloop hy so dertig tot veertig treë op die water met klappende vlerke voordat hy die swaartekragwet oorwin en gladweg verder die lug in skiet. Tydens die landing gebruik hy sy gewebde pote om soos 'n wafferse skiër sierlik tot stilstand te gly.

Indien 'n wildemakou homself moet verdedig, kan hy goed van homself rekenskap gee. Op die buig van sy sterk vlerk het hy twee harde, beenagtige, skerp penne van omtrent twee tot drie sentimeter, waarmee hy sy teenstander toetakel soos 'n bokser sy opponent met die vuiste sal bydam. Vandaar die Engelse naam, "spur-wing". Die twee penne stem inderdaad baie ooreen met die spore van 'n hoenderhaan en enigeen wat al onder 'n hoenderhaan se spore deurgeloop het, sal beter weet as om 'n gekweste wildemakou kaalhande aan te pak. Hierdie penne word gebruik om orde te handhaaf deur astrante jong wildemakoumannetjies op hul plek te hou.

My jagervaring sluit 'n hele paar wildemakoue in, maar een besondere wildemakou het my 'n deeglike en pynlike demonstrasie van sy nasie se bakleivermoë gebied.

Die besondere wildemakou het ek naby Kalambeza in die noordooste van die Caprivi-Zipfel raakgeloop. Hy het my gewaar toe ek hom tussen die riete bekruip het waar hy en sy maats in 'n wit pan gewei het. Die pan was al aan't opdroog, want dit was reeds winter. Hy het, toe hy onraad gemerk het, sy gewone skerp waarskuwing geuiter en skuinsweg van die waterpannetjie die oop veld in begin stap. Ek het gesien dat as ek hom nie nou skiet nie, ek sonder hom moes bly.

Toe die skoot klap het hy op dieselfde oomblik besluit dat hy nou genoeg van my gehad het en sy vlerke opgelig. Die Blitzer-patroontjie van my .22 Kricogeweertjie het hom in die linkervlerk getref, net tussen die sterk lyf en sy beenagtige spoor, sodat hy nie kon opstyg nie.

Die resultaat was dat ek en my maat meer as 'n uur moes spook om die gekweste wildemakou in die hande te kry. Hy het ons soos 'n wafferse strateeg van die een skuilplek na die ander gelei – en elke keer verder en verder weg van sy swerm af.

Elke moontlike skuilplekkie in die digte riete om die pan het hy deeglik benut en ons keer op keer geflous. Met sy sterk pote het hy elke keer nes ek dink nou het ek hom, oor of deur die volgende rietbos gegaan en ons moes maar weer om die rietbos gaan om hom aan die ander kant te probeer vastrek.

Na wat soos 'n ewigheid gevoel het, het ons hom uiteindelik flou gejaag – of so het ek gedink, want toe ons mekaar in die oog kyk en hy sien dis klaarpraat, toe draai die wildemakou om en konfronteer my.

Enige Boerseun weet hoe maak en dreig 'n gansmannetjie. Daar is net twee belangrike verskille: Die wildemakou is ongeveer twaalf kilogram swaarder as die gansmannetjie en hy het twee geniepsige skerp penne op sy vlerke waarmee hy homself baie vaardig kan verdedig.

In hierdie kalant was boonop nog baie lewe en aggressie. So 'n wildemakou is 'n besonder taai wilde voël en as jy hom nie heeltemal dood skiet nie, moet jy weet hy is vêr van dood af. Ek het al gesien dat een wat met 'n 398-geweer geskiet is, hinkepink die lug in is en weggevlieg het.

Om alles te kroon het ek my geweer gelos waar ek die wildemakou geskiet het en toe ons van aangesig tot aangesig teenoor mekaar staan, besef ek dat hierdie 'n kaalhandestryd gaan wees. Dis nie 'n gerusstellende gedagte nie.

Ons sirkel om mekaar soos twee boksers – ek met my twee hande voor my uitgestrek en hy met sy twee vlerke oopgesprei. Die linkervlerk, waar ek hom gekwes het, hang effens, maar dit maak hom nie minder geesdriftig vir die stryd nie. Soos 'n gesoute vegter kyk hy stip in my oë.

Ek gryp na die gekweste vlerk en soos 'n bliksemstraal reageer die wildemakou. Terwyl hy my greep meesterlik as hefboom gebruik, kap hy met een uiters goed berekende hou sy regterspoor in my linkerhand weg.

Die resultaat is 'n warboel van gebeure wat so vinnig op mekaar volg dat dit aaneenloop. Eerstens los ek die wildemakou se vlerk, gil so hard dat my maat, wat oorkant die rietbos was, benoud uitroep wat gaan aan. Ek gryp in 'n wanhoopspoging na die wildemakou se nek, maar daar was geen sprake dat ek hom maklik sou aankeer nie.

Nieteenstaande die verskil in ons grootte het die wildemakou in geen stadium 'n vrees- of pyngeluid geuiter nie – wat meer is as wat van my gesê kan word! My eerste aanval het hy met 'n meedoënlose teenaanval beantwoord.

Die oomblik toe ek hom los en my linkerhand wegruk, ontvlug hy my weer.

Na nog etlike verdere pogings het ek hom uiteindelik gevang. Al was hy gekwes en moeg, was sy veggees nog ongeblus.

Na die geveg was ek nie meer lus vir wildemakou-pastei nie, maar ek was opgeskeep met 'n lewende wildemakou waarvan ek die vlerk afgeskiet het. Ek het sy pote met 'n lyn vasgebind en hom huis toe geneem. By die huis het ek sy vlerk gespalk en hom in my eendehok geplaas, waar hy na twee weke weer perdfris was. Teen daardie tyd was my hand, waar hy my met sy spoor bygekom het, ook weer gesond.

Daarna het ek hom na die wal van die Zambezi-rivier geneem om hom weer vry te laat – nie sonder 'n mate van hartseer nie, want gedurende die tyd dat hy my gas en pasiënt was, het daar 'n sonderlinge vriendskap tussen my en Blitzer ontstaan. Ek het hom die naam gegee omdat hy nog blitsiger en bitsiger as die patroontjie was waarmee ek hom geskiet het.

Op die wal van die Zambezi het hy onseker en verbaas gestaan om die rivier en vryheid te bekyk. Daarna het hy sy kop na my gedraai en snatergeluide gemaak, kompleet of hy my wou vra: "Bedoel jy nou werklik dat ek maar kan gaan?"

Eers na etlike minute het dit tot hom deurgedring dat my bedoelings eerlik en ernstig was en dat hy vry was om te gaan. Uitgelate het hy sy vlerke oopgesprei en geklap-klap soos 'n bokser wat warm maak voor 'n geveg. Daarna het hy twee oefenlope gemaak om te toets of hy sterk genoeg is om die blou lug aan te durf. Tevrede het hy teruggestap en toe spring hy met mening weg. Na 'n aanloop van so 15 meter lig hy hom van die grond en is hy in die lug.

Hy vlieg reguit oor die rivier in die rigting van Sheskeke, wat regoor Katima Mulilo oorkant die Zambezi-rivier in Zambië lê en ek dink dis laaste sien van die blikkantien. Van vêr af hoor ek sy tevrede snatergeluide en ek sien dat sy vlerk heeltemal genees het, want hy toets dit nog verder deur telkens skielik te styg.

Gou is hy oorkant die rivier, wat hier vyfhonderd treë breed vloei, maar dan maak hy, tot my verbasing, 'n draai en vlieg terug – reg op my af!

So dertig treë van my af uiter hy 'n lang snatergroet en draai direk oos in die rigting waar ek hom die dag gekwes het en hy sy maats moes agterlaat. Lank nadat die laaste stippeltjie verdwyn het, het ek nog daar op die oewer van die Zambezi gestaan en oos gestaar.

Eendag, na hierdie voorval, het ek in die Zambezi-rivier vir tiervis gehengel. Dit was winter en die vlak van die rivier was betreklik laag. Plekke waar ek gewoonlik met die boot kortpad gevat het, was so vlak dat ek daar kon loop en ek het dit maar vermy en al langs die hoofstroom gehou. Toe ek verby die Kalambeza-kanaal gevaar het en met 'n wye draai in die rivier afry, kom ek op 'n plek af waar die rivier 'n groot sandbank gevorm het. Dit was so 500 by 600 meter en die water op die sandbank was op plekke so vlak as 'n skamele ses sentimeter.

Die Zambezi se sandbanke is deurgaans spierwit en dit was gewoonlik 'n pragtige gesig om te sien, veral as daar seekoeie of watervoëls in die vlak water gestaan en na kos gesoek het. So was dit weer die dag – 'n klompie voëls het met hul snawels in die vlak water gestaan en ploeter en op die afstand het hulle vir my kompleet soos wildemakoue gelyk.

Ek het stadig langs die sandbank met my motorboot beweeg toe ek besef dat hulle sou opvlieg as ek nog 'n tree nader kom, toe het ek anker gegooi.

Ek neem my geliefde Krico .22 geweertjie op, stoot 'n Blitzer in die loop en toe die vermeende wildemakou in die klein Weaver-teleskopie verskyn, knyp ek die sneller. Die voël val fladderend in die vlak water neer. Ek sit die geweertjie in die boot terug en stap sommer so deur die vlak water na die gevalle voël terwyl sy familie eers 'n kring om my vlie en my uitskel.

Hoe ek so aan die slaap en onoplettend kon wees, weet ek tot vandag nie, maar eers in hierdie stadium het die skok tot my deurgedring dat wat ek vir 'n wildemakou aangesien het, inderwaarheid 'n kolgans was!

Ek buk en tel die kolgansmannetjie op. Eers na 'n deeglike ondersoek kry ek die plek waar die koeël hom getref het. Sy slukderm is reg onder die snawel afgeskiet. Dit is die resultaat van die feit dat 'n mens altyd geneig is om afstand oor water verkeerd te skat.

Net voor hy sterf, druk ek die kolgans teen my vas en sê: "Jammer ou maat... Ek het gedink jy was 'n wildemakou..."

Maar spyt kom altyd te laat.

Dit was gedurende die tyd van my grensdiens in die Caprivi-Zipfel, dat ek eendag vanaf Ngoma, die grenspos tussen die Caprivi-Zipfel en Botswana, na Katima Mulilo op pad was. As die reisiger deur die Caprivi-Zipfel reis en deur die Ngoma-grenspos sou gaan, dan gaan hy oor die Chobe-rivier wat hier, waar dit die grens vorm, uniek is. In die reëntyd, wanneer swaar reëns val en die gebied oorstroom, dan vloei die Chobe-rivier suidwaarts en as die reëntyd verby is en die vloed het weggevloei in die Zambezi-rivier in, dan trek die water weer terug sodat die Chobe nou noord-oos vloei.

Omtrent halfpad tussen Ngoma en Katima Mulilo is daar 'n groot, standhoudende waterpan aan die regterkant, sou jy ooste toe ry. Hier kom baie soorte wild en selfs olifante drink gereeld by die pan water.

Dit was 'n mooi agtermiddag en die plantegroei was groot en mooi – soos dit nog altyd, lank voor my tyd, daar was en ook lank na my tyd sal wees. Die kremetart-, kameeldoring-, jakkalsbessie- en mopaniebome het volop gestaan en die olifantgras, buffelsgras en suurgras het welig met die groen riete saamgesmelt om 'n skilderagtige toneel te vorm wat my, my lewe lank sal bybly. Alhoewel dit staande water was, het dit altyd skoon en helder soos vars water uit 'n fontein gelyk. Die groen kol tussen die bosse het vir my 'n oase-agtige atmosfeer geskep en my altyd gedwing om daar óf stadiger te ry óf te stop en daarna te kyk en die aroma van die veld ten volle te geniet.

Toe ek die plek nader, het ek, soos altyd, stadiger gery en dis toe dat ek die groot wildemakou anderkant die waterpan op die wal sien sit. Bang dat hy sou wegvlieg het ek nog stadiger gery en eindelik so tagtig of negentig meter van die voël af stilgehou.

Ek skakel die Ford 4x4 se enjin af en my hand soek na die .22 Kricogeweertjie wat soveel maal saam met my gereis het. Toe ek die loop by die Ford se venster uitsteek, rek die wildemakou sy nek om te sien wie en wat ek is. Sy houding is gespanne en ek verwag dat hy enige oomblik sal wegvlieg. Terwyl die 180 liter petrol in die drie tenks die Ford nog heen en weer laat wieg, maak ek die deur saggies oop sonder om my oë van die wildemakou af te neem.

Ek klim uit die Ford en lê my elmboë op die enjinkap om dooierus te vat, want dis vêr vir 'n .22 patroontjie en as die koeël nie baie goed geplaas is nie, is die wildemakou gekwes – iets wat geen goeie jagter graag doen nie. Ek trek die grendel van die Krico stadig oop sonder om onnodige geraas te maak wat die voël die skrik op die lyf kan jaag, en stoot die Blitzer-patroontjie – wat soveel woema het – in die loop.

Die petrol in die tenks klots nie meer nie en die Ford staan vas onder my arms. Ek kyk deur die klein Amerikaanse Weaver-teleskopie en die uitgroeide wildemakoumannetjie verskyn lewensgroot hier voor my oog.

Dis 'n groot meneer dié en hy staan roerloos vir my en kyk. Ek plaas die vertikale lyn van die teleskopie dat dit 'n middellyn op sy lang nek maak en lig die horisontale lyn so twee sentimeter – uit my oog gesien – bokant sy kop. Die makou roer nie en die kruis roer nie en ek trek die sneller.

Die Krico skop liggies teen my skouer en die Blitzer klap skerp en ek staan roerloos deur die teleskoop en kyk om die uitslag van my skoot te sien.

Die groot wildemakou het nie eens kans gekry om sy vlerke oop te sprei nie. Nee, hy stort ineen asof 'n magnetiese hand hom verlam en van hier waar ek staan kan ek hom net-net deur die teleskoop sien, daar op die wal van die waterpan.

Dit het my 'n halfuur gekos om deur die waterpoele te ploeter om my prooi te gaan haal.

Toe ek by die ou grote kom, lig ek hom op om te sien waar die skoot in is. Die koeëltjie het die wildemakou mooi netjies in sy kuiltjie getref.

Ek laai die wildemakou in die Ford en ry tevrede weg. Vanaand eet ek weer soos 'n koning.

22.   FISKAAL IN NIEMANDSLAND

Die kameelperd is 'n uiters interessante spesie van die diere-wêreld wat hom op verskeie en besondere maniere van ander diere onderskei.

Eerstens resorteer die pragdier, na my mening, beslis onder die grotes van die wêreld.

As ek nou van die grotes praat, dan sal ek hulle soos volg groepeer: Die olifant, die leeu, die renoster, die buffel, die luiperd, die seekoei en die krokodil. Alhoewel die eerste vyf grotes aan die jagterswêreld bekend staan as die gevaarlikstes, is dit 'n debateerbare punt waaroor daar nie maklik eenstemmigheid bereik sal kan word nie.

As 'n jagter vir my kom vertel dat 'n leeu of 'n luiperd gevaarliker is as 'n krokodil en om dié rede 'n ereplek op die lys van die vyf grootste gevaarlike diere verdien, weet ek sonder twyfel dat die jagter nie weet waarvan hy praat nie. Ek sou liewer sien dat, na die vyf grotes, die krokodil en die seekoei sonder huiwering bygevoeg moet word en dat ons eerder van die sewe grotes moet praat. Statistieke het lankal reeds bewys dat meer mense deur seekoeie en krokodille gedood word as deur die res van die sogenaamde vyf grotes. As gevaarlikheid ter sprake kom, is dit boonop insiggewend dat die sku bosbok seker een van die gevaarlikste diere in die bos is as jy hom gekwes het.

Op 'n vraag in die eksamen: "Wat is die hoogste vorm van dierelewe?" het 'n leerling een keer geantwoord: "Die kameelperd." Dit is inderdaad so dat die kameelperd, wat lengte betref, op al die ander diere, insluitende die olifant, kan neerkyk. As 'n mens van groot in die sin van massa en omvang praat, behoort die kameelperd dus beslis as een van die grotes beskou te word.

Alhoewel die kameelperd een van Afrika se groter diersoorte is, is hy nie juis bekend as 'n dier waarvoor 'n jagter nou eintlik katvoet moet loop nie. Hy sal veel eerder vlug as om aan te val.

Die geleerdes sê binne die groot sub-orde, Ruminantia – wat herkouers beteken, – staan die familie "Giraffidae" eintlik solitêr. In die Tersiêre tydperk het 'n groot aantal spesies van die kameelperd-familie geleef. Daar is egter vandag nog net twee lewende genera van die familie oor, naamlik ons kameelperd soos ons

hom hier in Suider-Afrika ken en dan ietwat onbekende Okapi (Okapia Johnsto-
ni). Die twee spesies word net in Afrika suid van die Saharawoestyn aangetref.

Kameelperde leef in klein kuddes wat gewoonlik onder die leiding van 'n koei
staan, en hou streng by 'n sosiale rangorde. Hul voedsel bestaan uit blare,
takkies en boombas. Wanneer 'n kameelperd uitgegroei is, is hy nagenoeg 6
meter hoog, wat hom, soos die leerling gesê het, "die hoogste vorm van dierelewe"
op land maak. Hierdie hoogte gebruik hy saam met sy spesiaal aangepaste
skurwe tong en lang, beweeglike lippe om die hoë blaartjies tussen die dorings
aan die bome uit te knibbel.

Wanneer die leek die kameelperd se lang nek van soms meer as twee meter
aanskou, dink hy onwillekeurig dat so 'n lewenslange nek seker 'n swetterjoel
nekwerwels moet hê. Die waarheid is egter dat die kameelperd, net soos die
mens, net sewe nekwerwels het.

Wanneer die kameelperd afbuk om water te drink, staan hy oënskynlik uiters
ongemaklik met sy voorbene wyd uitmekaar gesper om dit by te kom. In hierdie
posisie is hy op sy kwesbaarste.

Daar was in die verlede verwarrende gissings oor wat van al die baie bloed
van die kameelperd word, as hy so lank kop omlaag moet staan om sy dors te
les. Die geleerdes het egter vasgestel dat oormatige bloedvloei na sy kop verhin-
der word deur spesiale kleppe in sy nekslagare.

Intensiewe studies van die "girafia camelopardalis" het insiggewende feite oor
die kameelperd aan die lig gebring. Prof. W. van Hoven doen so daaroor verslag:

"Die kameelperd se hart weeg 10 tot 12 kilogram, wat te verstane is as in ag
geneem word watter geweldige taak die hart het om bloed tot daar bo in die dier
se kop te pomp.

"Die hart is sowat twee meter bokant die kameelperd se pote, wat beteken
dat as daar nie spesiale meganismes was om dit teen te werk nie, die bloeddruk
in die kameelperd se bene so hoog sou wees dat die vloeistof uit die haarvate
geforseer sou word.

"'n Span wetenskaplikes het onlangs die funksionering van die bloedsomloop-
stelsel van kameelperde ondersoek. Die proefdiere is op 'n spesiale diëet geplaas
en kateters in die nekslagaar en nekaar ingesit en aan 'n drukmeter gekoppel.
Die drukmeter is met 'n klein radiosendertjie met 'n antenne op die dier se rug
verbind om die bloeddruk deurentyd te meet.

"Wanneer die kameelperd sy kop laat sak om water te drink, styg sy bloed-
druk aansienlik. As gevolg van die posisie waarin hy water drink (wydsbeen met
die voorbene sodat die voorlyf en dus ook die hart laer is as wat normaalweg die
geval sou wees), veroorsaak dit dat die drukking in die nekslagaar nie die
drumpel oorskry nie, omdat die vertikale afstand tussen die hart en die brein
klein is.

"As die kameelperd egter sy kop sou laat sak as hy normaal staan, sal die
invloed van die swaartekrag op die bloedmassa in die nek, tesame met die
kragtige pomping van die hart, so 'n geweldige druk veroorsaak dat die haarvate
sal bars. As gevolg van hierdie feit slaap 'n kameelperd dan ook gewoonlik met sy
bene onder sy liggaam ingevou, maar met sy nek regop.

"Die kameelperd se bloed het feitlik dieselfde samestelling en vloeibaarheid as dié van die ander soogdiere. Hul bloeddruk is egter geweldig hoog en wissel op verskillende plekke in die liggaam. Die bloeddruk in die bene is byvoorbeeld veel hoër as in die nek. Om te verhoed dat die kameel se slagare bars, is die aarwande in die bene verdik en veerkragtig. Die dik, stywe vel rondom die bene voorkom ook bloedklonte en spatare.

"Die respiratoriese stelsel van die kameelperd is ook merkwaardig by sy lengte aangepas. Die 1,5 meter-lange trachea (lugpyp) veroorsaak 'n "dooie spasie" in die lugpyp omdat alle lug nie uitgeasem word nie. Die mens en die kameelperd gebruik normaalweg een tiende tot een twaalfde van sy longkapasiteit vir genoegsame respirasie. Die kameelperd haal egter dieper asem om die dooie spasie van koolsuurgasryke lug wat tydens uitaseming in die lugpyp agter bly, te verwerk. Ten spyte daarvan is sy bloed nie baie suurstofryk nie en word hy benoud as die lug dun is."

Baie mense beweer dat die kameelperd geen geluid voortbring nie, maar ek het een middag tydens 'n jagtog in die Sabieblok 'n kameelperdbul en -koei wat gestaan en slaap het verras. Ons het stadig in 'n oop Jeep gery en ek kon duidelik hoor hoe die kameelperdbul 'n duidelike en hoorbare proes gee, net soos 'n perd – miskien vandaar die naam kameelperd, want hy is nóg kameel nóg perd, net so iets tussenin.

Alhoewel die kameelperd nie 'n aggressiewe dier is nie, lei sy grootte daartoe dat hy in werklikheid net twee vyande het: die leeu en die mens. Sy vernaamste wapen is sy agterhoewe waarmee hy, volgens legendes, 'n leeu kan doodskop. Tog is die leeus in die algemeen die oorwinnaars in so 'n stryd. Wanneer gevaar dreig gebruik die kameelperd egter gewoonlik sy lang, atletiese bene om mee weg te hardloop, eerder as om te skop en baklei. Daar is vasgestel dat die kameelperd 'n topspoed van 55 kilometer per uur kan haal. 'n Verdere bate van die kameelperd is dat hy baie goed kan sien. Met sy kop so hoog bo die grond het hy boonop 'n uitstekende uitkykpos, wat hom in staat stel om betyds te begin hardloop as gevaar dreig. Hierdie bates het die kameelperd daartoe in staat gestel om tot in ons moderne tyd te oorleef.

'n Kameelperd draf of galop nie soos 'n perd nie. Wanneer hy hardloop beweeg hy sy twee linkerbene saam vorentoe en dan weer die twee regterbene. Dit word telgang genoem.

Die klein, stomp horinkies op die kameelperd se kop word in geen omstandighede gebruik om hom teen aanvallers te verdedig nie, maar speel tog 'n rol wanneer twee kampeelperdbulle uitstaan om te bepaal watter een die belangrikste onder die dames van die trop is.

Wanneer twee kameelperdbulle in so 'n argument betrokke raak, veg hulle soos ware here van ouds – byna soos 'n swaard- of pistoolgeveg wat volgens vaste reëls gevoer is. So 'n geveg verloop soos volg: Die twee aspirant-vryers gaan staan teenoor mekaar. Na 'n kort bespreking van die reëls, laat sak die een sy kop en tref dan sy mededinger met 'n sweepslagaksie teen die sy, maag of ribbes. Daarna staan hy ewe ordentlik en wag vir sy teenstander om hom op soortgelyke wyse te

kasty. So hou die geveg aan – een vir jou en een vir my – tot een (wind-uit) bes
gee. Hulle skop, snaaks genoeg, nie na mekaar nie.

Die draagtyd van 'n kameelperdkoei is 14 tot 15 maande en sy bring net een
kalfie in die lewe en skenk geboorte in 'n staande posisie. By geboorte tuimel die
kalfie sowat 2 meter na benede. Tydens die val beland die kalfie nooit op sy kop
nie, maar draai altyd sydelings en val op sy rug. Indien 'n kameelperdkalfie op sy
kop sou val, sou hy heel waarskynlik sy nek breek, want 'n pasgebore kameel-
perdkalfie weeg nagenoeg sestig kilogram. Wat nog meer verstommend is, is dat
die kalfie direk na geboorte opstaan en agter sy moeder aanloop.

Gedurende 1952 is 'n aantal Boesmans uit Suidwes genooi om aan die Jan
van Riebeeck-gedenkskou in die Kaap deel te neem. Hulle is per trein vanaf
Windhoek na Kaapstad vervoer. Iewers het hulle verby 'n trop kameelperde
gestoom. Ek verstaan dat die chaperons hul hande vol gehad het, want die
Boesmans wou met alle geweld net daar van die trein af spring om 'n kameelperd
te skiet met die pyle en boë wat hulle byderhand gehad het.

'n Boesman sal baie vêr loop en lag-lag 'n makietie in die Kaap misloop ter
wille van 'n paar kieste vol kameelperdmurg. In daardie lang bene van die
kameelperd, so het die manne wat weet my jare lank vertel, is die lekkerste murg
wat enige diersoort maar kan bied. Kameelperdmurg is boonop in 'n klas van sy
eie in die opsig dat dit nie galsterig is soos ander diere se murg nie. Dit beteken
dat 'n man hom trommeldik aan die murg kan eet sonder die geringste nagevolge.

Eers laat in my jagterslewe het ek die geleentheid gekry om die paslikheid
van lofsange oor kameelperdmurg eerstehands te toets. Ons was uitgenooi om 'n
rooibok of twee, bosvarke en vlakvarke te skiet.

Die plaas was aan die Limpopo in die Sabieblok in die Verre Noord-Transvaal
geleë en die veld was droog, maar ruig. Die derde aand teen sononder het ons
moeg en moedeloos, met leë hande en seer voete, die kamp binnegestrompel. Die
wildspore was daar, die mis was daar... maar geen diere voor nie en niks het voor
die loop van een van ons gewere verskyn nie.

Ek het later verneem dat ander, ongewenste, elemente die onbewoonde plaas
dikwels besoek het en daarom was die wild eerstens uitgedun en tweedens wild
in die ware sin van die woord. Ek het geweet hoe katvoet wild kan wees as daar
gereeld op hulle geskiet word...

Daardie derde aand was my moed na aan boomskraap toe daar 'n sprankie
van hoop uit 'n onverwagte rigting opflikker. Willem, wat besig was om 'n hut op
te slaan en sedert ons aankoms nog nie aan die jag deelgeneem het nie, het my
eenkant geroep en gesê hy sou my wys waar die kameelperde loop.

Die oorspronklike idee was dat my gasheer die kameelperd sou skiet, maar
hy was so moedeloos gesoek dat hy die vorige oggend reeds gesê het dat enigeen
wat 'n kameelperd te siene kry, hom maar moes klits, want die tyd om te vertrek
het nader gekom.

Vroeg die volgende oggend is ek saam met Willem die veld in om 'n onvergeet-
like ervaring te beleef. Daardie dag het ek gevind dat 'n kameelperd nie noodwen-
dig so 'n maklike prooi is as wat 'n mens soms wil dink nie.

Dit was uiters ruie bos- en koppiewêreld. Die jakkalsbessie-, kameeldoring- en maroelabome het soos reuse bo die ander ruigtes uitgetroon en die jagter se uitsig erg in die wiele gery. Die beste raad was om eerder die oë op die grond te hou en so het ons die ou groot kameelperdbul se spore in die droë loop gevind.

Hy was 'n uitgeslape kalant. Elke keer as ons te na aan hom gekom het na sy sin, het hy eenvoudig net weggebreek en my in die ruie bosse en harde klipwêreld so mislei dat ek sy spoor verloor het. Vir hierdie kameelperd moes ek baie hard werk, en eers die volgende môre kon ek hom tussen die hoë bome verras en plattrek.

Die knewel het niks minder as 'n ton geweeg nie en was die eerste en enigste kameelperd wat ek in my lewe geskiet het.

Dit was 'n genoegdoening om die lang kameelperdbiltonge te sny, maar die kroon op die storie was die murg, wat ek stadig en behaaglik met 'n teelepel uit die bene geëet het. Terwyl ek die feesmaal geniet het, het my gedagtes knaend gedwaal na die Boesmans se groot lus vir die lekkerny en het ek gewonder of ek nie dalk ook, nou dat ek die smaak gekry het, van die trein af sou wou spring nie!

Die kameelperd is 'n vreedsame dier in wie se gemoed geen vyandigheid is nie.

Jare gelede het ek en 'n klompie kollegas van Outjo tot in die Etoshapanne op die spoor van agt gewapende ontsnapte bandiete gestap. Dit het later op 'n skietery in die Etoshapanne uitgeloop, maar dis 'n ander storie.

Tydens die operasie het ek en sersant Lerm, wat altyd die voorhoede gevorm het, op 'n pasgebore kameelperdkalfie afgekom. Sy ma, wat oor geen natuurlike verdediging beskik soos die leeu met sy krag en naels en die gemsbok met sy vlymskerpe horings nie, het stadig in 'n westelike rigting weggedraf in 'n poging om ons te mislei.

Ons het die kalfie gesien en nader gestap. Hy het langs 'n soetdoringboom gestaan. Hy was nog so swak dat hy met sy voor- en agterknieë teen mekaar gedruk het om staande te bly. Hy het tydens die proses geen vreesgeluid gemaak of probeer uiter nie – dapper het die klein knapie daar gestaan.

Die son het in die westerkim gehang soos 'n rooi hoogoond wat op ons gefokus was. Ons was voetseer, honger en ons tonge was in ons monde geswel as gevolg van die hitte en water tekort, want ons het alreeds met dagbreek die oggend die spoor gevat.

Nadat ons met die kalfie gespeel en hom bekyk het, het ons die spoor van die booswigte verder gevolg.

Die kameelperd se ma en pa het so 800 meter verder nog doodstil gestaan en ons het gewonder wat gaan in die gemoed van so 'n pragdier aan wat sy kind nie teen een van sy grootste vyande, die mens, kan verdedig nie.

Laat dieselfde dag, toe dit so vuilskemer in die weste begin raak, het ons 'n graatjie-paadjie – seker 'n wildspoor – gevolg en dit was nie lank nie toe hoor ons die gedoef-doef-doef van 'n Lister dieselenjin. Dit het soos musiek in ons ore geklink, want in daardie deel van Suidwes beteken 'n Lister water!

Ons het sommer so met klere en al in die dam geklim-val en met net ons koppe bo die water, gedrink en gedrink aan die brakwater wat soos nektar gesmaak het. Op dié stadium het die bloedige son met 'n hyg in die weste verdwyn.

Laat die nag, toe ons reeds stil geraak het, met elkeen se kop op 'n kalkklip vir 'n kussing, het die ander manne met die polisiebakkie vol voorraad opgedaag. My laaste gedagte voor ek aan die slaap geraak het, was aan die klein kameelperdkalfie. Sal hy elke keer so gelukkig wees om sy ontmoetings met mense te oorleef?

Veel later, teen die begin van die sestigerjare, het ek 'n onvergeetlike ondervinding met 'n kameelperd gehad.

Die terroriste-aanslag het pas begin en ek was een van die eerste polisiemanne wat na Owamboland gestuur is.

Later het ds. Mostert, die polisiekapelaan in Suidwes, my een middag gevra of ek hom wou vergesel na die Wes-Caprivi, waar hy die grensbasisse so vêr as Bwabata wou besoek.

Ek was nie net sy amptelike bestuurder nie, maar moes inderwaarheid as sy lyfwag optree.

Ons het die oosgrens, wat nog betreklik onbekend was, gevolg. Die oosgrens was niemandsland wat nie net as 'n buffer tussen Botswana, toe nog Betsjoeanaland, en die Wes-Caprivi gedien het nie, maar ook as reserweweiveld vir die boere uitgehou is.

Dit was amper winter toe ek die Ford se neus in die niemandsland se lang, droë gras druk met die Aha-berge vêr op die horison. Hier is die wêreld plat en 'n mens kan so 'n week in jou toekoms inkyk.

Die swarthaak, kanniedood en wag-'n-bietjiedoringbome voer hier heerskappy en die statige, bekende kameeldoringboom se teenwoordigheid laat ons besef dat hierdie wêreld 'n harde, ongenaakbare gebied is wat geen genade vra en geen genade betoon nie.

Teen die tweede dag ry ons nog doodluiters deur die geel-droë soetgras toe rookwalms ons ewe skielik omhul. My maag keer onsmaaklik om soos 'n kruiwa vullis wat weggegooi word.

Dis mos ons Ford wat so rook! En rook beteken brand! Ek rook nie, dominee Mostert rook nie – waar kom die rook dan vandaan?

Ek sien die dominee se oë tol wit in hul kaste om en ek het self seker nie na 'n olieverfskildery gelyk nie.

"Petrol!" kom dit soos uit een keel.

Ek skop rem en 'n onheilspellende rookwalm dans sy dodedans om en in die polisievoertuig.

Ons spring soos een man uit die voertuig en terwyl ek na agter draf, maal die volgende feite deur my brein en ek glo deur ds Mostert s'n ook:

> ➢ Dis die polisie-Ford wat brand!
> ➢ Daar is 380 liter petrol in die twee tenks!
> ➢ Ons is nagenoeg 200 kilometer van die beskawing af!

> Ons het geen radioverbinding nie!

In een oogopslag som ek ons gevaar op: Die spaarwiel, wat agter by die uit-laatpyp sit, het vol droë gras gepak en dié is deur die hitte van die uitlaatpyp aan die brand gesteek.

Toe ek agter om die Ford draf, slaan die vlamme reeds onder die voertuig uit!

Ek pak die vlammende gras met my kaal hande en pluk hande vol daarvan uit. Ds. Mostert bewys dat hy nie net 'n man van woorde is nie en kom sit flink hand by. In 'n ommesientjie is ons altwee pikswart van die roet.

Die poging lyk tevergeefs en 'n naar gevoel pak my beet toe ds. Mostert skielik sy pogings met angs op sy gesig laat vaar. Ek sien hoe hy in die voertuig se bak skarrel, maar ek steur my nie daaraan nie.

Ek bestorm die vuur weer met my kaal hande en vryf en slaan die vlamme, maar tevergeefs – die vuur wen!

Dan staan ds. Mostert langs my met 'n 25 liter waterkan in sy hande. Ek gryp die kan in 'n wanhoopspoging, want die spaarwiel is nou ook aan die brand en dis 'n kwessie van sekondes dan is die vlamme by die 380 liter petrol!

My arms werk soos 'n suier – vorentoe en agtertoe – en die water stroom asof dit uit 'n brandweer se pyp gepomp word.

Skielik is die vuur geblus. Die spaarwiel gloei rooi en sis van die water.

Ek gaan sit op my hurke, pikswart en nerf-af gebrand. Ds. Mostert lyk glad nie beter nie. Ek sou hom maklik as 'n lid van die Kaapse Klopse aangesien het – net die ronde hoedjie ontbreek.

Ons sit en grynslag vir mekaar – dit was deksels amper!

Later die middag, vêr van die brandtoneel af, hou ds. Mostert stil. "Jy kan 'n vuur goed blus, maar kan jy 'n wapen hanteer? Ek meen, jy is mos my lyfwag ook."

'n Groot muurshoop[18] staan 25 meter van ons af met sy punt, soos alle muurshope, noord gedraai. Hy lyk soos Klaasvakie se spits mus. 'n Voël het bo teen die tuit 'n wit blerts, wat soos 'n oog lyk, gelos.

Ek haal die ou stengeweer onder die Ford se kussing uit, laai die wapen, lê aan en toe die skoot klap, waai Klaasvakie se wit oog.

Tevrede ry ons die onbekende wêreld – my wêreld – binne.

Die Aha-berge is inderdaad net 'n paar lae klipbulte en alles behalwe berge.

Ons gaan die droë Eisebrivier se bedding binne. Dis 'n droë loop wat net in goeie reënjare vanaf Botswana afkom.

Daar is konglomeraat van rotsformasies, groen lowerryke gras, palmiet, riete en oral oop gorras (gate water).

---

[18] *Alle miershope se bo-punte is altyd noord gerig. Iets wat die wetenskaplikes nou nog in die bed sit!*

Die wild hier is volop en ons kry koedoes, volstruise, springbokke, steenbok-kies, rietbokke en duikers. Daardie aand skiet ek 'n rietbok vir die pot met my nuwe Norma .308.

Die nag hoor ons die naguil roep en die jakkals huil en laatnag brul die leeu dat die aarde dreun.

Vroeg die volgende môre sug die Ford se enjin, want dis helwarm, en ons ry al met 'n ou Herero-paadjie noordoos – grens toe.

Dis so droog dat die poeierstof 'n soliede 180 grade boog weerskante van die polisiebakkie vorm, weer in die grond plons en so 'n geweldige stofwolk veroor-saak dat die son uitgedoof word.

Langs die Eisebrivierbedding staan ruie bosse. Dis soetdoringbome, witgat, rosyntjiebos, perdepisbos of Arub soos die Boesman hom noem. Die rosyntjies van die rosyntjiebos maak rooiwang en vyf pragtige bastergemsbokke draf moddervet skuins weg van ons. Die oppervlakte waar daar water moet wees, is spierwit van die sout-alkalieë en lyk kompleet soos kapok.

Meteens ontvou 'n nagmerrie-drama hom hier vlak voor ons oë. 'n Groot, uit-gegroeide kameelperdbul bars regs voor ons tussen die ruie doringbome uit. Die dier skop kluite met sy kloue uit die klam rivierbedding en sy soepel spiere is tot die uiterste mag ingespan.

Ons het nie eens kans om tot verhaal te kom nie, toe twee perderuiters kort op die hakke van die vlugtende kameelperd uitbars. Die twee swart mans lê laag op hul perde en spoor die diere aan tot 'n dolle gejaag.

Toe ek weer na die kameelperdbul kyk, sien ek drie spiese in sy boude. Die boude is rooi van die bloed tot by sy hakskene.

"Maar dis mos onwettige jagters!" kry ds. Mostert dit eindelik ontsteld uit.

Ek trap die Ford se vet plat, maar die twee ruiters het ons gesien en begin onmiddellik wegswenk, terug soos hulle gekom het. Die afgematte kameelperd draf kruppel-kruppel stadiger en gaan wydsbeen staan.

Die ruiters verdwyn in die ruie bos waar geen voertuig hulle ooit sal kan volg nie en ek hou stil. Stof omring ons soos 'n rookwolk.

Die verwonde kameelperd is nou ons verantwoordelikheid. Sal ons hom skiet om hom uit sy ellende te verlos? Ek neem my .308 Norma, maar is nie in staat om die pragdier te skiet nie.

Ons ry stadig verder en kamp te midde van die geweldige hitte in die koue rivierbedding met nat groen gras.

Die nag slaap ons onrustig en die bebloede kameelperd hou my uit die slaap.

Vroegoggend is ek op en was net besig om 'n koppie stomende koffie te ver-troetel, toe ek die onmiskenbare geklingel van 'n perdetoom hoor. Ek sit die beker stadig neer en voel-voel met my regterhand na my geweer terwyl my oë die ruie bosse fynkam.

Die geluide word harder, hier 20 treë regs van ons. Ek sien ds. Mostert sit ook gespanne en kyk. Ek gryp my geweer en draf onder dekking van die bosse in die rigting waar ek verwag dat die ruiters enige oomblik te voorskyn kan kom.

Ek draf om 'n ruie bos. Die twee ruiters skrik net so groot soos hulle perde en steek vierspoor vas. Dis so wrintie die kameelperddiewe!

Ek beveel hulle om af te klim. Elkeen is gewapen met twee langsteelspiese en verskeie messe. Terwyl ek met die geweer agter loop, lei hulle hul perde tot by ons kamp.

Ek en ds. Mostert hou kajuitraad. Ons kan een van twee dinge doen. Die eerste is om die twee wilddiewe te arresteer en terug te neem Windhoek toe vir verhoor – die ander is om self hof te hou in die bos!

Ons besluit saam op laasgenoemde. Ek is die regter en die aanklaer en vind hulle skuldig aan onwettige jag van een kameelperd. Die vonnis is soos volg: Hulle wapens word gekonfiskeer en vernietig, maar hulle perde word teruggegee en hulle word beveel om na die land van hulle herkoms terug te keer. Hulle is nagenoeg 200 kilometer van Rundu af en dis leeuwêreld. Miskien kry hulle langs die pad kans om oor hulle sondes te dink.

Twee dae later bereik ons Bagani en besoek die Bwabata.

Die aand lê ek in 'n spierwit bad wat net 'n polisieman in die bos kan optower. Die water is louwarm en ek baai my roetbesmeerde liggaam en vertroetel my brandwonde.

Dis terroristewêreld en van die Portugese soldate het by ons aangesluit. Die manne sit lekker om 'n kampvuur en gesels. Hulle houding is oënskynlik gemaklik, maar hulle praat in 'n gedempte toon ek sien dan dié een en dan daardie een kort-kort na die bosse loer.

Later vat ds. Mostert boeke. Ek lê nog steeds in die bad en hoor hoe sy sterk stem 'n boodskap van vertroosting aan ons bring:

"Die Here is my Herder;
niks sal my ontbreek nie.
Hy laat my neerlê in groen weivelde;
na waters waar rus is, lei Hy my heen.
Hy verkwik my siel;
Hy lei my in die spore van geregtigheid,
om sy Naam ontwil."

Nog later hoor ek hom bid; vir hulle... vir my... vir ons en ons land, en hy sê: "Kyk, die Bewaarder van Israel sluimer of slaap nie."

Ek sluimer in en vergeet van die wrede werklikheid wat ons op ons grense bedreig.

23. GEWERE

Elke jongman wil, aan die begin van sy jagterslewe, 'n goeie geweer hê. Dit was met my ook die geval en dat gewere 'n belangrike rol in my lewe sou speel was 'n uitgemaakte saak.

Sedert die eerste uitvinding van die geweer het gewere 'n rewolusionêre verandering ondergaan. Eers was daar die agterlaaier, toe die voorlaaier en later het die .22 reeks tot die .303 gevolg. Baie kenners sê onomwonde dat die .303 Afrika mak gemaak het.

Die geweer het ontwikkel uit die kanon, wat reeds in 1326 in die manuskrip van Walter de Milemete beskryf is. Die eerste "handkanon" of direkte voorloper van die geweer, was al in 1469 bekend en is in die Burney-manuskrip wat in die Universiteitsbiblioteek van Oxford te sien is, afgebeeld. Daar bestaan 'n ongeskonde voorbeeld van 'n handkanonnetjie, die sogenaamde Tannenberger Büchse, uit die jaar 1399, in Duitsland.

Teen die einde van die 15de eeu het die latere serpentyn-meganisme van die lontgeweer tot die egte lontslot ontwikkel en was die tipiese vorm van die kleingeweer reeds ou nuus. Teen 1475 het die serpentyn tot 'n veerslot ontwikkel.

Ek het êrens in 'n boek gelees dat die geweer deur Pauly, 'n Switser, in 1808 uitgevind is. Jacob de Gheijn het reeds in 1607 'n boek oor gewere geskryf, wat die stelling dat die geweer eers in 1808 uitgevind is, effens verspot maak. De Gheijn se boek beskryf verbeterings aan die Nederlandse musket en roer van 1599!

As dit waar is dat die geweer eers in 1808 uitgevind is, moes die skilder, Rembrandt, 'n baie ryk verbeelding en akkurate toekomsvisie gehad het om reeds in die 17de eeu gewere in sy bekende *Die Nagwag* te skilder!

Die Spaanse musket is gedurende die Tagtigjarige Oorlog (wat in 1648 geëindig het!) gebruik – 200 jaar voordat die geweer volgens die outeur uitgevind is!

Die radslot en die vuursteenslot is albei reeds in die 16de eeu uitgevind. Aan wat is hierdie slotte gebruik as die geweer eers in 1808 uitgevind is?

Papierpatrone is reeds in die 16de eeu gebruik. Waarin daar toe nog nie, volgens die outeur, gewere was nie?

Die Hollandse snaphaanslot is teen 1550 ontwikkel, die Spaanse vuursteen-slot teen 1600 en die Franse vuursteenslot teen 1615 – byna 200 jaar voordat daar, volgens die outeur, gewere was!

In 1807 was daar reeds doppieslotte (nippelgewere) wat volgens Forsyth se slagvuurstelsel gewerk het.

Met bovermelde en ander gewere wat daarna die lig gesien het, is oorloë geveg en kan menige jagstories agterna vertel word. Dus, as ek van gewere en wapens praat, maak ek by uitstek melding van jaggewere, want dit is die tema van hierdie verhaal en die boek.

Die eerste geweertjie wat ek in my lewe besit het, was 'n .22 Remington wat ek, soos van die meeste van my ander gewere, by die bekende geweerhandelaar, Rosenthal, in Windhoek gekoop het. By hierdie einste handelaar het ek later my 9mm Mauser en toe my .308 Magnum-geweer aangekoop. Dit was my eerste tree in die jagveld met die Magnum-reeks – 'n besluit wat ek altyd sal onthou want dit het my as grootwildjagter uitgemaak en talle mooi en onvergeetlike oomblikke in die jagveld laat beleef.

Die Magnum-geweer het my vêr in die jagvelde van Suider-Afrika geneem en plekke soos Zimbabwe, Botswana, die Caprivi-Zipfel, die Kalahari-woestyn en die Namib-woestyn ken my spore.

Daar word in die "classics" gesê: "Wanneer 'n man met 'n Magnum-geweer agter die Vyf Grotes aangestap het, dan is hy besig met die dinge van 'n man en het hy die dinge van 'n seun afgelê."

Dit is net jammer die geleenthede word al hoe skraler en veral duurder, wat dit vir die gewone Boerseun uiters moeilik maak om by te kom. Dit is seker ook die rede waarom al hoe minder Boerseuns werklik in jag en die dinge van die natuur belangstel. Dit is hier waar die onkunde aangaande vuurwapens en die natuur sy kop uitsteek en 'n jammerlike werklikheid word.

Omdat ek lief is vir jag en omdat 'n geweer nog altyd vir my 'n bekoring inge-hou het, net soos 'n mooi vrou, het ek, soos ander gesoute jagters, die gewoonte ontwikkel om naamwoordelik en spesifiek na sekere gewere te verwys ongeag die kaliber, maar meer hoe ná die geweer aan die jagter se hart lê.

So, byvoorbeeld, besit ek 'n .22 Krico-geweertjie wat baie na aan my hart lê. Ek het dit, glo dit as u wil, vir 'n .222 geweertjie verruil waarmee ek net nie reg kon kom nie! Ek is tot vandag nie spyt dat ek die geweertjie aangeskaf het nie. Miskien was die kiem reeds daardie jare gebore dat ek die geweertjie vir my seun sou laat erf – alhoewel ek toe nog nie 'n seun gehad het nie.

Met die .22 Krico-geweertjie het ek talle wildsoorte in die pot laat beland. Ek het kwartels, fisante, tarentale, steenbokkies, duikers, meerkatte, voëls, rotte, springbokke en, les bes, 'n koedoebul daarmee geskiet.

Ek kan nog mooi onthou toe ek die koedoebul, met 'n horing wat net so die derde draai wou maak, langs die plaaspad betrap het. Hy het vir my geloer en ek het doodstil gestaan en hom net met die oog gemeet.

Ek wou nie eintlik so vêr gaan met die .22 kaliber nie. Hy is beslis nie ge-maak om groot wild mee te jag nie. Ek was die dag lus vir 'n gebraaide fisant in die swart pot met spek en botter, toe ek die koedoe raakloop. Ek het vyf Peters High Velocity patroontjies in die magasyn gehad.

Toe ek skielik op die koedoe afkom waar hy tussen die raasblaarbome skuiling gesoek het, het ek nie geweet ek sou 'n koedoe moet kom oplaai nie. Hy was so 40 meter van my af. Toe ons oë ontmoet steek ek vierspore vas en beweeg nie 'n ooglid nie, soos 'n ou jagter my geleer het.

Toe die koedoe omkyk waarheen hy kan vlug, lig ek in een beweging die .22 Krico aan my skouer en toe hy weer na my kyk, verskyn sy majestueuse kop in die klein Weaver-teleskopie. Terwyl hy roerloos stip na my kyk, sentreer ek die horisontale lyn van die teleskopie amper in lyn met die wit V voor sy kop en die vertikale lyn tussen sy oë – en ek knyp die sneller.

Die res is geskiedenis, want die aand braai ek koedoelewer in plaas van fisant in die pot, wat nie eintlik saakmaak nie, want albei is koningskos.

Ek was vroeg die volgende oggend op en die vleis was gou verwerk omdat dit middel Julie was en die vleis lekker styf en koud was, wat meegebring het dat dit gou en maklik bewerk kon word.

Later die oggend hoor ek die fisant koggel my nog steeds daar onder in die droë rivierloop en dit kriewel hier in my, want ek het nog nie van die fisant in die pot afstand gedoen nie.

Dit was asof dit 'n meganiese beweging was dat ek my .22 Krico-geweertjie weer opneem toe die fisant my vir die derde keer daar uit die riete skel. Ek herlaai die vyfskoot-magasyntjie en stap katvoet al met die wind op, daar na die riete waar ek die fisantmannetjie my hoor uitdaag het.

Toe ek uit die riete kom, sien ek net die twee fisante maak skoon na die oorkant van die droë rivierbedding. Die mannetjie verdwyn agter 'n sandwalletjie in, maar die wyfie steek op die walletjie vas om eers soos Lot se vrou 'n slag om te kyk. Ek lig die Krico teen my skouer. Daar was reeds 'n patroontjie in die kamer ingestoot en toe ek haar in die teleskopie kry, knyp ek die sneller.

Ek sien hoe die stof op haar knoppe uitslaan en sy bly lê. Ek herlaai vinnig, want ek weet die haantjie sal kom loer en so was dit ook. Hy lig sy kop stadig agter die wal uit en beloer die hennetjie wat op die wal bly lê het. Ek sien die rooi kringe duidelik om sy oë en ek rig die klein teleskopie op sy kop. Toe die skoot klap, bly lê hy net daar.

Ek stap deur die rivier na die oorkant – so 40 of 50 treë – en toe ek oor die hennetjie buk, sien ek dat die skoot op die knoppe deur is. Tevrede tel ek die hennetjie op en stap na die haantjie. Die skoot is onder sy oë, op die ore deur.

Ek vryf die kolf van die Krico-geweertjie tevrede. Dit was my eerste lieflingsgeweer.

Ek was in die Oos-Caprivi op Katima Mulilo gestasioneer, toe het ek vir my 'n 1942 Duitse 7,9mm Mauser aangeskaf. Die geweer het direk uit die laaste wêreldoorlog gedateer en die Duitse vlag, arende en selfs die swastika is nou nog op die geweer gegraveer.

Ek was ook gelukkig om van die oorspronklike Duitse uitreikings-patrone te bekom. Die patrone se projektiel was genikkel en in die middel was dit voorsien van 'n stuk wolframstaal, wat die Duitsers in staat gestel het om 'n pantserkar se staalwand te penetreer. Ek het vandag nog 'n klompie van die gesogte patrone. Ek het al 'n paar skote met die geweer geskiet, maar was maar suinig met die spesiale patrone, want die loop was ook nog in 'n besonderse goeie toestand vir so 'n ou geweer.

Een slag, tydens 'n jagtog in Zambië, het ek in 'n droë molapo opgestap gekom toe my spoorsnyer skielik asof versteen vassteek en met sy wit oë daar voor hom en met sagte mompelgeluide beduie. Ek het nie veel notisie van hom geneem nie, want ek en hy het gelyktydig die reuse bastergemsbok gewaar.

In dié deel van Afrika word die bastergemsbok net so groot soos die reuse swartwitpens en is 'n uiters rare, maar 'n gesogte trofee vir jagters.

Ek het reeds 'n patroon in die kamer gehad en toe ek die Mauser teen my skouer druk, toe druk ek ook die grendel af en die knewel, wat nie verder as 75 meter van my af is nie, verskyn hier voor my visier. Ek haal diep asem, want veel tyd is daar nie – die bok se hele houding sê hy wil vlug – en ek trek die sneller.

Die pantserkoeël tref die bastergemsbok in sy kuiltjie en hy slaan in 'n stofwolk neer sonder 'n skop.

Terwyl die spoorsnyer die bok oopsny sodat ons vars lewer op die kole kan braai, gaan sit ek in die naaste boom se skaduwee.

Ek vat die Mauser en bekyk hom weer van nuuts af. Ek sien die merke op sy loop en kolf. Ek sien party plekke op die loop is blink geskuur en ek wonder waar die geweer sy eerste blaf gegee het en hoeveel mense deur hom gedood is.

Ek vat sy kolf stewig vas en staan daar voor tussen die bome op 'n miershoop. Ek druk die kolf met deernis teen my wang en ek weet ek sit met my bosgeweer in my hande.

Voor my vertrek na die Caprivi, het ek vir my 'n Duitse .308 geweer by Rosenthal gekoop en daarmee my era as grootwildjagter met die magnum-kaliber tegemoet gestap. Baie wild het voor die geweer geval, onder meer springbokke, koedoes, vlakvarke, rooibokke, lechwes, gemsbokke, tsetsebe's, krokodille en drie buffels.

Die middag toe ek die eerste van die Grotes die stryd aangesê het, het ek 'n beroepsjagter in die veld raakgeloop, wat ook agter die Nyati (buffel) aan was. Soos dit maar in die tropiese gebiede gaan, word dit nooit juis winter daar nie – dis net in die oggende koud en dan weer laat namiddag. Ons was albei moeg gestap en duidelik versteurd omdat ons paaie juis nou moes kruis, terwyl die verwagtinge op 'n buffel gesentreer was.

Nadat ons gegroet en die kele natgemaak het, het ons oor buffeljag gesels en toe later oor gewere. Toe die man sien ek jag buffel met 'n .308 Magnum, was hy sigbaar geïrriteerd en onthuts. Hy het geen geheim daarvan gemaak nie en my laat verstaan dat ek moet omdraai of gedood sal word.

Ek het die middag geen buffel gesien nie en moes met leë hande huis toe ry. Ek was nie tevrede nie – wie is hy om my geweer af te kraak? Tog het 'n rooi liggie vir my begin flikker en ek het besef dat die 170 grein plastiekpuntprojektiel te lig was om 'n gekweste buffel te stuit.

Om 'n lang storie kort te maak het ek die .308 Magnum-patroon laat herlaai met 'n 200 grein soliede projektiel, my geweer mooi skoon gemaak, gebêre en vir die volgende geleentheid gewag.

In dié wêreld, waar jaggeleenthede relatief gunstig was, was dit nie lank nie of ek en 'n vriend van my, Piet, en ons spoorsnyer was weer op die spoor van 'n buffel.

Na 'n dag se spoorsny tref ons die buffels aan in 'n oop pan tussen 'n klompie mopaniebome. Ek bekruip die buffels en die leier van die trop, 'n groot koei, beloer my met 'n byl in die oog.

Ek lê aan met die Duitse .308 Magnum-geweer van Rosenthal en toe die buffel hier in die Zeis-Ikon-teleskoop verskyn – wag ek terwyl ek na asem snak. Ek druk die kolletjie van die teleskoop op die nek teen die skagbeen agter haar oor en trek die sneller. Die buffel slaan stofbelaai neer terwyl pandemonium onder die twintig ander buffels ontstaan. Hulle maal sinneloos en hardloop al in die rondte tot een seker ons reuk gekry het en toe verdwyn die kolossale diere soos skimme in die bosse.

Die aand laat sit ons om die vuur en braai buffelbiefstuk. Ek vat die .308 Magnum en maak sy loop netjies skoon – eers met die nylonborsel toe met 'n 2x4 lappie. Toe die staal wit blink, sit ek Ballistol-olie, wat ek ook by Rosenthal gekoop het, aan en maak my hartsgeweer stadig maar seker skoon. Stadig en met respek maak ek hom skoon, want ek geniet elke oomblik daarvan om saam met my hartsgeweer in die veld te mag wees.

Gedurende die tyd het ek ook 'n .308 Männlicher Steyr Puch met 'n kartelloop by Piet gekoop. Dit is 'n pragtige geweer met 'n dennehoutkolf en 'n afhaalbare 1 x 10 Buschnell-teleskoop. Met hierdie einste geweer het ek talle wildsoorte geskiet, waarvan die grootste 'n koedoe was. Ek sou nie graag groter wild met hom wou skiet nie. Met die einste geweer het ek al 'n hele paar groot lechweramme geskiet. Dié bok kom nie in die Republiek voor nie, maar is 'n soort waterbok in die waterwêreld van die Caprivi. Sy vleis is nie gesog nie, aangesien dit waterig smaak soos 'n waterbok s'n.

Omdat die Männlicher as die prins onder die jaggewere gereken word en hy relatief lig is en nie so swaar soos die .458, .375 en my .308 Magnum nie, het dit by my tweede gewoonte geword om met hom te jag.

Die geweer het 'n lang en vêr pad saam met my in die jagveld gestap en met so 'n sterk teleskoop kan 'n man eintlik nie mis skiet nie, vandaar die talle wildsoorte en sukses wat ek met die geweertjie behaal het. Omdat ek reeds in die aandskemering van my jagtersloopbaan beweeg en die oog nie meer so goed is nie, kom die 1 X 10 Buschnell-teleskoop handig te pas.

Daar is al lang debatte gevoer oor die wenslikheid van die gebruik van 'n teleskoop. Sommige, veral jonger jagters van wie die oë nog goed en die kyk nog skerp is, maak die stelling dat dit onsportief is om 'n bok of wat ook al met 'n teleskoop te skiet en sê dan 'n bok het 'n sportiewe kans as daar met 'n oop visier op hom jag gemaak word.

Ek het as jong jagter ook die siening gehuldig. Destyds het ek talle bokke 'n sportiewe kans gegee en was lief om 'n bok in die hardloop te skiet, maar hoe ouer hoe wyser in die jagveld. Ek sal dit byvoorbeeld vandag nooit eens oorweeg om 'n bok te skiet wat begin hardloop nie. Ek sal die bok liewer los en wag op 'n beter geleentheid, want van die jagter wat beweer dat hy net kopskote skiet sonder om die vleis te beskadig het ek al baie gehoor en is die stories legio.

Die feit van die saak is dat ek al meer gekweste diere in die veld gesien het as wat ek werklik bedoelde kopskote gesien het. Daar maak ek die stelling, en ek weet ek is reg, dat dit veel beter is om 'n bok met 'n goeie teleskoop te jag as om 'n bok met 'n oop visier te skiet. Die jagter met die teleskoop kan immers sy teiken mooi kies en die bok skiet in die lyf waar hy wil.

24.　JAGTERSDISSE IS KONINGSKOS

Hierdie skrywe is vir die manne wat weet waarvan ek praat en vir die manne wat nog nie weet nie. Ek meen dis nie al die jagters wat van die heerlike verborge dinge tydens 'n jagtog weet nie. Sommige van hulle het wel al van die dinge gehoor, maar nog net daarvan gedroom en die jagters wat al die dinge gesmaak het sal saam met my stem dat as jy nog nie die verborge lekkernye self gemaak het nie, dan het jy nog nie gejag nie.

Hoeveel voornemende jagters het al in 'n geselskap om 'n kampvuurtjie gesit en van die dinge gehoor, en dan ewe vermakerig, om verleentheid en natuurlik nuuskierigheid te verberg, die kop geskud en beaam en selfs "ja" gesê as gevra word of hy al die en daai lekker jagtersgereg gemaak het?

Ek kan jou 'n brief gee dat 'n groot deel van die ja-broers nie die vaagste benul het waarvan daar gepraat word as 'n jagter sê dat hy vanaand 'n pofadder gaan braai nie. Inderdaad het ek al bygesit toe een jagter sê hy gaan 'n pofadder gaarmaak. Toe almal wat weet nog lippe aflek en saamstem, sê een ou ewe blekerig: "Julle manne kan maar die pofadder eet, ek sal vir my iets uit 'n blikkie warm maak."

Om alle wanvertroue en bygelowe uit die weg te ruim, gee ek graag 'n paar uitgesoekte, erkende, heerlike en "spesiale" jagtersdisse. Omdat geen twee jagters hulle potjiekos op dieselfde manier aanmekaarslaan nie, is daar sekerlik jagters wat van my resepte gaan verskil. Dit is natuurlik hulle goeie reg. Die feit van die saak is dat ek dit so in my jagtersloopbaan aangeleer het en van die resepte uit die koppe van ou, gesoute jagters gesmokkel het.

Die Pofadder

Dié bekende jagterslekkerny is al lank onder gesoute jagters bekend en as die ou kansie dit voordoen word hy sonder enige omslagtigheid gemaak. Die pofadder kan van enige vet boksoort se vetderm gemaak word. My gunsteling pofadder is een wat in die vetderm van 'n gemsbok gestop word, maar ek het al pofadder van omtrent alle soorte wildsbokke se vetderm gemaak en, natuurlik buite die jagseioen van 'n skaap se vetderm.

'n Pofadder word sommer sonder seremonie gemaak, daar in die veld. Wanneer die bok oopgesny word, haal jy vir jou 'n klompie lekker sagte niervet uit. Sny nou die vetderm by die ouseer en waar dit in die pens inloop af. Sny 'n stuk van so 50cm af en as daar nog vetderm oor is, sny dit in twee helftes.

Nou vir die skoonmakery. Dop die derm om en haal die inhoud uit. (Toemaar, dis net gras in 'n effens verwerkte vorm!) Was hom met growwe sout en louwater, dop hom weer om en was ook die buitekant. Dit behoort alle plantegeur te verwyder. Dit kan help om die vetderm, nadat dit skoon gewas is, weer met asyn- of suurlemoenwater af te spoel, maar gewoonlik is daar nie in die veld tyd vir sulke omslagtighede nie.

Knoop die een punt van die derm goed vas met 'n lyn, sit hom eenkant en begin met die stopsel.

Trek die niere se vliese af en sny die vloeistofkanale uit die niere. Sny die hart, lewer en niertjies in klein blokkies.

'n Pofadder smaak sommer spanne lekkerder as daar van die haas- of rugbiltongtjies (oumabiltong) in stukkies gesny en in 'n gelyke hoeveelheid by die hart-, lewer- en niertjiemengsel gevoeg word. Sny die niervet ook in klein deeltjies, doen dieselfde met so ses repe gerookte spek en voeg dit by die mengsel.

Sodra die werkie afgehandel is, voeg nou so 'n bietjie "woestersous" by om die smaak uit te bring en meng die hele spulletjie met sout, peper en 'n bietjie fyn koljander. (Sommige mense sit ook gekapte ui by.)

Sodra die mengsel behoorlik gemeng is, word die vetderm gestop – nie te styf nie – en dan word die ander end ook vasgebind.

Die pofadder kan op 'n rooster of in 'n pan gebraai word. Ek verkies natuurlik 'n pan, want as die pofadder breek of brand, is al daardie heerlike souse nie verlore nie.

Die groot geheim, natuurlik, is om die pofadder oor 'n stadige vuur of kole gaar te maak, want die vetderm is – hoe gaarder hoe pieperiger – en breek gou as dit oor 'n vinnige vuur mishandel word. Dit bederf seer sekerlik die plesier van 'n genoeglike aandjie om die kampvuur en 'n dis waarvan konings net kan droom.

Nou kyk, as 'n jagter nog nie 'n pofadder in die veld gemaak het nie, dan het hy nog nie gejag nie. Vir dié wat nog steeds wonder, die vermelde pofadder het die naam gekry omdat, nadat die vetderm klaar gestop is en aan beide kante vasgebind is, dit byna soos 'n pofadder lyk. Dis nou vanweë sy vorm dat die jagters die lekkerny die "pofadder" gedoop het. Manne, smaak dit nie lekker nie!

As 'n man haastig is om huiswaarts te keer, kan hy net die lewer gaarmaak of die pofadder aanslaan, maar as jy kampeer dan moet dit in styl gedoen word: daar moet so 'n bykossie gemaak word om reg aan die pofadder te laat geskied. Ek verkies natuurlik een van twee dinge: 'n potbroodjie van bruismeel of die ou staatmaker, pap.

Uiebrood

Bestanddele:
> 1 pakkie bruismeel (500g)

- ➤ 1 teelepel sout
- ➤ 1 pakkie bruin uiesop
- ➤ 1 ui
- ➤ 1 hoendereier
- ➤ 1 koppie dikmelk (gooi 'n lepel asyn of 'n bietjie suurlemoensap by 'n koppie melk en binne tien minute is dit dik)

Metode:
- ➤ Smeer 'n klein driepootpot (nr. 2) met botter.
- ➤ Rasper die ui of sny in klein stukkies.
- ➤ Meng al die bestanddele deeglik en sit dit in die gesmeerde pot.
- ➤ Sit die pot op die vuur en plaas 'n klompie kole op die deksel.
- ➤ As jy die brood in 'n pan in die oond sou bak, sou dit 1 uur teen 180 grade bak.

Poetoepap

Dan is daar natuurlik vir die Transvalers en Vrystaters (en die enkele bekeerde Kolonialers met ontwikkelde smaakorgane) die eeu-oue en beproefde poetoepap wat heerlik saam met die pofadder en orige niertjies en lewertjies afgaan. Die volgende mieliepapresep het ek by 'n ou, gesoute jagter in die veld geleer:

Bestanddele:
- ➤ 300g (2 koppies) mieliemeel
- ➤ 5 ml sout (1 vol teelepel)
- ➤ 375 ml water (1,5 koppie)
- ➤ 1 groot ui
- ➤ 1 knoffelhuisie
- ➤ 4 aartappels
- ➤ 100 ml (½ koppie sonneblomolie)
- ➤ 1 koppie room
- ➤ gerasperde kaas
- ➤ sout en peper na smaak
- ➤ 1 blikkie soetmielies
- ➤ 4 repies gerookte spek

Metode:
Maak die stywe pap op die gewone manier met kookwater en sout in 'n driepootpotjie. Skil en kap nou die ui en knoffel fyn. Verhit dan die helfte van die sonneblomolie en soteer die ui en knoffel daarin – daarvoor dra ek altyd my nr. 4 driepootpotjie saam. Skil en rasper die aartappels – grof – gooi dit ook in die nr. 4 driepootpotjie en roerbraai dit oor lae hitte tot dit gaar is. Gooi kort-kort van die oorblywende olie by. Wanneer die aartappelmengsel gaar is, word die mieliepap bygevoeg en deeglik gemeng. Kap gerookte spek en voeg by. Dit is altyd lekker as die pap met geurselsout (Aromat) en peper opgekikker word. Voeg blikkie soetmielies by. Verhit nou die pap tot dit goed warm is, voeg die room by en roer deeglik deur. Strooi die kaas bo-oor die pap en sit dit dadelik voor.

Ek belowe dat die pap saam met 'n pofadder behoorlik goed sal afgaan.

Gemsbok kwak

Gemsbokjag is nie sommer 'n gewone jag nie en 'n gemsbok is nie sommer 'n gewone bok nie. Benewens sy heerlike vleis en sy lekker vetderm waarvan uitstekende vermelde pofadder gemaak kan word, het dié bok ook nog 'n lekkerny wat geen ander bok het nie.

Onder die keel van 'n gemsbok sit daar 'n sagte beentjie wat as die kwak bekend staan. (Die woordeboek weet nog nie van hierdie beentjie nie en daaroor kan enige ware jagter bly wees, want dis meer vir ons!)

Die eet van die kwak het ek by die Namib-boere en Boesmans geleer. Daar is nie baie fieterjasies met die gaarmaak van die kwak nie. Hy word summier uitgesny, sout en peper toegedien en onder die kole toegekrap. Sodra dit gaar is word dit uitgehaal, die as afgeskud en met die knipmes geëet. Dit smaak kompleet soos die sagte gedeelte van 'n murgbeen en daar is geen harde bene in nie.

So, wanneer jy 'n gemsbok skiet, is my filosofie soos altyd: benut alles en moenie mors nie. Die jagter wat mors met vleis is in my oë 'n slagter en nie 'n ware jagter nie. En watter genotlike plesier gee die benutting van alle wild nie aan die jagter nie? Bovermelde lekkernye is 'n sprekende bewys hiervan.

Die skilpadjie

Die skilpadjie is nou weer 'n ander lekkerny waarvan nie veel jagters van bewus is nie en in plaas van om dit as 'n spesiale gereg uit te hou, word dit gewoonlik (uit onkunde) saam met die worsvleis opgesny.

Die skilpadjie is die kuitvleis van 'n bok. Om hom behoorlik te benut, moet die sterk sening waaraan die bok gewoonlik opgehang word, afgesny word en dan moet die skilpadjie teen die been afgeslag word. As dit uitgeslag is, lê die kuitvleis soos 'n skilpadjie in jou hand – vandaar die naam.

Bestanddele:
- 1 skilpadjie
- Gerookte spek
- Knoffel
- Sout
- Peper
- Room
- 2 koppies sjerrie
- Fyngemaalde koljander
- Aromat
- 2 Oxo-blokkies
- 2 eetlepels Bisto
- Sonneblomolie

Stop nou die skilpadjie behoorlik met die gerookte spek. Onthou dis wilds-vleis en dit is geneig om baie droog te wees. Plaas dit in 'n skottel en dien dan die speserye na smaak toe. Laat staan dan die skilpadjie vir twee dae in die mengsel. Keer dit twee maal per dag om sodat albei kante genoeg speserye trek.

Plaas nou die skilpadjie in 'n swart driepootpotjie saam met al die souse soos hierbo genoem. Moenie te warm vuur maak nie. Die toets om te weet of die skilpadjie gaar is, is om dit met 'n mes te steek. As daar nie meer rooi vloeistof uitkom nie en dit is sag (belangrik), dan is die skilpadjie gereed om geëet te word. Haal nou die skilpadjie met 'n vurk uit die swart potjie en verdik die sous in die potjie met die room. Sny die skilpadjie in skywe soos 'n brood en plaas die skywe weer terug in die swartpotjie met die verdikte roomsous.

Daar is verskeie bykosse wat goed saam met die skilpadjie afgaan. Gebruik maar die bykos waaroor jy beskik, want 'n man doen die dinge mos in die jagveld. As jy nou beplan, dan sou ek sê rys, potbrood of pap pas die beste saam met die skilpadjie.

Esau het sy eersgeboortereg vir 'n pot lensiesop aan Jakob afgestaan. Hy kan bly wees Jakob het nie 'n skilpaadjie byderhand gehad nie, want dan sou hy sekerlik ook sy huis en 'n paar bywywe moes afstaan.

Die jagtog waar die skilpadjie die meeste indruk op my gemaak het, is toe ek en Hampie in die Caprivi op Lupala-eiland gaan jag het. Daar het ek 8 groot basterwaterbokramme geskiet. Die basterwaterbok (Engels = lechwe) word in die watermoerasse in dié wêrelddeel gevind. Hier het ek werklik 'n gesoute skilpad-jiebraaier geword.

Dis hier waar ek verskeie eksotiese disse leer eet het. Hier het ek skilpadvleis by die Boesmans leer eet asook seekoei, krokodilstert en olifantsvleis en -biltong. Ek het ook leeuvleis geëet, maar niemand kon my ooit so vêr kry om padda-boutjies of slang te eet nie! Dis ook hier waar ek skilpadjie van swartwitpens en bastergemsbok gemaak het. Die heerlikheid van hierdie disse kan van enigeen 'n vraat maak!

Blindevinkies

Hier het jy natuurlik met 'n ander soort lekkerny te doen, wat elke jagter vol-gens sy eie smaak maak. Dit is waarom jag nou eintlik gaan, anders kan 'n man maar net na die naaste slaghuis gaan, die ekwiwalent van die snit waarvoor jy lus het, gaan aankoop en naastenby dieselfde dis aanslaan. Waaroor dit vir die jagter gaan, is die kans om die vrye natuurlug in te asem en in totale vrede na hartelus te bak en te brou.

Dit gaan om die dra en klik van die grendel van jou lieflinggeweer en die adrenalien wat vol verwagting in die are pols met die hoop om die bok wat daar voor in die bosse skuil, te uitoorlê. Dit draai daarom om vanaand, as jy moeg gestap is met jou trofee in die kamp te kom en met jou gunsteling-mes te slag. Dit draai daarom om te doen soos jy geleer het en soos jy wil.

Met genot sny jy die stukkies vleis wat jy van hou uit en hou dié stuk uit vir braai en dàài stuk vir potjiekos. Jy sny ook nie al die rugbiltonge biltong nie, maar hou die breë stuk hier net by die skof uit om in daai beproefde roomsous te vertroetel nadat dit so twee maal net skrikgemaak is op 'n baie warm plaat.

Dit gaan oor daardie twee heerlike, sagte rugbiltongtjies wat jy hier eenkant neffens jou in 'n plastieksakkie wegsteek om so alleen met jou vrou en kinders te gaan braai – daar agter in die erf by die braaiplek, wanneer jy niemand genooi het nie, so op 'n Dinsdagmiddag wanneer jy niemand verwag nie – dan smaak daai rugbiltongtjies vorentoe en dit smelt so weg in die kies.

Ag, die tevredenheid in die hart as jy langs jou trofee staan en jy slag die hart, lewer en niertjies wat soms so toe onder die niervet is en jy maak jou vuurtjie net daar en braai jou lewertjie en eet dat die sous so langs die mond afloop.

Aangesien die klem verskuif het na die manlike kok, (of sal ek die veer gebruik en hom die chef noem?), is dit geensins snaaks dat buitemuurse kosmakery die tradisie by ons Suid-Afrikaners geword het nie. Ons en die buitelug is mos onafskeidbaar. Kyk maar na die tientalle potjiekos-resepteboeke wat die afgelope tyd die lig gesien het en daar is dit duidelik dat die klem sterk val op pa wat Saterdag of Sondag buite by die braaiplek middagete aanmekaar slaan.

Wanneer ek die naweek afgevaardig word om die ou takie te verrig, is daar geen sprake van ander aktiwiteite en afsprake nie – dan is ek cognito iminicato. Dan word daar met oorgawe en genot gewerskaf en dit is 'n saak van erns.

Vir die manne wat nog nie by die potjie en braaiplek met sy roosters gestaan het nie, kan ek net sê: "Probeer is die beste geweer!" en vir die ongesonde kritici het ek 'n ander boodskap: "Honger is die beste kok!" En moenie bang wees nie, want 'n ander gesegde lui: "Tussen lip en beker lê 'n groot onsekerheid!"

So, niemand is volmaak nie, want selfs Feuerbach het gesê: "Elke mens is wat hy eet!"

25. KNIPMES FUNDI

Dit was toe Hennie ,alias "Uhuru", eendag by my kom met die versoek dat ons die toets tussen die Springbokke en die Franse Hane in Pretoria op Loftus Versfeld moet gaan kyk.

Ek was 'n polisieman en Uhuru was 'n bosboubeampte in die Caprivi te Katima Mulilo. Daar was die saadjie geplant wat gegroei het tot een van die onvergeetlikste ervarings en reise in my lewe. Eers moes ons by die skone geslag verby kom, dan moes ons 'n voertuig kry want van vliegtuie was daar geen sprake nie. Dit was net die gereelde militêre vlug wat Woensdae op en af gevlieg het en plekke was beperk.

Dit moes seker in Uhuru se agterkop reeds beplan gewees het om sy Volkswagen Kombi bussie tot ons beskikking te stel. Twee mans was nie genoeg nie, daarom moes daar meer manne gevind word om saam te gaan om die branstof kostes te dek. So gesê, so gedaan.

Die addisionele manne moes gevind word want dit is nie 'n gewone rit of toer nie, dis 'n rit van bykans tweeduisend kilometers en deur vier lande. Daar moes reëlings getref word vir die voertuig wat uiters betroubaar moet wees, toetskaartjies, paspoorte, petrolpermit, en 'n sak biltong asook 'n knipmes moes ook saam.

Na al die nodige reëlings gefinaliseer was, was dit 'n aardigheid om te aanskou. Ons groep het bestaan uit Uhuru, Faan, Albert, Johan en myself.

Ons voertuig was Uhuru se Volkswagen Kombi met 'n skriftelike toestemming van sy vrou. Al die finansiële reëlings was getref, die paspoorte en die toetskaartjies is verkry, die petrolpermit was verkry, die hotelakkommodasie was bespreek in Pretoria en toe was dit – weg wêreld – Pretoria hier kom ons.

Met die wegtrek het ons begin kaart speel, met 'n lang plank op ons knieë. Daar sou kort-kort net bestuurders geruil word sodat daar geen oponthoud sal wees nie, want die eerste aand se mikpunt was die Holiday Inn Hotel in Bulawayo.

Die middag ry ons moeg maar vol gees deur Bulawayo. Dis 'n pragtige stad en ek het nog elke keer belowe dat as daar wel eendag vrede in die land kom en ek lewe nog, ek my daar wil gaan vestig en aftree. Dis 'n pragtige tuindorp wat vooraf beplan is en daar is nie die geval wat mens by die meeste ou dorpe kry waar die inwoners eers rond en bont ingetrek het en toe later toe dit te laat was eers beplan het nie, of toe probeer beplan het nie.

Die manne is vaal en vol stof toe ons die Holiday Inn binne stap. Ek en Faan stap na die ontvangsdame om ons akkommodasie te bevestig. Sy is mooi en vriendelik en toe sy die pen opneem om ons name in die registers aan te dui, bly haar hand in die lug vassteek en ek sien haar gesig word so effe bleek en haar oë begin rek. Ek en Faan skrik ook vir die vrou se skielike metamorfose wat sy ondergaan.

Verskrik kyk ons om en dis toe dat ons sien wat die rede van die arme meisie se skrik is. In die deur van die luukse hotel staan Uhuru en ons maters, elkeen met 'n groot strooihoed met los punte om die rand op die kop, 'n ou verslete reënjas en kaalvoet.

Nou moet ek eers vir Uhuru beskryf anders sal die leser nie mooi verstaan nie. Hy is natuurlik, so glo ek, nie 'n onaantreklike mannetjie nie, daarom is hy getroud, maar ek het hom nog nooit sonder sy besondere weelderige baard en uiterse groot snor wat ineenvloei met mekaar gesien nie. Nou moet u uself voorstel hoe moet die wese vir die arme hotel ontvangsdame gelyk het wat heeldag net van die rykste en welgekleedste mense ontvang, want die Holiday Inn het seker nie bekendstelling vir sy luuksheid nodig nie.

Ek en Faan begin onderlangs vir die dame te glimlag oor haar absolute ver-slaendheid oor die skielike verskyning van die wese uit 'n ander wêreld. Ons staan nog so, toe stap Uhuru en ons gevolg die hotel binne en neem plaas in die lekker gemakstoele. Nog steeds staar die ontvangsdame die manne agterna en toe sê sy uiteindelik: "He comes far out of the bush", min het sy geweet hoe reg sy was.

Nadat ons kamers aangewys was, tot verbasing van die ander personeel, het ons onsself so 'n bietjie respektabel gemaak en die aand onder lekker gelag ons aandete geniet.

Vroeg die volgende oggend is ons weer oppad. Dit word later aand en die Volkswagen sing saam met ons die kilometers af, ons kry eers beeste op die pad en in my stilligheid wens ek ek was 'n beesboer in die deel van die wêreld, want mooier beeste het ek lanklaas gesien. Ek reken net skouvee en die osse wat ek by Japie Coetzee in Suidwes gesien het, is mooier.

Later die aand ry ons nog steeds want Rhodesië is 'n groot en pragtige land. Ons sit nog so en insluimer toe 'n pragtige groot luiperd skielik hier voor ons in die pad hom probeer klein maak deur plat op die teer te lê. Ek ry stadiger en gee die dier, een van die gevaarlikste grootwildsoorte in die wêreld, en een van die weiniges wat ek nog nie geskiet het nie, kans om uit die pad te kom. Ons gesels voort, want ons is nie hier om te jag nie, dit kom later. Ons is in terroriste-wêreld en waag eintlik baie om in die nag op die pad te reis, ten spyte van waarskuwings van die plaaslike veiligheidsmanne.

Ons kom die aand laat op die grens aan en moes noodgedwonge aan die Rhodesiese kant in die hotel slaap. Moeg en uitgeput val ons ons kamers binne en met die wete dat ons môre die Republiek en dan Pretoria sal haal, val ek in droomland. Dit was nog donker die volgende môre toe ek twee deure hoor oopgaan en ek lê maar en luister. Miskien is dit die personeel wat aan diens kom en dan is die koffie wat ons bestel het ook nie vêr nie. Ek lê en luister hoe twee persone in die gang af beweeg en toe skielik hoor ek 'n vrou se stem "sies", verskrik bring ek myself op my elmboog om beter te kan luister, want ek slaap selde met 'n toe deur en venster.

Niks gebeur verder nie, ek hoor net twee persone se voetstappe en hoor hoe 'n deur driftig toegeklap word. Later sou ek vasstel dat dit Uhuru was wat in sy onderbroek na die toilet gesoek het toe 'n vrou hom daar in die donker gang betrap het.

Ons bereik Pretoria verder met 'n spoed, ongedeerd en sonder die bekende pienk verkeerskaartjie.

Met 'n gejuig word ons in die lekker hotelkamers met lugreëling opgeneem. Dis iets hemels vir ons manne wat aan 'n oordosis hitte in die Caprivi gewoond is.

Uhuru haal die sak eland-biltong, waarvan ons al die pad nog net van gehoor het uit. Onkant betrap en sonder die Boerseuns se altyd teenwoordige knipmes besluit ons net daar en dan ons gaan elk vir ons 'n knipmes aankoop. So gesê, so gedaan. Die volgende môre is ons manne in die Kombi na 'n bekende handelaar in gewere en messe, hengelgerei en kampgeriewe. Alles waarna die Afrikanerseun se hart hunker, is daar te vind.

Toe ons die gebou binnestap is ons ses man in gelid en almal soek na knipmesse. Johan, wat oorspronklik die voorstel gemaak het dat ons elk vir ons 'n knipmes moet aanskaf, is heel voor.

Agter die toonbank is 'n jong klerk en ons stel ons behoefte aan hom. Ons wil elkeen 'n Duitse Puma-knipmes hê. Die klerk haal 'n Puma-mes onder die glasrak uit en sit dit trots op die toonbank neer. 'n Entjie verder staan 'n Noord-Transvaalse boer en sy skoonseun. Dié wil ook elkeen 'n knipmes koop en hulle sluit hul by ons aan.

Toe die klerk die mes vir Johan gee, knip hy die lem oop, beskou die mes aandagtig – ons is stilswyende toehoorders. Na die inspeksie skud Johan sy kop, plaas die mes in die klerk se hand terug en sê: "Dis nie 'n Puma-knipmes dié nie". Ek sien die klerk word bloedrooi in die gesig en hy beloer die mes.

"Hoe kan meneer so sê dat dit nie 'n Puma-mes dié is nie, die naam verskyn immers daarop!" deel die klerk hom in besigheidstrant mee en toe skielik is die klerk saaklik en nie meer vriendelik nie.

Johan steur hom nie aan die man se verleentheid nie en loer deur die toonbankglas waar allerlei soorte messe uitgestal is en wys met sy vinger na nog 'n Puma-mes. Ek staar nuuskierig oor Johan se skouer die episode en beloer.

Hier gaan vandag iets gebeur of ek gaan iets leer oor messe wat ek nog nie van geweet het nie. Al die ander manne staan nuuskierig nader. Die klerk haal die aangewese mes uit die glaskas en plaas dit saaklik op die toonbank neer.

"Toemaar vriend," troos Johan die man toe hy sy verleentheid en ergenis bespeur, "moet nie vir my kwaad word nie, ek sal jou vandag iets leer oor messe wat jy nie geweet het nie en wat jy voortaan met vrug kan gebruik". Hy haal die tweede Puma-mes uit die kassie en slaan die lem oop. Hy bestudeer weer die lem soos die vorige mes, kompleet soos 'n dokter wat nie seker is oor 'n pasiënt se siekte nie en nou 'n diagnose moet maak. "Ja," sê Johan, "die een is nou 'n Puma-mes, wat is die prys?" Die klerk staan toe eers uit die veld geslaan na ons en kyk.

Hy wat immers die messe moet verkoop en wat weet hoe 'n Puma knipmes moet lyk word nou hier in die gesig gevat en om alles te kroon beweer die astrante man dat die mes met die Puma handelsmerk op dan nie 'n Puma mes is nie – wat nou?

Johan verduidelik aan ons omstanders tot groot verleentheid van die klerk: "Elke Puma-mes wat gemaak word, word van 'n spesiale soort staal gemaak en nadat die mes gemaak is, word die lem tussen twee staalstawe geplaas en dan word daar met 'n diamant-deurslagyster en hamer 'n harde hou op die lem geslaan.

Breek die lem, dan het die staal nie aan die Puma vereiste voldoen nie. Breek die lem nie, dan maak die diamant net 'n klein ronde merkie op die lem van die Puma-mes. En dis na dié merkie waarna Johan die eerste keer gesoek het. Die eerste mes was glo 'n namaaksel van die Puma-mes en daarom het Johan gesê dat dit nie 'n Puma-knipmes is nie, omrede die diamantkolletjie nie op die lem verskyn het nie.

Na die verduideliking verander die klerk se gesig van saaklikheid na tegemoetkomende en verleë glimlag. Selfs nie een van ons omstanders het van die toets geweet nie. Ook die Noord-Transvaalse boer spreek sy verbasing uit. Net daar koop ons elkeen 'n egte Puma-sakmes en dit was 'n belewenis om te sien hoe die manne eers na die kolletjie op die lem soek voor die mes aangekoop word. Die klerk erken toe later rondborstig dat hy nie van die toets op die lem geweet het nie, maar nou sal hy voortaan aan die kliënte kan verduidelik hoe die lem van die Puma gemerk word. Doodtevrede stap ons die plek uit op pad na Loftus.

Daardie dag sien ek hoe die Springbokke die toets en die boksgeveg wen. Ek sien ook hoe twee toeskouers die meningsverskil oor rugby op die paviljoen uitveg.

Ons kerf heerlik aan die eland-biltong met ons nuwe Puma-sakmesse. Ons deel ook onder die ander toeskouers van die biltong uit, veral dié wat ons so sit en beloer soos 'n wildegans wat vêr weerlig sien en die biltonglus 'n kilometer uithang.

Die volgende oggend vat ons die langpad terug. Ons los mekaar agter die stuur van die Kombi af. Ons moet die Caprivi-Botswana beheerpos voor vieruur die volgende dag haal, anders laat hul ons nie deur die hekke nie en dit sal beteken dat ons terug sal moet ry na die Victoria Watervalle en dié lê kilometers van die beheerpos af.

Vol stof en moeg daag ons om 14:55 by die beheerpos op en Uhuru sê as die bande van die Kombi Katima Mulilo haal, koop hy weer so 'n stel. Ons haal Katima Mulilo sonder enige teëspoed.

26. KONING OF KARNIVOOR

Die lang geel stele van die olifantgras het soos kristaldrade geblink in die vroeë Caprivi winter-oggendson. Die groen kweekgras waarop ons die nag geslaap het, was net so deurmekaar soos my jagmaat se hare, toe ons die velle van ons af weggestroop het. Die kweekgras was plat geveeg asof 'n bees dit plat gelek het en dit was nat van die dou. Ons was in die hart van die Botswana Delta moerasse aan ons suidekant en die Oos-Caprivi Zipfel aan ons noordekant.

Die kampvuurtjie het lustig gebrand, want in hierdie wêreld is daar geen skaarste aan brandhout nie. Hier was hout om van te kies en keur. Daar is kameeldoring, mopanie, hardekool en die bekende skelbos om maar net 'n paar van die beste vuurmaakhout in die wêreld te noem. Met ander woorde, hier was hout vir Afrika!

Ons was in die hart van die leeu-wêreld en ek was al jarelank opgewen om my eerste leeu te kan skiet. Ek het al baie leeus in my omswerwinge raakgeloop maar nog nooit was ek in die posisie om een te mag skiet nie.

Dit was in die middel van Julie en ek en Hampie sit langs die vroeë oggend-vuurtjie met 'n lekker beker koffie en hande warm maak. Ons het die vorige dag reeds op Lupala-eiland aangekom. Ons was die gas van die hoofminister van die Caprivi en het sy toestemming gehad om 'n leeu te mag skiet.

Hierdie deel van Afrika sal altyd na aan my hart lê, want as daar nou ooit 'n paradys vir 'n jagter was, dan is dit juis dié deel van Afrika. Net jammer alles is deur die grootste kanker in die wêreld, naamlik politiek, vir goed bederf en buite bereik aan veral die Boerseun geplaas.

Dis 'n paradys van 'n eiland wat ongeveer 25 kilometer lank is en so 10 tot 15 kilometer breed – en omring van die mooiste waters ooit. Die water kom direk uit die bergwêreld van Angola en Zambië en vloei oor die Caprivi-grens waar die rivier die Kwando heet. Hiervandaan vaar dit in die moeraswêreld van die noordelike gedeelte van Botswana en die heel suidelik gedeeltes van die Caprivi Zipfel, waar dit die Linyanti word, as dit onder, teen Botswana, uit die moerasse uitkom en ook die grens vorm tussen die twee lande. Dis hier waar die bekende Lupala-eiland, waarop ons twee jagters ons bevind, geleë is.

Die Linyanti vloei weer oosweg na die noordgrens van Botswana waar dit die Chobe-rivier vorm. Die Chobe-rivier vloei weer by die M'Palila eilande in die Zambezi-rivier. Interressant genoeg is dat vier lande, naamlik Oos-Caprivi, Zambië, Zimbabwe en Botswana by die ou klein eilandjie bymekaar kom.

Die sonnetjie was reeds op die horison en die nag was besonders koud en daarom was alles natgedou – wat geen vreemde verskynsel hier is nie. Die Oos-Caprivi Zipfel is bykans heeltemal omring van waters en dis net die 90 kilometer noord van die hoofpad vanaf Kongola tot by Katimo Mulilo, waar daar nie water is nie, maar selfs hier noord is heelwat waters en sytakke van sowel die Kwando- as die Zambezi-rivier.

Dis nie 'n maklike taak om 'n wilde leeu te jag nie want jy skop hom nie sommer agter elke bos uit nie. Dan is leeus ook lief om agter wild aan te trek, wat die soek van 'n leeu moeilik maak. Leeus is egter aangewese op water en moet elke dag water drink. Dit gebeur wel dat as hulle te vêr agter wild aan trek hulle 'n paar dae sonder water kan uithou, maar water moet hy gereeld drink. Dit gebeur ook dat as leeus 'n dier vang, die bloed en inhoud van die dier se pens as 'n watervoorraad kan dien.

Alhoewel leeus min natuurlike vyande het, sal 'n leeu nie sommer sonder rede 'n jagter konfronteer nie, maar sal hy soos enige ander wilde dier eerder vlug.

Die eiland waarop ons ons bevind het, was dan ook geen waarborg dat daar wel leeus sou wees nie. Daar kom van tyd tot tyd leeus deur, het die beriggewer aan ons verduidelik.

Ons het die vorige middag, nadat ons vir 'n dag of wat se uitwees gepak het, sommer hier by Sibinda afgedraai en die Ford se neus reg suid gedruk. Die wit sand van die Caprivi wat meesal effe grys is vanweë die baie veldbrande, het gou-gou soos vaal meel op ons toegesak toe ons die Ford in 4x4 ratte geskakel het om deur die geweldige dik sand te kom. Daar was geen sprake van paaie nie en ek het dit so verkies. Die tweespoor paadjie het al kronkelende vanaf Sibinda tot onder teen Lupala-eiland gekronkel en ons het deur van die mooiste bosse in Afrika beweeg, waar die magtige kameel- en apiesdoring wedywer oor wie die hoogste kan word. Ons is deur mopaniebosse wat gewoonlik die tuiste van rooibokke was, maar hier waar ons naby 'n paar statte moes verbygaan het, het ons net enkele rooibokke gesien. Daar was so af en toe ook 'n Tsesebe wat sy vel gewys het, maar ons het belangriker sake gehad as om hier te vertoef.

Die aand het ons vaal van die bekende grys stof eers gaan afspoel in 'n lopie met die suiwerste water ooit en ek het geweet dis die Kwando wat die sytakkie gevoed het, want die water was glashelder en so soet soos nektar. Nadat ons gewas en gereinig was, het ons tot laataand om die kampvuur gemediteer en lang stories vertel.

Ons het ook oor permitte beskik om leschwes te skiet en ons het reeds twee groot ramme op die bakkie gehad en was op pad na die suid-oostelike gedeelte van die eiland. Dis toe ons 'n groot kaal vlakte nader dat ek die grootste leeu-mannetjie wat ek nog ooit gesien het, gewaar.

Die leeu van Afrika (Panthera Leo) is die grootste en kragtigste verteenwoordigers van die kat-agtige diere (familie Felidae). Daar bestaan inderdaad dan nog net een spesie, wat in verskeie opsigte van ander kat-agtiges verskil. Sy huid is onder meer monokleurig, en die geslagte verskil uiterlik opvallend en is hy dan ook 'n tropdier. Die krag van die dier het hom in volksverhale en die herhaldiek die simbool van mag gemaak, maar in werklikheid val die leeu soms ook baie kleiner diere aan en vreet hy selfs aas.

Die opvallendste kenmerke van 'n leeumannetjie is sy welige bos maanhare, wat hom dan ook inderdaad groter laat lyk. Hy is die enigste lid van die kat-agtiges (familie Felidae) wat maanhare het en omdat dit by die wyfie ontbreek, is leeus ook die enigste van die familie met 'n duidelike verskil tussen die geslagte.

Die leeumannetjie kan 'n skouerhoogte van 1,20 meter bereik en kan 225 kilogram weeg. Uit die aard van die saak is die wyfies kleiner en weeg ook minder.

In die droë seisoen is dit vir die leeus moeilik om kos in die hande te kry, veral as die meeste van die vlaktes en bosse afgebrand is. Hiervan kom die mannetjie gewoonlik die beste daarvan af, omdat dit altyd sy eer is om eerste te vreet. Dit is dan die wyfie wat gewoonlik die prooi altyd moet vang – omdat sy baie beweegliker is as die swaar mannetjies – wat dan om die tweede beste van die karkas moet meeding teen die ander wyfies. Die kleintjies moet gewoonlik met die minste tevrede wees en partykeer kry hulle net vel en bene om aan te kou. Dit is dan ook nie snaaks dat 90 persent van die welpies van honger vrek nie.

Die leeu se natuurlike habitat is gewoonlik oop steppes, savannas, droë en oop bosgedeeltes. Leeus is sosiale diere en loop in troppe. As die wyfie bronserig is, bly hulle nog in die trop. 'n Trop bestaan gewoonlik uit 'n volwasse mannetjie, 'n paar wyfies en hul kleintjies. In gunstige omstandighede kan 'n trop leeus tot so groot soos 30 lede word. Daar kan dan hewige gevegte tussen mannetjies ontstaan oor die beurt van die wyfies. Daar was al waargeneem dat die wenner van so 'n geveg al die kleintjies uit die verloorder se trop doodgebyt het. Die verslane mannetjie sluit hom gewoonlik by ander alleenloper-mannetjies aan en dis soms die soort alleenlopers wat dan uiters gevaarlike leeus word en mense begin vang omdat hulle nie in staat is om enige wild uit eie kragte te vang nie.

Nie vêr van die eiland waar ons gaan jag het nie, was 'n jagterskamp en daar het ek met 'n lid van die ou Selouse Scouts van faam, uit die destydse Rhodesië, kennis gemaak. Ek en Kevin Thomas het ure lank om die kampvuur deurgebring en talle jagtersverhale met mekaar gedeel. Hy het my egter 'n paar leeustories vertel wat ek graag aan die lesers wil oordra – want soos ek die saak sien – sal ons nageslagte nooit weer die eer hê om te sien en te beleef wat ons die voorreg gehad het nie. Daarom hierdie boek en my jagverhale.

Volgens Kevin was daar 'n trop leeus – meestal mannetjies – wat in Tanzanië terreur gesaai het vir 'n volle tien jaar lank. Die Tanzaniese regering het toe ten einde nood 'n beroepsjagter wat daarvoor bekend was dat hy mensvreters jag, genader. Hulle het toe ene George Rush van Tanganyika, wie 'n wildbewaarder was, ingeroep. Die leeus het 'n area van 80 vierkant kilometer gehad waar hulle geopereer het. Daar word vertel, so vertel Kevin een aand om die kampvuur aan my, dat die trop leeus 'n verdere 249 mense gedood en gevreet het in die twee jaar wat George Rush hulle gejag het. Dit is maar net van mense wat op rekord was, 'n mens eis as aan die werklike getal gedink word, wat aansienlik meer moes wees as wat aanvanklik gerapporteer is. Na twee jaar se harde jag van die mensvreters het hy die laaste een doodgeskiet. Volgens Kevin was daar 'n aantal sulke troppe leeus. Hulle was die Mpika-, die Revugwi- en die Chabunkwa-mensvreters. Een van die mees gevaarlikste plekke waar mensvreterleeus hoogty gevier het, was die Luangwa-vallei van Zambië – die destydse Noord-Rhodesië. Dis hier waar 'n beroepsjagter deur so 'n alleenloper-leeuwyfie, letterlik opgevreet is, so vertel Kevin aan my.

Dit was gedurende September 1974, vertel Kevin, dat 'n beroepsjagter, ene Peter Hankin, met kliënte naby die boonste loop van die Luangwa rivier in die oostelike gebied van Zambië kamp opgeslaan het. Die volgende oggend vroeg terwyl hulle nog geslaap het, het 'n mensvreter leeuwyfie die kamp bekruip. Sy het Hankin se tent binne gespring en voordat hy sy .375 Holland & Holland Magnum geweer, wat langs sy bed gestaan het, kon gryp, het die wyfie sy nek met een kragtige hou gebreek. Sy verskrikte kliënte moes deur die hele nagmer-rieverhaal, sonder wapens in hul tente bly en dit van daar ervaar. Hulle moes die hele nag hoor hoe die leeuwyfie vir Hankin kou en letterlik en figuurlik opgevreet het.

Eers die volgende oggend kon hulle met 'n voertuig gaan hulp ontbied en toe die ander beroepsjagter en sy Zambiese spoorsnyer op die toneel kom, was Hankin se boonste gedeelte van sy liggaam reeds opgevreet. Die Zambiese spoorsnyer wat met 'n haelgeweer gewapen was en wat eintlik agter die beroeps-jagter moes loop, het voor geloop en voor hulle kon keer het hy die leeu met 'n SG-haelpatroon gekwes. Die leeu is toe die bosse in en die beroepsjagter en sy verskrikte Zambiaan is toe agterna. Wat hierdie verhaal hier interressant maar nog wreder maak, is dat die gekweste leeu eintlik moes gevlug het na die skoot bokhael – maar nee, en dit is wat leeujag so onvoorspelbaar maak. Die leeuwyfie het 'n wye draai geloop en tot almal se verbasing weer teruggekeer en dis waar sy weer besig was om aan Hankin se lyk te vreet dat die beroepsjagter haar met sy .458 Express Magnum Bruno geweer – met 510 grein Winchester sagtepunt – doodgeskiet het.

Mensvreterleeus het op 'n stadium die sogenaamde "Lunatic Express" en so-doende die Uganda Spoorweë tot stilstand gedwing. Die ongelooflike ware verhaal vertel Kevin my, het aan die einde van die laaste eeu plaasgevind. Die mensvre-ters van Tsavo, soos die trop mensvreter leeus bekend was, het die spoorlyn waar tientalle Indiërs aan gewerk het, eenvoudig as hul ontbyttafel gemaak. Die bewering is dat die mensvreters van Tsavo meer Indiërs as wat ingevoer was vir die werk, opgevreet as wat dit die getal Indiërs geneem het om die film Bhowani Junction te verfilm – en dit was glo baie.

Die trop mensvreters het uiteindelik hul Moses teëgekom toe die Ugandiese regering ene luitenant-kolonel J.H. Patterson gehuur het om die vermetele leeus te jag. Hy het wel die leeus so verminder dat die mens-vangery gestaak is, maar het byna sy eie lewe in die proses verloor. Dit het dan ook – so vertel Kevin – tot 'n skrywe gelei, te wete – The Man-Eaters of Tsavo – wat insiggewend ten opsigte van die modus operandi van mensvreter-leeus was.

Leeus het nie 'n bepaalde bronstydperk nie en paar soos die wyfies van die trop bronstig word. Dit bring dan mee dat 'n wyfie tussen 105 en 112 dae lank dragtig is. Sodra dit haar tyd is dat haar werpsel gebore moet word, sonder sy haar van die res van die trop af waar sy 'n beskutte plek sal opsoek en dan geboorte gee aan haar werpsel. Die werpsel bestaan gewoonlik uit nie meer as vier nie en vir die eerste 6 tot 8 weke sal sy alleen jag en vir die werpsel alleen kos voorsien. Daarna sal sy weer met haar kleintjies by die trop aansluit. By geboorte is die welpies sowat 30cm lank en weeg 'n bietjie meer as 500 gram, en word na sowat drie maande gespeen. Hulle kan eers na 1 tot 2 jaar alleen jag. Die mannetjies se maanhare begin eers na sowat twee jaar te groei. Leeus is na drie tot vier jaar geslagsryp en word normaalweg in hul natuurlike omgewing sowat 15 jaar oud, maar in dieretuine kan hul tot so oud as 25 jaar word.

Dit is so dat leeus reeds in groot gedeeltes van hul oorspronklike verspreidingsgebied uitgeroei is en kom aldus, feitlik nog net in Afrika, suid van die Sahara voor. Daar is egter nog betreklik groot getalle in die Nasionale Kruger-wildtuin, die Nasionale Kalahari-gemsbokpark en Etosha Panne-wildreservaat. So ook is daar nog heelwat in private natuurreservate op wildplase.

Ongelukkig het die Kaapse bergleeu (Panthera melanochaitus) en die berg-leeu van Noord-Afrika (Panthera leo leo) reeds uitgesterf, of sal ek maar sê hulle is uitgeroei. Ironies genoeg, is dat dit uit prehistoriese fondse blyk bo redelike twyfel te wees dat leeus vroëer ook wydverspryd in Europa voorgekom het. Die leeu wat in Europa voorgekom het, het blykbaar baie ooreengekom met die bergleeu. Nog verbasende fondse het getoon dat leeus reeds in die vroegste tye ook in lande soos Griekeland en Klein-Asië voorgekom het, en te oordeel na reliefs uit ou Assirië, moes daar baie leeus in Mesopotamië gewees het. Navorsers het dit dat die laaste van daardie die leeus gedurende 1920 geskiet en sodoende finaal uitgewis is. In Iran is hul laaste leeu in 1930 gesien en is dit so dat leeus nog die vorige eeu in die laaglande van Indië laas gesien was, te wete (Panthera leo persica). Daar kom nog van hierdie leeus voor in die natuurreservaat Gif Firest – op die skiereiland Gujarat (Wes-Indië). In die res van Asië het leeus uitgesterf.

Ek en Hampie was op pad na die suid-oostelike kant van Lupala-eiland toe ons gelyktydig die groot leeu in die vlakte sien. Gewoonlik vlug 'n leeu nie sommer vir mense nie, maar dit is so dat hulle menssku is en sal met die geringste teenwoordigheid van mense in die naaste bos instap en verdwyn. Toe die groot leeu ons sien, het hy net begin rieme neerlê na die naaste bosse toe. Ek het nie keuse gehad nie en begin toe parallel met hom ook na die bosse te ry in 'n poging om hom af te sny. Alles het toe nog goed gegaan en toe ons so dertig treë links van hom af was en ook so 100 meter van die naaste bosse, ek in 'n vlak sloot beland het met die bakkie en moes noodgedwonge stop. Ek spring uit my bakkie met die .375 Holland & Holland Bruno Magnum en het toe reeds 'n 300 grein Volmantel projektiel in die kamer gehad. Ek hoor Hampie spring ook uit die bakkie en toe ek aanlê, was die groot leeu reeds 35 treë van my af. Toe sy blad in my visier kom, trek ek die sneller en die groot leeu is los van sy pote af, maar tot my teleurstelling spring hy op en dieselfde slag ontplof Hampie se geweerskoot hier links van my en die groot leeu is vir die tweede keer van sy pote af. Ek het geantisipeer dat die leeu na die verspotte en relatiewe maklike skoot om sou spring, maar hy het nie. Dit was maklik, te verspot maklik, en ek het helaas nie veel om oor te vertel van my eerste en laaste leeu nie.

Daar was geen sensasie nie – daar was geen reaksie nie – geen gevaar of dreigende gevaar nie en ook geen klimaks nie. Die leeu was dood nog eer ek behoorlik tot verhaal kon kom – dit was 'n kwessie van een-leeu-met-twee-skote-morsdood-geskiet.

Na my eerste leeu het ek weer vir Kevin by die Singalabe jagkamp gaan besoek en het hy my die tragiese storie oor leeus vertel:

Hy vertel van 'n Rhodesiese wildbewaarder wat, nadat hy getroud is na 'n kamp naby die Shapi-panne vertrek het. By die Shapi-panne het 'n ander ou erkende wildbewaarder, sy vrou, sy dogter en sy skoonseun gekamp.

Gedurende die eerste paar dae het drie leeus kort-kort by die kamp opgedaag en selfs van die swart helpers se hoenders begin vang. Omdat die leeus in die grense van die nasionale park was en niemand eintlik gepla het nie, kon hulle ook niks aan die leeus doen nie. Dit was egter die tweede nag, nadat alle wapens ingevolge die natuurbewaringswette agter slot en grendel was, dat daar 'n drama begin afspeel het wat seker nog nooit weer sy gelyke aan tragedie gesien is nie.

Die betrokke bruidegom was 'n Rhodesiese wildbewaarder by name van Len Harvey en sy vrou se naam was Jean. Harvey en Jean het die tweede aand gaan slaap. Dieselfde aand omstreek elfuur het die een leeu van dié wat die vorige dag ook konsternasie in die kamp veroorsaak het, die kamp bekruip. Die leeuwyfie het haarself deur die hut waarin die egpaar geslaap het geslinger en vir Jean aangeval. Die wyfie het Jean aan haar rug gepak waar sy op een van die beddens lê en slaap het, en haar soos 'n lap begin rondskud. Nadat Harvey ook met 'n geweldige skok wakker geword het en gesien het wat met sy vrou gebeur, het hy die leeuwyfie met sy kaal hande bestorm en haar met sy vuiste begin slaan en ook met sy naels begin krap in 'n poging om die leeuwyfie van sy vrou af weg te kry – min wetend dat dit sy laaste dag op aarde sou wees. Die volgende oomblik het die leeuwyfie sy vrou gelos en vir Harvey aangeval deur hom op die grond te pen en hom aan sy skouer te pak. Terwyl Harvey met die leeu geworstel het, het hy vir sy vrou geskreeu om te vlug.

Nadat Jean by die deur uit gevlug het, het sy halfpad na Willy de Beer, die ander wildbewaarder, se huis besluit om om te draai sodat sy haar man kon gaan help. By haar hut was dit duidelik dat haar man reeds nie meer gehelp kon word nie, omdat sy niks van hom kon hoor nie, en met die leeuwyfie se gekou aan haar man se liggaam het sy besef dat hy reeds sy bewussyn moes verloor het of reeds dood was. Sy het toe omgedraai en vir Willy de Beer gaan roep om hulp te verleen. Nadat sy vir De Beer wakker gemaak het, het sy skoonseun, Collin Mathews, die Honda-kragopwekker gaan aanskakel, terwyl De Beer twee vuurwapens, te wete 'n .375 Holland & Holland en 'n .243 Parker-Hale geweer uitgehaal het.

Toe De Beer by Harvey se hut aankom, was alles grafstil gewees. Hy het die hut stadig maar seker deurgekyk, maar dit was te donker. Hierop het hy saggies na Harvey geroep en as antwoord het hy 'n diep en kwaai grom van die leeuwyfie gehoor. Die leeuwyfie was nog in die hut en De Beer het stadig na die klein venstertjie beweeg met sy .375 geweer gereed.

Op hierdie stadium het Collin Mathews hom by De Beer aangesluit en hy was self gewapen met 'n .243 jaggeweer. Beide mans was in hul onderklere gekleed, want toe hulle die toestand van Jean Harvey gesien het, was daar geen tyd om nog behoorlik aan te trek nie. As hulle maar geweet het watter aaklige drama hulle die aand deel van sou word, sou hulle hul beter voorberei het.

Toe De Beer by die venster van die hut gekom het, het hy die veiligheidsknip van die .375 Magnum jaggeweer afgedruk, maar dit was stikdonker en hy kon nie die leeu of vir Harvey sien nie. Hy het stadig in die venster van die donker hut ingeloer om beter te kan sien. Die volgende oomblik word sy voorkop oopgekloof deur die kap van die leeu se regtervoorpoot. Hy uiter 'n gil van pyn en dieselfde oomblik word hy ook verblind deur 'n stroom van bloed wat van die wond af in sy oë ingestroom het.

Daar word deur Kevin Thomas aan my vertel dat De Beer was nie net 'n gewone jagter was nie, maar hy was bekend as 'n onverskrokke jagter. Hy skeur sy hemp aan repe en versoek vir Mathews om die bloed uit sy oë te vee en met dieselfde lap verbind hy sy kopwonde. Hierop neem hy weer sy geweer waar dit in die sand geval het en nader weer die hut. Hy loer weer soos die eerste keer in die hut, maar die keer was die leeuwyfie hom weer een voor waar sy hom skynbaar ingewag het. Soos blits haak sy De Beer agter sy kop met haar skerp naels van haar regtervoorpoot en daar hang De Beer in die venster. Met 'n vreeslike gegil laat val hy weer sy geweer en hy gryp die kant van die venster, en daar begin die leeuwyfie en de Beer toutrek. Sy wil hom by die hut intrek en hy trek terug en verhoed dat hy nie ingetrek word nie. Hierop probeer die leeuwyfie om De Beer se kop in haar bek te kry, maar met haar regterpoot agter sy kop kon sy nie daarin slaag om hom met haar bek aan sy kop beet te kry nie.

Met De Beer se desperate poging om sy kop uit die leeuwyfie se bek te bevry, beur hy agtertoe met sy hande op die vensterraam en dié beur op haar beurt aan sy kopvel, met die gevolg dat sy De Beer se kopvel van agter af losskeur en dit oor sy kop trek sodat dit voor sy gesig soos 'n rooi doek hang. Toe die kopvel losskeur, val De Beer agteroor en beland op sy rug. Hierop spring die leeuwyfie deur die venster en beland op De Beer se erg verwonde liggaam.

Die leeuwyfie pak weer vir De Beer aan sy kop en begin hom in die rigting van die bosse te sleep. Al sy pogings om met sy hande te keer was egter vrugteloos. Skielik los sy De Beer en begin aan sy kop te kou, maar dit was egter De Beer se redding deurdat hy met sy hande gekeer het en die kraak van sy vingers in die kake van die leeuwyfie se tande haar nie ontstel het nie. Dit het skynbaar daartoe gelei dat dit sy lewe gered het, want op hierdie stadium was De Beer totaal hulpeloos en kon hy net met sy hande keer en om hulp skreeu.

Op 'n afstand van 'n paar meter het Collin Mathews gestaan, asof vasgenaal op die grond met die .243 geweer in sy hande, nie gebore in staat om 'n skoot af te trek nie. Omdat Mathews nog nooit voorheen 'n skoot met 'n geweer afgevuur het nie, het hy verbeisterd staan en spook om die veiligheidsknip af te kry. Terwyl Mathews met die veiligheidsknip sukkel, vind 'n ondenkbare insident plaas. Hy tree in die donker terug en trap in 'n leë emmer, verloor sy balans, val agteroor en verloor die geweer uit sy hande.

Toe die leeuwyfie hoor dat Mathews agteroor val, los sy vir De Beer en bestorm die verskrikte jongman. Met dié dat die leeu hom wou takel, druk Mathews sy regterhand uit noodweer in die leeu se bek en gryp die rasperagtige tong. Hy gil van pyn toe die leeu sy regterhand met haar kake vergruis.

Op hierdie stadium het die half bewustelose De Beer die situasie opgesom en besef dat die leeu sy skoonseun nou aangeval het. Hy kon egter op die stadium niks sien nie as gevolg van die feit dat die leeu hom aan sy kop gebyt het, sy kopvel oor sy oë gehang het en dat daar soveel bloed in sy oë was as gevolg van die wonde. Hy het nader aan die worstelende skoonseun en die leeu gekruip en toe hy by hulle kom het hy die .375 geweer op die grond gevind en dit oorgehaal. Hierop het hy so vinnig as wat sy verskeurde hande dit kon toelaat drie skote afgevuur.

Daar het skielik 'n onaardse stilte oor die kamp toegesak en De Beer het angsbevange na sy skoonseun geroep wat toe onmiddelik geantwoord het. Hy het geantwoord dat hy nog leef, maar dat De Beer sy hand afgeskiet het!

Nog voor De Beer hierop die dubbele tragedie kon reageer, het die leeu wat toe as gevolg van skote wat haar getref het, besig was om te sterf, weer vir Mathews gepak en sy knieskyf totaal van sy liggaam afgeskeur. Hierna het die leeu uiteindelik gesterf.

Na hierdie ontsettende tragedie het hulle met behulp van De Beer se ongeskonde voete en met Mathews se ongeskonde sig huis toe beweeg. Hierop het mevrou De Beer die twee erg verwonde mans per voertuig na die hoofkamp vervoer waar 'n helikopter hulle na Salisbury vervoer het. Die twee mans het verskeie operasies ondergaan waarna De Beer wonderbaarlik herstel het. Dit was net Mathews wie se hand nooit weer dieselfde sou wees nie.

Nadat die twee mans na die hospitaal vervoer was, is die dooie leeuwyfie die volgende oggend deur ander natuurbewaarders dood aangetref waar de Beer haar geskiet het – met De Beer se oë verblind van bloed en sy hande waarvan die bene binne-in stukkend gebyt was. Die eerste skoot deur De Beer het die leeu in die longe getref. Die tweede skoot het die leeu se skouerbeen gebreek en die derde skoot het die leeu in die kies getref en dis die skoot wat Mathews se regterhand vermink het – die hand wat nog in die leeu se bek was.

Volgens Kevin het Willy de Beer 222 steke in die hospitaal ontvang om al die leeu-byte toe te werk. Hy moes herhaalde male operasies aan sy kop ontvang want sy kop was twee maande na die voorval nog twee keer die normale grootte geswel. Jean, die oorlede Harvey se vrou, is na twee maande se behandeling uit die hospitaal ontslaan.

Hierdie voorvalle het vêr van ons land se grense plaas gevind – maar ons land het ook ons kwota aan tragedies wat as vingerwysing vir die jeug aangeteken sal staan as waarskuwing vir die voornemende jagter om die wild in die natuur vir geen oomblik te onderskat nie.

Gedurende 1989 het 'n landboustudent, ene Annes Brundyn, wie 'n natuur-liefhebber was en 'n voorliefde gehad het om leeus te fotografeer, juis oor onkun-de sy lewe verloor.

Dis egter sy voorliefde vir die natuur, die neem van leeu-fotos en veral sy on-kunde aangaande die temperament van wilde diere, wat die dodelike resep uitgemaak het wat tot die 23-jarige student se vroeë dood gelei het.

Die bekende leeukenner dr. G.L. (Butch) Smuts sê dat indien 'n leeu storm, dit beter is om stil te bly staan as om te hardloop. Hierdie aksie, sê hy, verwar die leeu wat gewoond is daaraan dat hy die sterke is en sy prooi gewoonlik skrik en vir hom weghardloop. Hoe dit ookal sy, is dit net die dapperstes van dapper-stes wat sal bly staan! Hy sê voorts dat daar weinig alternatiewe oor is, want weghardloop vir 'n leeu is taboe. Hier praat ek nou nie van 'n jagter wat met 'n .375 Magnum gewapen is nie. 'n Leeu, veral die wyfie wat gewoonlik die jagwerk doen omdat die leeumannetjie te groot en te swaar is om 'n prooi – veral 'n wildsbok – in te hardloop, is een van die wêreld se vinnigste roofdiere op 'n kort afstand.

Nog 'n leeukenner, meneer Ian Whyte, senior navorser van Skukuza sê: 'n Leeu maak by uitstek van sy vinnig wegspring gebruik om sy prooi onder stof te loop en te vang. Anders as 'n jagluiperd wat die vinnigste dier op aarde is, sal die meeste bokke vir 'n leeu weghardloop en kry hy nie 'n tweede kans nie. Dit is uiters belangrik om te let wat Ian sê ten opsigte van 'n leeu se aanvalsmetodiek. 'n Leeu kan sy spoed binne die eerste 15 tot 20 meter hoogs versnel en vang hy gewoonlik sy prooi binne die distansie. Hy kan 'n mens egter baie maklik oor 30 meter inhaal. Dit is inderdaad so dat alle diere uiteraard bang is vir die mens maar die les lê dieper as wat die stedeling ooit wil besef. As na die twee gevalle gekyk word waarna ek in hierdie artikel verwys, is dit voor die hand liggend dat op geen manier... maar geen manier moet 'n wilde dier ooit onderskat word nie!

Die betrokke dag het Annes Brundyn en 'n paar vriende by 'n leeupark buite Johannesburg gaan besoek aflê om gemoedelik die dag deur te bring om onder andere fotos van leeus te neem. Min het die geselskap geweet watter tragedie hul te wagte was. Tydens die voorval was Pieter, die broer van Annes Brundyn ook onder die geselskap.

Toe hulle die trop van so tien leeus raakgeloop het wat naby hulle in die lang gras gelê het, het Annes stilgehou, uitgeklim en na die leeus gestap met sy kamera voor hom. Dit was Annes se laaste paadjie wat hy op die aarde sou loop. Toe hy te naby gewaag het, het die groot leeumannetjie hom bestorm. Die oomblik toe Annes die leeumannetjie sien storm, maak hy die grootste fout van sy lewe. Hy draai om en begin terug na die voertuig te hardloop. Soos reeds gemeld, is 'n leeu baie vinnig oor die eerste 30 meter – en hy was nader as 30 meter van die trop af. Dit was vir die leeumannetjie net 'n formaliteit om vir Annes aan sy nek te pak toe hy hom binne sekondes oor die 30 meter ingehard-loop en gevang het. 'n Grusame gesig het vir Annes se passasiers gewag toe hulle hulpeloos in die voertuig moes bly sit en ten aanskoue van 'n tiental ander leeus wat nader gekom het om Annes binne 'n ommesientjie te verskeur, voordat enigeen iets kon doen om hom te red.

Volgens meneer Petri Viljoen, senior navorsingsbeampte by die Nasionale Parkeraad, kan leeus wat in die geval van Annes Brundyn, aan mense blootgestel is, uiters en onverwags aggressief teenoor mense optree, veral as hulle vroeër beseer of geterg was. Dis veral in wildtuine waar besoekers sulke diere terg, jaag, op hulle skreeu en selfs beseer om hul eie ego te streel, wat die leelaarde word vir voorvalle soos vermeld. Selfs die druk van 'n toeter maak leeus, maar veral olifante, baie gevaarlik!

Omdat wilde diere se gedrag uiters onvoorspelbaar is, is dit geen waarborg om te reken dat 'n oënskynlike mak wilde dier nie aggressief sal word nie. Dis bykans onmoontlik om 'n wilde dier se temperament te lees, aangesien faktore soos beserings, humeurigheid om die een of ander rede en talle faktore veral in die paartyd, daartoe kan bydra dat so 'n dier die een oomblik nog hondmak voorkom en die volgende oomblik aanval.

Daarom is dit imperatief om daarop te let dat veral leeus meer aggressief is wanneer hulle paar (hulle het nie 'n spesifieke paartyd nie) en veral wyfies is uiters gevaarlik wanneer hulle welpies het. In die paartyd is leeumannetjies ook op hul manier aggressief en geïrriteerd. Hulle sal bv. geen ander vreemde mannetjie naby sy trop duld nie en dit het al gebeur dat die mannetjie wat 'n ouer leeu in 'n geveg verslaan sy misnoeë wys deur die ou leeu se welpies dood te byt. Dit gebeur ook soms dat hulle baie aggressief raak as hiënas hulle by hul prooi kom pla. Dit het dan ook al gebeur dat leeuwyfies deur hiënas van hul prooi verdryf is.

Hierdie waarskuwings gaan nie soseer aan die jagter, aan wie ek hierdie boek opdra, nie, maar aan die leek wie gewoonlik wilde diere, nie net in wildreservate nie, maar ook in die natuur en selfs in die gewone handel en wandel van die lewe, totaal onderskat. Hier verwys ek na my steenbokkie-verhaal, die bobbejaan en les bes die leeu-episodes. Feit van die saak is, en die boodskap wat ek wil tuisbring, is dat geen wilde dier word ooit werklik mak nie, en moet nooit onderskat word nie!

27. MY BUFFELJAG

Sy Latynse naam – Syncerus – wat "gesamentlike horings" beteken – en Caffer – wat "uit Afrika kom", beteken, maak dat die Skepper besluit het om die Suid-Afrikaanse buffel in Afrika te plaas, uiters ideaal.

Die Zoeloes noem hom Nyati, die Venda noem hom Nari, die Tswana noem hom Nare, die Sjangaan noem hom Njare. By die Boer is hy bekend as die buffel en een van die mees uitgeslape en gevaarlikste grootwildsoorte in die wêreld om te jag. Daarom verskyn sy naam nie verniet op die lys van die vyf groottes nie. Die vyf groottes was al die oorsaak van menigte jagters se dood omdat hulle die buffel onderskat het!

Daar was al groot meningsverskille oor watter een van die vyf groottes nou eintlik die gevaarlikste is om te jag. Dit is dan seker ook nie nodig om die vyf groottes te noem nie, maar ek gaan dit doen sodat ook die leek die orde in my boek in perspektief kan kry. Hulle is: die olifant, die leeu, die buffel, die renoster en die luiperd. Feit van die saak is dat daar al talle jagters hul lewens verloor het tydens die jag van die vyf groottes en wie en watter een die gevaarlikste is, is lank nog nie oor uitsluitsel verkry nie. Ek reken dat al vyf ewe gevaarlik is wanneer 'n jagter een van hulle kwes en reken dat hy maar net in die bos kan ingaan en sy trofee gaan opeis.

Oënskynlik is die buffel maar sku van aard en vlug by die geringste teken van menslike teenwoordigheid. 'n Buffel val ook nie goedsmoeds 'n mens aan nie, maar as 'n buffel gekwes word ondergaan hy 'n metamorfose en verander hy van die sku, vlugtende – amper bees – in een van die mees geslepe en gevaarlikste duiwelsgedaantes op hierdie aarde.

Daar is egter min van die buffel se geskiedenis bekend en hy kom in Afrika en Asië voor. Die buffel is 'n taai dier en geweldig aanpasbaar by wisselende omstandighede en oorleef met gemak in oop droë vlaktes, berglande of nat woude.

Alhoewel geen duidelikheid bestaan oor die verwantskap tussen die Afrika- en Asiatiese buffel nie, is daar fossielreste uit die Pleistosee op Java gevind, asook in Indië. Die horings van beide die fossiele was groot en swaar.

In die suidooste van Angola kom die kleiner, rooierige, buffel voor, so ook kom sy eweknie op die Celebes en die Fillipyne voor. Die kleiner buffel is onmiskenbaar rooibruin van kleur en soms het hulle wit kolle langs die snoet. Partykeer het hulle ook wit sokkies.

Die kleiner rooibuffel is net so gevaarlik en nog buieriger as ons Suid-Afrikaanse rooiperdeby. Buffels kom dus in Afrika en Asië voor net soos die bison van Noord Amerika, wat tot die familie Bovidae behoort. In teenstelling met die Amerikaanse Bison wat verkeerdelik 'n buffel genoem word, het ons buffel kort hare.

Alhoewel daar op baie buffels in die verlede jag gemaak was, kom daar gelukkig nog relatiewe groot troppe in dele van Afrika en Asië voor.

Die Suid-Afrikaanse buffel wei in troppe wat wissel van 10 tot 50 maar dit hang af van die gebied waar in hulle voorkom en hoe groot hul weigebied is, want ek het in die Chobe Wildreservaat al meer as 'n duisend buffels bymekaar gesien toe hulle in die Chobe-rivier gaan water drink het.

In die winter wanneer weiding naby die waters skaars is en die buffel genoodsaak is om vêr van die water af te stap, het ek al gesien dat as die buffels weer terugkeer om water te suip, dat talle wat voor is doodgetrap word deur dié ander wat van agter af kom.

Die Afrika-buffel (Syncerus caffer) kom net in Afrika – suid van die Sahara – voor. Vroeër is gemeen die Afrika-buffel is onderverdeel in talle subspesies, maar na uitgebreide navorsing is bo redelike twyfel vasgestel dat daar net twee spesies is en wat dan ook erken word.

Daar is ook nog die Kaapse buffel (Syncerus caffer caffer) en die rooibuffel of woudbuffel (Syncerus caffer nanus). Die Kaapse buffel egter is swartgrys, sy horings is na voor gekrom en hy is korter as die rooibuffel, waarvan die horings meer soos die van die Asiatiese buffel na agter groei. Die Afrika-buffel word nog in groot getalle in die Krugerwildtuin aangetref, terwyl die Kaapse buffel in redelike getalle in die Addo-olifantpark aangetref word.

Die rooibuffel (Syncerus caffer nanus) kom hoofsaaklik, soos ek vermeld het, in Suidwes Angola voor.

Dis verder interessant om ook melding te maak dat die Asiatiese buffel (Buabalus bubalis) word nêrens meer wild aangetref nie, buiten in 'n paar wildparke. Sy, na agter geboë horings, is kenmerkend, en kan langer as een meter word. Die dwergbuffel daarenteen (Anoa mindorensis), wat in die Filipyne voorkom, maar deesdae uiters seldsaam is, is veel kleiner as die in Asië. Op die Celebes kom ook dwergbuffels voor; in die noorde hou hulle op die vlaktes en het kort hare, terwyl die langhariges, wat die bergland verkies, in die weste aangetref word.

Dit is dan ook in die gebied naamlik die Caprivi Zipfel, wat in die ooste aan lande soos Zimbabwe, Zambië en Angola en in die suide aan Botswana grens, waar ek die eerste keer in my lewe swaarde gekruis het met die berugte en opspraakwekkende Afrika-rooibuffel.

Ek het oor 'n permit beskik om 'n buffel te skiet en die jag het in alle erns begin. Ek het eers die westekant van die Oos-Caprivi genader. Ek het die negentig kilometer vanaf Katima Mulilo na Kongola afgereis en net voor Kongola.

Kongola is inderdaad 'n fort waar die polisie die grensgebied bewaak het en waar die Kwandorivier direk uit Angola vloei en af, suid vloei waar dit later die Linynati-rivier word, weer moerasse vorm. As die water hoog opstoot in die reëntyd dan vloei dit later oos in die Chobe-rivier in en die Chobe-rivier vloei weer op sy beurt in die magtige Zambezi-rivier in.

Dit was my eerste buffeljag en inderdaad ook my eerste rondte met een van die vyf groottes. My grootste wildsoort wat ek tot op daardie stadium op die kerfstok gehad het, was maar die koedoebul.

Nou het ek maar goed geluister wat die ander jagters vertel het hoe dit nou eintlik gedoen moes word. Een ding wat my nog altyd gehinder het, is dat jy kry 'n kategorie van jagters wat nooit mis skiet nie en altyd sy prooi met die eerste skoot neervel sonder dat daar 'n haar op die jagter se kop iets oorgekom het. Ek het "Jock of the Bushveld" destyds met groot belangstelling gelees, en een van die mooi oomblikke van waarheid was toe Fritzpatrick erken het dat hy sy koedoe van agteraf in die boude geskiet het. Dit is erkennings soos hierdie wat respek by 'n man afdwing – hy vertel nie net van sy groot dade nie, maar huiwer ook nie om sy blapse te openbaar nie. Iets wat vandag so raar soos hoendertande is.

Nietemin het ek 'n spoorsnyer gehad om my behulpsaam te wees met die skiet van my eerste buffel. Gewapen met my .308 Norma Magnum het ek suid afgedraai en verby 'n boesman dorpie, Choi, beweeg na die soet waters van die Kwando-rivier waar die Nyati loop. Dis daar waar ek die vars spoor van die Nyati opgetel het.

Ons het spoorgesny tot die middag een-uur toe ek op 'n beroepsjagter, wie ook aan my bekend was, afgekom het waar hy met 'n Italiaanse kliënt ook op die spoor van buffels was. Soos ekself het hulle toe ook nog nie die buffels raakgeloop nie en na 'n lafenis raak ons aan die gesels.

Die beroepsjagter wou toe van my weet met watter soort geweer ek op die buffel se spoor was. Ek vertel hom toe ewe trots dat ek met 'n .308 Norma Magnum van formaat jag. Hierop sê hy, sonder om doekies om te draai, dat ek moet terugdraai huistoe en dat ek die geweer nie moet gebruik om grootwild en veral buffel mee te jag nie. Om die wonde nog verder sout in te vryf, sê hy dat as ek nou doodgetrap wil word, ek 'n gekweste buffel met die geweer moet skiet. Toe ek daar wegry was ek nou darem 'n diep beswaarde jagter en het ek ook die dag nie die buffels teëgekom nie, en later toe die son so vuilskemer op die paadjie wat die buffels loop skyn, verlaat ek die jagveld en druk die Ford se neus na die ooste en terug Katima Mulilo toe.

Daardie nag kon ek nie slaap nie! Wie dink hy is hy om my geweer so af te kraak en dit nog voor 'n uitlander. Kyk, as jy nou 'n Boer wil kwaad maak, sê net die ding wat hy persoonlik uitgekies het en gekoop het, is nou sleg, dan gebeur dinge. Dit was nou net so goed soos die eeu oue redenasie van watter motor is nou die beste, die Chev of die Ford? Gaan staan en vertel jy nou vir 'n Boer sy Ford is nikswerd en dan sien jy watter teenreaksie kry jy en so kan ek talle voorbeelde opnoem. Feit is, hy het my in my "indignitas" aangeraak en ek het rooi gesien. Ek sal die vermetele mannetjie wys waar Dawid die wortels gegrawe het, het ek my hier twee-uur die nag voorgeneem, en toe eers het ek die slaap gevind.

Dit was dan ook 'n week later dat ek weer op die spoor van die rooi Afrika-buffel was. Ek het hul spoor vroeg die môre net anderkant die Kwando-rivier opgetel. Die spore was neutvars en die mis was nog warm. Boeta, vandag is die dag, het ek my voorgeneem en die boesman beveel om die spoor te vat, wat hy toe ewe gretig gedoen het.

Ons was dan ook skaars twee kilometer van die pad af toe die boesman op sy knieë val en sonder dat hy 'n woord uiter met sy regtervinger na 'n digte bos wys. Ek kyk ook in daardie rigting en daar staan een van die grootste buffelbulle wat ek nog gesien het – die eerste buffel lyk mos altyd besonder groot. Die buffel is nie van ons bewus nie, want ons beweeg noord-wes en die wind waai in my guns. Ek druk die 180-grein plastiekpunt in die kamer van die Norma Magnum en lê aan.

Terwyl ek aanlê flits 'n paar dinge deur my gedagtes:

1. Is die beroepsjagter nie dalk reg nie?
2. Is die geweer nie te lig nie?
3. Is die 180-grein koeël opgewasse vir die taak?
4. Waar skiet jy nou eintlik so 'n groot buffel?
5. Indien ek die buffel kwes, wat dan?
6. Wat maak ek as die buffel storm?
7. Kan ek hom met die Norma Magnum skiet?

Toe die geweer aan my skouer is, wou ek omdraai, want toe sien ek eers wat die beroepsjagter bedoel het, maar dit was te laat. In elk geval het die ou Boere baie buffels geskiet met die ou .303-Lee Enfield, en as hulle dit met 'n .303 kon regkry, waarom kan ek nie die buffel met my .308 Magnum plat trek nie?

Ek lê aan en besluit op 'n hartskoot, en toe die buffel met sy regtervoorbeen voorentoe stap en ek die vaal-wit vlek agter sy regterblad – regoor die hart – in die teleskoop het, trek ek die sneller!

Toe die skoot klap gebeur daar 'n paar dinge gelyktydig. Die Boesman vlie om en hardloop skoon weg en die ander sowat twintig buffels wat saam met die bul was, laat spaander die bosse in. Deur my teleskoop sien ek sien die buffelbul homself soos 'n baletdanser in die lug opraap, en sy vier kloutjies hang al vier bymekaar. Toe die groot Afrika-buffel grondvat, sien ek net stof soos hy in die rigting van sy makkers rieme neerlê.

Ek het baie gehoor hoedat 'n Boer 'n buffel en selfs 'n olifant 'n identiese skoot met die ou .303 toegedien het en dan het hy net eenvoudig langs 'n miershoop of onder 'n skaduboom gaan sit, sy pyp tydsaam opgesteek, en as die buffel sy doodsroggel gee, dan staan hy op en gaan haal sy trofee.

Nou, so maklik was dit die dag nie, en nadat ek eers die boesman gaan haal het, het ons die spoor gevat. Wat ek op daardie stadium nie geweet het nie, was dat die Angola-grens net vyfhonderd meter noord gelê het en dit was waar my gekweste buffel die rieme heen neergelê het. Ons stap nog so op die spoor toe steek die boesman vierspore vas en weier om verder te loop.

Hy is asbleek en mompel iets van Unita en M.P.L.A. en verseg om 'n tree verder te loop. Ek stap toe alleen verder aan en 'n uur later kry ek my eerste buffel op sy knieë, yskoud en dood soos 'n lap.

Dit was nog dieselfde seisoen dat ek eendag na Linyati op pad was om 'n gebreekte polisievoertuig te gaan haal en was vergesel deur ons motorwerktuigkundige. Ons was nog besig om so te ry en gesels toe ry ek tussen die buffels in. Ek skop remme aan, gryp my Magnum en pluk die deur oop, terwyl die buffels laat spaander in alle rigtings. Toe ek uitklim, sien ek dat 'n mooi middelslag buffelbul ongeveer 35 tot 40 meter van my af staan. Die buffel het plankdwars gedraai en na my gekyk.

Ek druk weer die 180-grein Norma .308 patroon in die kamer en lê aan. Ek sit die kruis op sy derde nekwerwel, net voor sy skof, en trek die sneller. Die buffel slaan teen die grond neer asof 'n onsigbare hand hom teen die grond geveeg het. Ek sê baie tevrede vir die motorwerktuigkundige dat ek vandag hier so 'n bietjie geskiedenis met die Norma Magnum gemaak het. Ek sit die geweer in die Ford en stap sonder om twee keer te dink reguit na waar ek die buffel in die lang Olifantgras sien lê. Ek is so opgewonde dat ek alle voorsorgmaatreëls oorboord gooi en ongewapen na die neergevelde buffel, wat ek nie eens weet of hy dood is nie, aanstap.

Dit was toe ek ongeveer 10 meter van die buffel af was dat my jagtersintuig my waarsku en my nekhare en armhare staan penorent soos erdwurmpies wat lug soek, en my maag voel of 'n groot hand hom in 'n ongemaklike greep vasvat. Daar was niks anders wat my gewaarsku het nie – want die buffel lê roerloos in die gras, of altans so het ek gedink. In die oomblik van waarheid flits die beroepsjagter se waarskuwings ook deur my brein. Net daar draai ek om en besluit ek gaan my geweer haal om die buffel nog 'n skoot toe te dien net om seker te maak, wat ek in die eerste plek moes gedoen het. Ek het voorheen ook een van Robert Ruark – 'n bekende skrywer en grootwildjagter van faam – se boeke, "Use enough gun!", gelees en dit het my verder oorreed om terug te stap en my geweer te gaan haal.

Toe ek by die Ford kom, neem ek die geweer, en toe ek omdraai om te kyk waar die buffel lê kon ek hom nie sien nie – en ek was oortuig hy het daar gelê waar ek hom redelik goed kon sien. Ek vra my metgesel of hy die buffel sien, maar hy wat beslis nie 'n jagter was nie, sê dat hy geen buffel meer sien nie. Ek kyk weer – sowaar as paddamanel – daar is geen buffel nie!

Ons ry nader en weg is die buffel – tot vandag toe. Ek het spoor gesny, gesoek heen en weer, maar die buffel is weg. Ek het na 'n stat toe gery en 'n swarte wat aan my bekend was, en wie 'n goeie spoorsnyer was, gevra om hulp – maar niks nie – die buffel is weg tot vandag toe!

Dis toe dat ek huistoe ry en ander planne gaan beraam. Dit was die tweede keer dat ek agter 'n gekweste buffel moet aan loop met hoë risiko's en dit blyk dat ek tog inderdaad moet plan maak as ek weer 'n buffel gaan kwes en nog lewe om die storie te vertel. Ek moet sê dat die waarheid maak gewoonlik seerder as wat 'n man wil erken, maar gesoute jagters gee nie verniet die soort advies nie. Dit is en was duidelik dat die stories wat in die omloop is, waar was en dat talle oorgretige jagters vandag nie meer lewe om die storie oor te vertel nie.

Alhoewel ek geweet het dat ek met my geweer moes plan sien, was dit 'n bitter pil om te sluk en het ek eers weer, hardkoppig soos 'n Afrikaner is, ander planne gehad. Ek wou nie summier bes gee en my en my geweer die skuld gee nie. Nee, ek het nagte wakker gelê en werk aan die saak en 'n oplossing en dis weer daar in die nag waar die weerstandskiem gebore is.

Ek gaan my Norma patrone wat oor 'n projektiel van 180-grein (maksimum) beskik, herlaai met 'n swaarder grein!

Gelukkig was daar 'n man in die Caprivi wat ook 'n eks-Rhodesiër was, en wat 'n goeie kennis gehad het van buffeljag. Chris het ingewillig om my 180-grein plastiese punt met 'n 200-grein soliedepunt te herlaai.

Dit was dieselfde Chris wat my vertel het van 'n redelike gesoute jagter wat in die destydse Rhodesië (Zimbabwe) gaan buffeljag het. Hy het die buffel in 'n vlak waterpannetjie gekry en die buffel met 'n .375 Magnum-geweer in die vlak water plat geskiet. Die buffel het oënskynlik dood neergeslaan soos my buffel. Die jagter het ook sy geweer agtergelaat en na die buffel in die water gestap. Dit is hier waar die ware jagter van die seuns geskei word, want so vertel Chris dat, as jy 'n buffel neergevel het en jy hom stadig nader, moet jy hom eerstens 'n tweede skoot toedien en tweedens moet jy oplet na die twee boonste pote, wat plat op die grond moet lê. As een van die pote en veral die voorpoot nie op die grond druk of plat lê langs die ander een nie, dan is daardie gekweste buffel nie dood nie, maar is hy inderdaad 'n dodelik gevaarlike monster.

Omdat ek toe reeds twee mislukte pogings met die .308 Magnum en sy 180-grein patroon gehad het en ek nog nie bes wou gee nie, het ek toe vir Dr. Lukas Potgieter van Krygkor-faam geskryf. Hy het jagters se probleme en navrae in die Landbou-Weekblad gehanteer. Ek het my saak kort en kragtig aan hom gestel en hy het kort en kragtig vir my terug laat weet: "Moet nie 'n gekweste buffel met 'n .308 Magnum aandurf nie," en gesê dat hy persoonlik reken dat die minimum-vereiste om 'n buffel mee te jag, 'n .375 Magnum is en die maksimum-vereiste 'n 90-millimeter kanon is.

Tot nog toe was ek nie tevrede nie en aangevuur deur 'n tiental briewe van oor die Republiek van belangstellendes wat wou weet of ek toe die buffel met my Norma Magnum platgetrek het, het ek een middag vir Chris gaan kuier en het hy 'n rukkie later vir my tien .308 Norma Magnum patrone gelaai met 'n soliede 200-grein projektiel. Toe ek die patrone in my hand geneem het, het ek heimlik geweet dat ek hier iets beet het wat my kritici se monde moontlik sal snoer.

Dit was dan ook nie lank daarna nie dat ek die geleentheid van my lewe gekry het! Ek en 'n vriend van my het die buffels naby Sibinda – vêr van die water af – gekry en die spoor gevat. Dit was snikwarm, alhoewel dit nog middel Julie was, soos net die trope kan word. Dit was ruig en die buffelgras en ander plantegroei was welig. Net so hier en daar het die ruigtes, wat dig bebos was, 'n opening gebied en dit is buffel se modus operandi om in die digte bosse te hou veral as die son begin steek.

Ons was op die spoor van die Afrika-buffel, moontlik die gevaarlikste groot-wild soort in die wêreld, en 'n uitgegroeide buffelbul weeg tot een ton. As 'n buffel besluit het om te draai en te storm as hy gekwes is, dan keer net 'n .375 of 'n 90-milimeter kanon hom, aldus Dr. Potgieter. As hy eers omgedraai het en hy sy stormloop begin het, is daar niks wat hom van sy doelstelling laat afwyk nie. As 'n jagter hom wil stop dan moet hy senuwees van staal hê, en die buffel met 'n breinskoot neervel of sy een voorbeen afskiet, wat uiteraard wanneer hy in volle vaart is, 'n uiters moeilike teiken is. Om 'n buffel wat gekwes is en wat op jou afstorm in die brein te skiet, verg meer as wat die gewone jagter ooit sal besef.

Dit klink maklik, maar in praktyk, so kan ek die jagter wat dit nog nie beleef het nie, verseker, want 'n stormende buffel maak eenvoudig net 'n derduiwelse moeilike teiken uit en dis nie enige jagter wat 'n bewegende teiken kan platskiet nie. Die buffel, as hy storm lig sy kop op, en dan is sy brein maar 'n betreklike klein teiken, en so ook sy voorbene, en mis jy, is daar gewoonlik geen kans om te herlaai nie.

Die buffel kan ook van voor af in die hart geskiet word, wat gewoonlik in die parktyk 'n doodskoot beteken, en baie jagters het al 'n gekweste buffel neergevel met so 'n hartskoot. Indien dit nie die gewenste uitwerking het nie, soos jagters my al vertel het, dan het dit al gebeur dat hy die jagter die dood of benoude oomblike besorg. Om die relatiewe klein tekens aan die bewegende dier raak te skiet verg senuwees van staal en ook soms geluk aan die kant van die jagter.

Ek was die enigste een wat gewapen was, en dit met my .308 Norma Magnum en vyf herlaaide 200-grein Norma patrone in die magasyn.

Dit was toe ons weer uit 'n ruie bos gekom het, waar ons die spoor momen-teel verloor het en ons spoorsnyer die algemene rigting gevolg het, dat Piet vassteek en met sy regtervinger voor my uitwys. Ek kyk in die rigting en sien 'n tiental buffels rustig en wei. Hulle was ongeveer 150 meter voor ons in 'n relatie-we oop vlakte met ook nie te lang gras nie, en net te vêr vir 'n goeie skoot.

Ons sak op ons knieë en maak 'n waardasie – drie koppe is beter as een – en ek merk dat die wind reg van vooraf in my gesig waai en ek weet vandag is die dag, mits die wind nie skielik gaan draai nie.

Die spoorsnyer wys na 'n groot buffelkoei, die matriarg wat die agterhoede dek, en ook verder beduie hy met sy regter wysvinger na 'n welige bos wat tussen ons en die buffels in die oop veld staan. As ek daar kan kom, is ek ongeveer 30 meter van die koei af en dan kan ek meer verseker van my skoot wees. Ons besluit saam dat ek en Piet tot by die bossie sal beweeg en van daar sal ons die strategie evalueer.

Toe ek en Piet by die ruie bossie uitloer waaragter die buffels is, kyk ek byna in die gesig vas van die buffelkoei waar sy ongeveer 30 meter van ons af staan. Iets moes haar gewaarsku het en sy stap so vyf treë in ons rigting en beloer my soos Robert Ruark gesê het: "asof ek haar geld skuld!" Die Boere het vir my 'n mooier uitdrukking: "Die buffel gluur my met 'n byl in die oog aan!" 'n Koue rilling gaan deur my ruggraat – gaan ek vandag deur my hardkoppigheid my stelling bewys, of gaan ons maalvleis word onder die buffel se voorpote en horings?

Maar dit was te laat om daaroor te spekuleer. Ek kyk 'n slag terug en hou glad nie van wat ek sien nie – benewens die kaal vlakte is daar net die bossie waaragter ons skuil. As ek die buffel kwes en sy kom, loop sy my, vir Piet en die ou bossie fyn.

Ek en Piet sit op ons hurke agter die yl bossie en bespreek die saak. Die groter bulle is voor in die bos doenig en ek kan net hul skowwe en horings sien. Ek merk 'n paar makul's (groot bulle) onder die voorstes. Hulle wei vreedsaam en is geensins bewus van ons teenwoordigheid nie, maar dis die matriarg wat my pla. Sy het gewis lont geruik en as ek een van die groot bulle wil skiet beteken dit dat ons ten minste 'n drie kilometer of meer draai sal moet stap en dan is die wind nog teen ons en is die kanse goed dat die leier ons sal gewaar en sy trop waarsku en hulle op die vlug sal slaan.

Ek en Piet hou weer kajuitraad en besluit dat laasgenoemde buite die kwessie is. Daar was ook geen sprake hoegenaamd dat ek een van die ou groter bulle op dié distansie, sonder konsekwenses sou kon skiet nie. Ons besluit saam dat ek die koei sal skiet – want in die eerste plek weet ek nog nie met watter effek die herlaaide Norma patroon op dié grootwildsoort sou hê nie.

Ek sien dat die koei weer omgedraai het en wantrouerig die situasie bejeën. Sy bly traag en terwyl ek agter die bos op my regtervoet, wat onder my ingevou is, sit, bring ek my linkerknie op en lê die Norma Magnum daarop. Ek kyk deur die 1-8 D Nickel-Marburg Duitse teleskoop en skielik staan die buffel in my kombuis. Sy lyk groter as wat ek verwag het en toe sy weer kyk waar die trop is sentreer ek die kruis op die eerste werwel net agter die linkeroor. Ek trek my asem halfpad in en toe ek sien dat die kruis van die teleskoop stabiel is, trek ek die skoot!

Soos altyd wanneer daar tussen 'n trop wild geskiet word, bars pandemonium los! Ek sien in die teleskoop dat die buffelkoei in 'n stofwolk neerslaan op die grond en toe ek opkyk sien ek dat die ander buffels soos skimme in alle rigtings in die bos verdwyn.

Ek en Piet sit doodstil agter die bos en wag dat die stof gaan lê na die geraas wat die Afrika-bos se stilte so wreed versteur het. Ons sit soos twee staalvere agter die bos wat skielik te klein geword het. As daai koei gekwes is en sy kom vir ons, is ons maalvleis, want van weghardloop was daar geen sprake nie – en toe besef ek dat so 'n massiewe dier nie maklik met so 'n geweer gestuit kan word nie.

Soos die geskiedenis van buffeljag ook deur die jare bewys het, is dat, volgens die jagters wat oorleef het om die storie te vertel, moet jy 'n buffel nadat jy hom die eerste skoot toegedien het, dit sonder seremonie moet opvolg met 'n tweede skoot – wat ek weer nie gedoen het nie. Die tweede skoot is van kardinale belang want dit skakel die moontlikheid van 'n stormloop uit, wat alle jagters vrees.

Na wat soos 'n ewigheid geduur het besluit ek en Piet om die buffel te nader. Ek stoot 'n tweede patroon in die Magnum se loop en ons stap katvoet nader. Ek wil beslis nie weer oorkom wat ek met die laaste buffel oorgekom het nie.

Toe ek ongeveer 10 treë van die buffel af was, was dit reeds vir my duidelik dat dié so dood soos die spreekwoordelike mossie was. Ek kyk na die twee pote wat bo lê – dis veral die voorpoot wat op die grond moet lê – het die ou buffeljagter my gesê. Die bo-voorpoot lê doodstil op die grond – toe weet ek dat ek bewys het dat my geweer onder die Magnums tel – of het hy?

Ek het nou wel nie die grootste buffel platgetrek nie maar dit was nie my uitsluitlike doel gewees nie – nee, myne was 'n obsessie van 'n halstarige onafhanklike Afrikaner. Ek wou 'n stelling bewys en ek het – ongeag die konsekwensies.

Die Ford se wiele sing 'n oorwinningslied op die pad terug Katima Mulilo toe en ons slag tot laatnag en sny dik buffelbiltonge.

Nie lank daarna nie besoek ek die Republiek en ek besoek 'n vriend van my wat die eienaar is van 'n geweerwinkel. Iets het my deurentyd gepla na die episode met my tweede buffel – daardie een toe hy soos 'n skim opgespring en weggehardloop het – sonder dat ek eens daarvan bewus was. Daardie buffel kon net sowel opgespring het toe ek 10 treë van hom af was, my bestorm het en dan was ek beslis nie meer hier om vandag hierdie verhaal te vertel nie. Dit is wat die beroepsjagter en later my ook gepla het.

Ek stap my vriend se geweerwinkel binne en stel my saak kort en kragtig – ek wil 'n .375 Magnum Holland & Holland koop. Dis toe daar waar ek die trotse eienaar van die wêreldbekende .375 Holland & Holland Magnum (buffel) geweer geword het. Die geweer, so sê die manne wat weet, is dan ook beter as die .458 om nie net buffel nie, maar ook olifant te jag.

Soos reeds vermeld, word die .375 Holland & Holland met 'n 300-grein projektiel as ideaal en die minimum vir die jag van die gevaarlike Afrika-buffel, aanbeveel. Dis daar waar ek toe besef het waarom dit eintlik gaan – nie oor die slaankrag, spoed van die projektiel en naam van 'n wapen nie – maar die vraag of ek lewendig of dood uit die stryd sal tree.

Nadat ek nog dieper in die waarheid gedelf het, het ek tot 'n ontstellende waarheid gekom – en dit is dat die oorgroter meerderheid jagters dit eens is dat ook 'n .375 te lig is om 'n groot buffel, wat van 300 tot 500kg, of soos in die ou taal – 'n ton, weeg, te skiet, as hy besluit het om te storm!

Net die gode weet hoe gelukkig ek was!

28. MY "MARATHON" IN DIE JAGVELD

Eintlik is hierdie nie 'n jagverhaal nie en eintlik is dit tog. Miskien moet ek dit in twee aflewerings vertel. Ek meen eers die een van die marathon en dan die een van toe ek my eerste olifant geskiet het en amper my lewe verloor het. Dit was verdomp amper.

Maar laat ek eers die verhaal van my marathon-stap vertel. Ek sal later die een van die olifant vertel.

Dit was gedurende 1978 toe ek eendag in my kantoor sit en Eddie inbars met die volgende woorde: "Wil jy gaan olifant jag?" Sy oë glinster en sy gesig straal van opgewondenheid.

Wat 'n onnosel vraag!

"Natuurlik wil ek saamgaan – moenie eens vra nie. Wanneer ry ons?"

"Ons vertrek môre per helikopter na Lupala-eiland!"

"Kyk," verduidelik Eddie, "ons kan twee olifante vir die swart minister skiet, en hy kry die tande, die ivoor, natuurlik!"

"Ek gee nie om nie, man – ek stel nie belang in ivoor nie. Ek is 'n jagter en het al omtrent alle soorte wild geskiet behalwe olifant. Dit sal nou 'n gulde geleentheid wees!" sê ek en ek voel 'n koue rilling agter my rug af, op die senuwee, kitaar speel. Ek skud my skouers om van die gevoel ontslae te raak en ons bespreek die reis en voorbereidings in detail.

Ek het 'n paar relatief groot gewere gehad om grootwild mee te jag, maar nie 'n grote om veral my eerste olifant mee plat te trek nie, naamlik groter as 'n .375 nie. Ek moes inderdaad gou 'n plan maak. My grootste geweer was 'n .308 Norma Magnum – my keuse uit die arsenaal van die geweerhandelaar, A Rosenthal, in Windhoek. Toe ek die Norma Magnum gekoop het, was dit my eerste tree in die jagwêreld van die vyf grotes.

Die ou grootwildjagters het altyd van die vyf grotes gepraat en ek het grootogig by die kampvuur na hulle gesit en luister terwyl ek geel van jaloesie om die kiewe was – maar ek het dit nooit hardop gesê nie. "Toemaar boeties – eendag is eendag".

Nou, die vyf grotes is, soos ek dit vandag nog verstaan, die olifant, die lui-perd, die buffel, die renoster en natuurlik ou koning leeu.

Watter een nou eintlik die gevaarlikste is, is 'n argument wat al tot voordag om die kampvure bespreek is, maar nie naastenby uitgepraat kon word nie. Ek persoonlik sal nog twee op hierdie lys van faam wou plaas, naamlik die seekoei en die krokodil, maar oor hierdie twee gevaarlike amfibiese menere sal ek my later uitlaat en dit ook met mooi voorbeelde illustreer.

Wanneer 'n man die dag met 'n Magnum-vuurwapen jagveld toe gaan, kom die gesegde onwillekeurig op: "Hier word die mans van die seuns geskei," of soos ek so baie hoor: "Toe ek 'n kind was het ek soos 'n kind gedink en gemaak – nou dat ek 'n man is dink en doen ek die dinge van 'n man."

Nietemin, toe ek 'n .458 Magnum-geweer met ses patrone so dik soos Mike Schutte se middelvinger, by die plaaslike magistraat kry, het ek met 'n ongemak-like klamheid besef môre is die dag... Van omdraai was daar geen sprake nie.

Met ons vertrek het Eddie by twee swart ministers aangery. Hulle moes saamgaan om te sien dat die hoofminister sy regmatige deel kry. Een was James en die ander een Mungu; die een lank en skraal en die ander een kort en dik.

Vroeg-vroeg die oggend was ons op Lupala-eiland – 'n persoonlike jaggebied van die hoofminister. Net hy het reg om daar te jag of te laat jag.

Die eiland is sowat 40 vierkante kilometer groot en 'n ware paradys. Dis aan die suidekant van die Caprivi geleë en een punt strek tot teen die noordegrens van Botswana. Die pragtige eiland is omring met die mooiste waters wat ek ken, naamlik die Kwando-moerasse, wat die Linyandi-, en later die Choberivier word, wat weer op sy beurt in die magtige Zambezi vloei.

Ons het onder 'n pragtige jakkalsbessieboom kamp opgeslaan, ons wapens nagegaan en die eerste onmiskenbare wildspaadjie gevat. Wild was volop en dat daar baie olifante loop, was so duidelik soos daglig – duisende bordvormige spore en mis was volop as teken dat ons in Oom Olifant se kraal was.

Soos ons gestap het, het ons troppe lechwe's ('n soort waterbok) gekry. Daar was rietbok, koedoe, rooibok, steenbok en duiker. Kort-kort het 'n klompie vlakvarke ons pas versteur en tot so 50 meter van ons af weggedraf met hul kenmerkende lang sterte kiertsregop soos 'n polisiemotor se antenna in die lug. Dan steek hulle vas en bekyk ons met gesigte wat ek belowe nie die mooiste in die diereryk is nie. Een ding is seker, en dit is dat 'n vlakvarkboudjie wat met spek gestop en in vars room en wyn gemarineer is, raak smaak. Dit is geen wonder dat kenners 'n vlakvarkboudjie bo alle ander wild verkies nie.

Opeens het ons op vars leeuspore afgekom en van toe af dra ons nie meer gewere oor die skouer nie, maar oorgehaal, met 'n patroon in die loop, in die hande!

Dit was geweldig warm al was dit begin Junie. Die grond was plek-plek spierwit en dit het gevoel asof die son ons uitgesoek het, want ons moes elke paar kilometer skadu opsoek en 'n bietjie rus. Oral was waterpoele en die wild kon vrylik daarvan kus en keur, 'n feit wat ons saak bemoeilik het. 'n Groot, byna te groot, Egiptiese kobra seil 'n meter vanwaar ons sit en rus uit die bos, steek vas en beloer ons met sy koue swart oë. Toe ons nie een roer nie, het hy seker gedink ons is swart en wit versteende houtstompe, belangstelling verloor en verder geseil, sonder om weer van ons notisie te neem.

Later die middag, na ons die suid-oostepunt van die eiland bereik het, het ons nog geen olifant gewaar nie. Al die tekens was daar: spore, vars-gebreekte boombas, hul rusplek tussen 'n ruie bos mopanie en katdoringbome, nat, warm mis – alles was daar behalwe Oom Olifant. Die geweldige spanning van die eerste olifantjag het aan my maagsenuwees geraak.

Die ou jagterspreekwoord sê: "Dis elke dag jagdag, maar nie elke dag skiet-dag nie". So was dit dan dié dag en daarom het ek aan die begin gesê dat hierdie 'n jagverhaal is, maar tog ook nie.

Ek het by dié geleentheid 'n nuwe "fancy" paar seilskoene aangehad; sulke mosterdkleuriges, wat toeryg soos 'n stewel. Wat ek nie geweet het nie, is dat die goed krimp as dit nat word.

Ons moes toe reeds deur 'n paar waterslote en sonder dat ek daarvan bewus was, het die stewels stadig maar seker begin krimp – in so 'n mate dat toe ons die punt van die eiland bereik het, ek reeds 'n paar kilometer vêr mank begin loop het van die toenemende drukking op my voete.

Toe ons die groot stroom bereik wat Lupala-eiland en Botswana skei, het ek met my voete in die heerlike koel water gaan sit… onwetend van my fout.

Terwyl ek so met my voete in die water sit, vra James wat makeer dat ek so mank loop. Ek sê toe ek dink dis die seilskoene wat effens klein is en my voete seer druk. Dis toe dat minister Mungu sê: "It seems to me that the morena cannot walk far in the bush!"

"Yes," beaam James op sy beurt: "Your feet are too soft for the bush. I think the morena is too soft for the bush. He must not hunt with men."

"He must stay in the camp and perform duties as camp-boy and cook for us," voeg Mungu by en slaan 'n spyker waar 'n Boer seerkry, en as 'n Boer seerkry dan is die gort gaar!

Hierdie twee swart ministers was uit die aard van die saak ministers en ge-siene inwoners in hul gebied, ek was 'n gesekondeerde lid van die SAP in hul gebied, maar as daar gestamp word, is daar geen onderskeid tussen mense nie. Toe ek sien die twee swart ministers grinnik vir mekaar, rys daar diep binne my diepste wese iets soos 'n vuurspuwende berg wat wil ontplof.

Dis soos die gedig van Cilliers wat in my opkom wat sê: "Staan jou man, jou naam is Boer!"

'n Roekelose woede, wat ek nie durf openbaar nie, styg in my op. "Okay, gent-lemen," sê ek en verbaas my vir my kalm stemtoon, "we shall start walking back to camp without any rest along the way. The last one in camp will be the cook and second last one will be the waiter!"

"Okay, okay," antwoord albei.

Beide swart ministers glimlag breed en wys elk 'n paar spierwit "Colgate-" tande, terwyl hulle gesigte nog papnat is van die vermoeiende stap in die tropiese Afrika son, waar die kwik tot 50 grade kan styg.

Dis toe dat my marathon begin!

Ek het 'n paar diep teue van die soet water van die Kwando-rivier geneem, my swaar .458-geweer opgetel en die voortou geneem. Ek weeg self 104 kg, is swaar van been, en toe ek mank-mank vooraan 'n stywe pas aanslaan, wonder ek of ek nie hierdie keer 'n te groot hap afgebyt het nie. Maar van omdraai was daar geen sprake nie.

Die stryd het begin – en was dit nie 'n stryd nie!

Dit was man teen man en die sterke regeer, sê die wet van die natuur.

Die Afrika-son het onverbiddelik – helwarm en sonder genade – op ons neergeskroei. Ek hoor deesdae oor die radio as die weervoorspelling gelees word, sê hulle soms: "Dit sal warm tot bloedig warm word." So was dit ook dié dag op die minste bloedig warm. Die son sit reg bo ons koppe soos 'n hoogoond by Yskor. Die ergste van alles was dat toe ons wes draai van die soet water af, in die rigting van die kamp, toe skyn die namiddagson reg in ons gesigte.

Ons strompel weswaarts deur pragtige woude met die mooiste voëls denkbaar – dis wildemakoue, knopneuswilde-eende, Egiptiese ganse, papagaaiduiwe, fisante, tarentale, wildeloeries, saalbekooievaars, om maar 'n paar te noem – maar met my tande opmekaar gekners merk ek skaars hierdie mooi natuurverskynsels. Al waarop ek konsentreer, is om die voortou te behou voor my swart vriende wat nie 'n sentimeter afstaan nie.

'n Pragtige, maar uiters raar waterkoedoe – die sitatunga, wat min mense nog die eer gehad het om te sien, wat nog te skiet – bars hier regs voor ons in 'n ruie bos van huil- en kastaiingbome uit. Hy vlug met sy lang kloue, wat spesiaal deur die natuur vir ratsheid op sagte grond en selfs modder ontwikkel is, sonder veel moeite deur die papirusriete en waterplante. Die rede waarom hy so skaars en moeilik te jag is, is omdat hy in die watermoerasse woon.

Ek het nie veel tyd om my oor hierdie rare verskynsel te verwonder nie – my marathon gaan voort.

Wanneer 'n atleet aan 'n marathon deelneem, dan word daar vêr gedraf; 'n moeilike, stywe pas gehandhaaf. Ons het nou weliswaar nie gedraf nie, maar ons het vinnig gestap – amper 'n drafstap.

Met elke kilometer het my seilskoene meer en meer gekrimp en die pyn het feller geword. Nie een deelnemer uiter 'n woord nie, want dit gaan om jou eer. Jy moet bewys dat jy pyn en uitputting sonder kla kan verdra. Ek glo ook om te praat sou die moeë liggaam nog verder uitgeput het en dit het elke deelnemer deeglik besef.

Toe ons uiteindelik die kamp bereik, het my oë geswem in die trane, maar ek strompel eerste die kamp binne, gevolg deur James en laaste Mungu.

Ek val hygend in 'n veldstoeltjie neer en met geswelde lippe en 'n skor stem wat ek amper self nie herken nie, begin ek soos 'n koning van my troon af bevele dikteer. "James, you bring me a double whisky with ice immediately, as from now on you will be the wine steward. Mungu, you start collecting firewood, as you will be the cook!"

"Yes, morena!" kom dit asof uit een keel. Hulle aanvaar hul neerlaag sonder meer. Dis die wet van Afrika.

Toe klap die skoot en tien minute later dra Eddie 'n rietbok die kamp binne. Mungu begin afslag. Later sny ek die rugbiltonge uit en peper en sout hulle deeglik. James haal die blaarpensie uit, skud die fyngekoude blare en gras uit en steek dit aan 'n stok wat hy gesny het om dit oor die vuur te braai.

Ons gesels skertsend oor die lang stap en soos ek daar sit, pyn my voete soos kole vuur. Ek merk hulle benader my met groot respek en toe James my drankie gee, buig hy sy knie so effens – net soos Mungu toe hy my stukkie rietbokvleis aan 'n mikstok vir my aangee.

Die son sak in die weste op 'n tipiese Suidwes-manier. Die asemrowendheid van die uitspansel en die pragtige natuurskoon smelt harmonieus saam. Die ondergaande son kleur die westerkim en 'n paar vlieswolkies slaan ligroos uit soos 'n jongmeisie se wange as sy bloos.

Toe dit sterk skemer raak, word dit koeler en begin die diere van die Lupala-eiland na die versengende hitte lewe kry. 'n Klompie tarentale raak hewig aan stry en 'n fisantmannetjie, so twintig meter van die kamp af, begin moedig en hard na sy maatjie roep terwyl hy op sy tone staan, sy nek lank uitrek en sy pikswart ogies met rooi ringe bot-toe knyp.

Later smul ek aan die rietbok se vars rugstring en 'n sny growwe bruinbrood met dik botter. Ook sien ek hoe my twee swart metgeselle die halfgaar blaarpens net so verorber sodat die groen sous van die gras en blare wat in die pens was, strepe langs hul monde afloop en ek besef weer opnuut dat ons wêrelde so vêr van mekaar is as die ooste en die weste of nog verder.

Dié nag sukkel ons om aan die slaap te raak, want soos ek op my rug lê, raak die sekelmaan donker soos die muskiete, letterlik miljoene van hulle, op ons toesak. Ek hoor net hoe klap en waai die manne en genadiglik sak die slaap oor my toe, meer van uitputting, en my voete brand nog steeds soos twee kole vuur.

'n Dag later kom ek tuis. Die jag was suksesvol, maar die marathon sal ek nooit vergeet nie.

Ek bad, skeer en sjampoe en toe ek my sandale aantrek, merk ek dat al tien my toonnaels potblou is soos my te klein seilskoene my tydens die marathon-stap gedruk het.

29. MY VEILIGHEIDSKNIP

Dit is seker oorbodig om te konstateer dat alle vuurwapens voorsien is van die een of ander soort veiligheidsknip. Party is sommer elementêr en party so ingewikkeld dat die jagter 'n handboek byderhand moet dra om die funksie daarvan na te speur – dit heel dikwels met noodlottige gevolge. Hier maak ek nou spesifiek melding van die .22-reeks tot en met die grootste en swaarste magnum-kalibers, en hier praat ek nou uitsluitlik van jagwapens.

Verstaan my goed, ek wil geensins hiermee beweer dat geen veiligheidsknip 'n doeltreffende funksie het nie. Dis ook nie my doel om die veiligheidsknip af te takel nie – inteendeel, die veiligheidsknip is nie om dowe neute aan 'n geweer gemonteer nie en die naam van die knip, naamlik veiligheidsknip, spreek boekdele.

Dis elke man en jagter se voorreg om enige saak wat hom raak na eie goeddunke te benader. Dis seker ook elke jagter se demokratiese reg om, wanneer dit by die keuse van 'n vuurwapen kom, sy eie oordeel te gebruik en om sy eie keuse te laat geld.

Dit is ook nie my doel van hierdie skrywe om al die veiligheidsknippe te ontleed nie en nog minder wil ek ingaan op die verskillende fabrikasies – dit sal beslis te veel ruimte in beslag neem. Nogtans reken ek dat die ontleding van alle gewere se veiligheidsknippe geweldig interessant behoort te wees.

Ek moes egter vroeg in my jagterslewe besluit hoe ek die veiligheidsknip gaan benader. Nou is dit so dat die jongman altyd eers by die ou jagter leer, kyk hoe hy maak en die saak benader. Nou ja, as ek soos die meerderheid van jagters moes maak, dan sou ek liewer alle gewere sonder veiligheidsknip wou sien. As geregsdienaar het ek al male sonder tal by die lyk van 'n sogenaamde gesoute jagter gestaan en sy jagmaats sou in die hof onder eed verklaar dat die gewraakte geweer se veiligheidsknip wel op was.

Sulke tragiese gevalle lui gewoonlik tot uitsprake soos: "Die duiwel het die geweer gelaai" of "Daar was geen patroon in die loop nie" of "Die geweer was nie gelaai nie". Hoe dit ook al sy, het ek al menige wildsbok sien wegkom en dit nadat die voornemende jagter pynlik aangelê het, die sneller trek en dan tot sy grootste frustrasie moet ontdek dat die geweer se veiligheidsknip nog aan is. Ook het talle ongelukke plaasgevind waar die veiligheidsknip dan "op" was.

Dit was dan ook toe ek op groot Eduard Mostert, later skoonpa, se plaas in die Kalahari gaan jag het dat ek op die kruispad met die veiligheidsknip gekom het. Hein, my jongste broertjie, was saam met my op hierdie jagtog. Dit was springbokwêreld en ons het met aanstaande skoonpa se Ford-bakkie gery. In 'n stadium het ek op 'n springbok aangelê en net toe ek wou skiet, moes ek eers die veiligheidsknip afstel. Dis net wat die bok nodig gehad het. Hy spring weg en hardloop met sierlike hale die lang gras in. Ek stel weer my geweer se knip op veilig.

Skoonpa ry verder agter die bok aan en ek gee die geweer vir my broertjie, wat ook agter op die bakkie gesit het, om vas te hou. Nodeloos om te sê dat 'n jong seun so nuuskierig is soos 'n bobbejaan en net so min weet van 'n geweer soos sy wetenskaplike broer. Ook is dit so dat 'n gelaaide geweer net so dodelik gevaarlik in die hande van 'n onervare seun of man is as wat dit in die hande van 'n bobbejaan is. Maar die ou mense het mos altyd gesê: 'sien is glo en voel is wragtig' en dis hier waar ek my les geleer het. Gelukkig nie met noodlottige gevolge nie, maar wel so dat ek tot ander insigte omtrent 'n geweer en sy gevaar-potensiaal gekom het.

Ons ry nog met alle aandag op die springbok daar voor in die lang grasvlakte, toe daar meteens 'n geweldige slag afgaan en dit smaak die ontploffing ruk my skoon van die bakkie af. Ek voel vandag nog die koeël vat-vat aan die agterkant van my kop.

My naam was gelukkig nie op daardie koeël geskryf nie – dit was net die Hoër Hand wat die dag met my was, anders was ek nie meer hier om hierdie verhaal te vertel nie.

Ek vlieg om en gryp die geweer uit sy hande. Ek bekyk my geweer en merk onmiddellik dat die veiligheidsknip af is.

Dis toe dat ek op die spreekwoordelike kruispad met die veiligheidsknip van 'n geweer gekom het om 'n soortgelyke voorval te voorkom. Ek het besef dat ek uiters gelukkig was en dat hierdie voorval vir my net 'n te duur les was sodat ek nooit 'n geweer met 'n patroon in die loop sou laat nie. Hierdie les het ek tot nou toe in my jagterslewe met vrug gebruik en toegepas. Ek besef vandag nog dat die dood aan my skouer geraak het en dat ek in die jagveld amper my lewe verloor het. Maar dis deur sulke vingerwysende voorvalle dat 'n mens die duur lesse in die lewe net een keer leer – daar is gewoonlik net nie 'n tweede kans nie. As jy hierdie waarskuwings ignoreer, dan moet jy die gevolge dra.

Ek moes toe 'n ander onfeilbare veiligheidsmetode bedink wat 'n herhaling van die onaangename voorval sou voorkom. Ek het daar en dan besluit ek gebruik nooit weer 'n veiligheidsknip nie. Ek is tot vandag toe nie spyt oor daardie besluit nie en het ook tot hierdie dag nooit weer 'n veiligheidsknip gebruik nie – en dit sonder die sprake van 'n ongeluk. Ek weet baie jagters gaan nie met my saamstem nie en ek sal hulle nie kwalik neem nie. 'n Motor se handrem is mos daar om die motor stil te laat staan as dit geparkeer is. 'n Mens sit tog nie 'n klip agter die voor- en agterwiel as daar 'n handrem is nie. Tog het

ek talle motors sien aan't loop raak met lelike gevolge, en dit terwyl die bestuur-
der hoog en laag sweer dat die handrem aan was.

Dit was nie lank daarna nie toe ek deur 'n Duitser in Suidwes genooi is om
koedoe te kom skiet. Ons het deur digte bosse beweeg toe die groot pragtige
koedoebul spreekwoordelik op die skinkbord voor my geplaas word. Net een
verskil was dat die bul in volle vaart deur die digte bosse gehardloop het. Hy het
skuins voor my uit die bosse in gevlug en party plekke kon ek net die pragtige
krulhorings sien. Ek het sy vlug dopgehou. Met sy eerste uitspring was my
geweer reeds oorgehaal met 'n patroon in die kamer.

Toe die koedoebul egter in die digte bosse in beweeg, bring ek die grendel op
en neem die spanning af. Hier het ek nou 'n toestand gehad waar daar wel 'n
patroon in die kamer was, maar die geweer was nie gespan nie. Ook was die
veiligheidsknip nie op nie en die geweer was slaggereed maar tog veilig. Net hier
het ek besluit om voortaan op die wyse te jag, wat ek dan ook tot vandag met
vrug gedoen het sonder dat daar 'n enkele keer sprake van 'n moontlike ongeluk
was. Dit werk doodeenvoudig soos volg: patroon in die kamer, grendel halfpad
opgelig net om die spanning af te neem – en tog bykans gereed om te vuur. Om
die grendel af te druk en die patroon in dieselfde beweging in die kamer in te
druk is net so veel (of dalk selfs minder) moeite as om die veiligheidsknip af te
druk. Daar is volgens my beskeie mening by die veiligheidsknip nog die volgende
nadele en dit is:

> As jou geweer se veiligheidsknip op is, gebeur dit male sonder tal dat die
> jagter sy oog van die teiken moet afneem om te sien waar die veiligheids-
> knip is en dit dan afdruk, wat meebring dat waardevolle tyd verspil word.
> Met die veiligheidsaksie waarmee ek jag, het jy nie nodig om jou oë een
> maal van die teiken af te haal nie. Jy kan die geweer teen jou skouer
> bring, die grendel in dieselfde beweging afdruk en siedaar – jy is gereed
> om te vuur. Boonop – veral vir die man wat net af en toe jag, is dit nie
> nodig om te probeer onthou waar die veiligheidsknip se op- en af-
> posisies is nie. Die grendel sit gerieflik by die hand.

> Indien die teiken dieselfde streke uithaal as my koedoe die betrokke dag,
> dan het ons die probleem dat die jagter wat van die gewone veiligheids-
> knip gebruik maak nog 'n koeël in die kamer het waarmee hy rekening
> moet hou. Hy moet òf dadelik die koeël uit die kamer verwyder òf die ge-
> weer se veiligheidsknip dadelik weer op 'veilig' sit. Onthou nou dat daar-
> die geweer nog steeds gelaai is. Dit is my oortuiging dat al die ongelukke,
> of minstens die meeste daarvan, met 'n geweer wat in hierdie gevaarlike
> toestand gelaat is, plaasvind.

Al wat ek doen met my "veiligheidsmetode" is, as ek 'n koeël in die kamer het,
en ek kan of wil nie dadelik vuur nie, lig ek net die grendel op in dieselfde
beweging as wat ek die geweer van die teiken wegneem – en my geweer is,
alhoewel 90% slaggereed, onmiddellik doodveilig.

Hier, het ek besluit, is my metode van beweeg met 'n gelaaide geweer. So gesê so gedaan. Ek het koes-koes agter die koedoebul aan beweeg, my roer gereed soos vooraf beskryf. Ek gewaar toe 'n oop kol waardeur die koedoe moes beweeg indien hy my wou ontvlug en ek steek vas, lig die geweer aan my skouer, en in dieselfde beweging druk ek die grendel af, wat meebring dat die koeël in die kamer ingestoot word en die slagpenveer gespan word – gereed om te vuur.

Die volgende oomblik bars die koedoebul hier voor my uit die bosse. Ek was egter gereed vir hom en in die dier se vlug lê ek aan. Toe die skoot klap, slaan die dier neer dat die stof en kluite so spat – horings eerste in die grond.

Die Duitser kom om die bos gedraf. Sy gesig straal en hy is meer opgewonde as ek. "Mein Freund, das war ein gute Schob!"[19] sê hy, rooi in die gesig van opgewondenheid, en pluk 'n bottel Duitse likeur uit. Dis 'n bottel "Jägermeister" (jagmeester), wat hulle gewoonlik na 'n suksesvolle jag geniet – net die manne wat "kan skiet" kwalifiseer vir 'n sopie. Ek was die dag sy "Jägermeister" gewees. Hy draai die prop met een beweging af, bied my die bottel aan en beveel hy my om te drink. Ek was toe nog 'n geheelonthouer, maar moes tog darem 'n slukkie neem.

So met die smaak van die Jägermeister nog in my keel, het ek besluit hoe ek voortaan my geweer se "veiligheidsknip" gaan gebruik.

Vandag, baie jare later, is ek nog dankbaar oor my besluit. Ek jag vandag nie meer so gereeld nie en skiet ook selektief, want ek het die dier en natuur lief, maar ek is en was nog nooit spyt dat ek dié veiligheidsmanier 'n gewoonte gemaak het nie. Dit bederf nie die jag soos wanneer 'n man sukkelend na 'n veiligheidsknip moet soek terwyl die bok agter die bulte verdwyn nie, maar die jagter en sy maats is ook doodveilig. Daar het ook nog nie weer 'n koeël so in my nek gefluit soos daardie dag op die bakkie nie!

Daar is egter net een nadeel in die veiligheidsknip van my, maar dit selfs in-gereken, glo ek en is ek oortuig dat ek beter gedoen het. Die klein nadeel is wanneer jy die bok of wilde dier bekruip het en jy begin aanlê dan maak die grendel 'n effense klikgeluid wat, indien jy naby genoeg is om gehoor te kan word, dit vir jou neusie verby kan wees. Dit is egter ook nie so 'n groot probleem nie – indien jy so na aan die betrokke teiken kan kom en redelik gou nadat jy die grendel afgedruk het, kan skiet, dan is hy so goed as in die pot – al het hy die grendel gehoor.

Een keer het ek saam met 'n ou maat van my in Otjiwarongo-distrik gaan jag. Dit is nou tussen Kalkveld en Otjiwarongo. Die gasheer, Casper Human, het ons in die pad langs die draad by die hek van die plaas waar ons sou gaan jag, afgelaai en ons is te voet verder. "Julle moet nou so deur die veld werk en dan kom tel ek julle later die middag met die bakkie by die pos op."

---

[19] *"My vriend, dit was 'n uitmuntende skoot!"*

So gesê, so gedaan. Ek en Dick besluit toe ons sou so 200 treë uitmekaar stadig deur die bos werk en dan sal ons mekaar by die pos, wat ongeveer 3 kilometer voor ons lê, ontmoet.

Alhoewel dit Julie-maand was, was die veld pragtig groen. Die rosyntjiebosse, kanniedood en swarthaak was vol kos. Die gras, alhoewel reeds vaal van die winterkoue, het onder in die polle nog lekker groen lote gehad wat uitstekende kos vir die wild bied. Ek merk ook dat die soetgras vol in die saad staan en ek weet 'n wildsbok wat in hierdie wêreld loop moet moddervet wees. Boonop was die soetdoring se peule nog nie droog nie. Hierdie peul maak 'n koedoe so vet dat as jy hom oopslag, dan is sy niere weg onder dik, spierwit vet.

Ek stap nog so ingedagte die natuur en bewonder toe ek net bosse hoor kraak voor my en ek sien net die laaste koedoekoei van die trop witstert maak in die bosse. Toe is hulle weg soos skimme in die mis. Ek verwens myself dat ek so loop en droom het en nie meer aandag aan die omgewing gegee het nie, anders was die eerste lewer op die kole.

Soos ek koedoe se kind ken, gaan hy nie weer maklik staan om te kyk wat hulle skrikgemaak het nie – hulle trek seker teen die tyd by die volgende plaas.

Ek stap toe maar teleurgesteld, gefrustreerd en vies vir myself aan, maar hierdie keer wakkerder, met my oë op die bosse voor my gerig: wie weet dalk net...

En dis toe ek om die groot wildeseringboom gestap kom dat ek die koedoebul vyftig meter voor my sien staan, onder 'n groot kameeldoringboom; so asof hy bestel is.

Ek steek verbaas vas, geweer nog voor my in altwee hande, gereed om te skiet. Ek roer nie 'n ooglid nie – ondervinding het my geleer dat as jy so op 'n koedoe afkom moet jy, al staan jy been in die lug, net so bly vassteek anders is dit net jou geheue wat ooit weer iets van hom sal hê.

Ek maak toe ook so. Ek steek net soos ek om die bos gekom het vas en ek en die koedoebul meet mekaar. Hy staan reguit na my en kyk en ek sien dis 'n groot meneer dié. Sy horings kruip verby na die vierde draai toe en die horingpunte is spierwit en na voor gekrul. En ek weet, hierdie keer het ek 'n ou grote, maar hy is nog nie in die pot nie. Ek besef dis my kennis van die wild en die natuur teen dié van die wilde dier wat teen mekaar opgeweeg word. Gaan hy vlug of gaan hy biltongrak toe?

Intussen roer ek nie 'n oog nie en beloer die bul. Hy laat sak sy kop nuuskierig om my ook te beloer en toe is hy eers 'n moeilike teiken, sy krulhorings blink in die son.

My geweer was toe reeds op my veiligheidsmetode gereed. Ek staan roerloos, gespanne soos 'n staalveer, lig die geweer stadig na my skouer en toe die koedoe in die visier verskyn druk ek die grendel af en ek is gereed vir hom.

Toe die grendel klik, lig die bul sy kop op en toe sien ek my kans. Ek skiet die bul mooi netjies in sy kuiltjie en hy slaan in sy spore neer. Ek stap hoogs tevrede nader. Dit is een van die grootste koedoebulle wat ek nog gesien het, wat nog te sê geskiet het.

Die gekraak van takke laat my vervaard omvlieg om Dick soos Gert Potgieter oor die lae bossies aangeseil te sien kom. Hy bekyk die dier en wens my geluk en ek weet dat my veiligheidsknip weer eens sy ding gedoen het.

Nog was het einde niet. Die agtermiddag skiet ek en Dick nog drie koedoebulle en ontdek toe ons het in ons haas ons jagmesse en gereedskap wat ons juis vir die doel saamgebring het, in Otjiwarongo by Casper se huis in die motor vergeet. Ek het net my klein sakmessie by my.

Daardie nag slag ons tot na middernag. Dit was 'n opwindende, maar uitputtende dag en slagtery is harde werk – veral as jy nie 'n ordentlike snyding het nie. Daar het Dick langs die koedoe karkas aan die slaap geraak van uitputting. Ek self was hom nie vêr agter nie, maar ek onthou – voor ek in die slaap weggesink het, het ek darem nog krag gehad vir die een laaste, wyse, gedagte van die dag: As jy eers jou veiligheidsknip baasgeraak het, is die belangrikste ding wat oorbly om te onthou van jou slaggereedskap!

30.   MY WEERWRAAK

Ek is nie 'n man wat wraaksugtig is nie – altans nie teenoor my medemens nie. Ek glo ek het al in my lewe 'n paar keer rede gehad om weerwraak te neem – maar helaas het ek daarteen besluit en gemaak soos die Groot Boek sê: "Die wraak kom jou nie toe nie!"

Ek het ook die siening gehuldig soos die Sjinese spreekwoord lui: "Die soetste wraak is om 'n onreg te vergeet!" So het dinge hul gang gegaan tot eendag op 'n reëndag, soos die filosoof gesê het.

Dit was gedurende 1977 toe ek op die grens te Katima Mulilo gestasioneer was. Dit was gevaarlike dae, maar tog was my verblyf van 8 jaar op die grens – in die bekende Caprivi Zipfel – een van die gelukkigste en onvergeetlikste tye in my lewe. As ek een tiervis gevang het, het ek duisende gevang. Ek was drie keer op die wêreld se bekende Karibameer en het drie keer die benydenswaardige voorreg gehad om aan die net so bekende "Tiger International" tiervis-hengeltoernooi, wat 'n jaarlikse instelling was, deel te neem.

Hier het ek gedurende 1977 tydens so 'n tiervis-hengelkompetisie die tweede plek uit ongeveer 200 hengelaars behaal en as prys het die destydse bevelvoerder van die ou Rhodesiese Weermag, generaal Walls, en sy vrou vir my 'n glasvesel-visstok geskenk, waarmee ek nou nog hengel!

Ek ken die Zambezi-rivier soos die palm van my hand en moes al vir die vales mense gaan uithaal het. Glo my dat dit nie 'n maklike taak is om in die nag met 'n boot op die magtige Zambezi-rivier te vaar nie. Daar is, benewens die donkerte, talle gevare soos seekoeie, krokodille, rotse, diep sterk strome en, les bes... terroriste!

Alhoewel ek al deur seekoeie lastig geval is, het hierdie amfibiese diere my nie een keer werklik in gevaar gestel nie. 'n Paar verwoede seekoeibulle het my boot al gejaag en ek was al 'n paar keer deur 'n kwaai seekoei met 'n klein kalfie gekonfronteer.

Maar hierdie verhaal gaan oor die sluwe reptiel, die krokodil – en dit was ook 'n krokodil wat my laat besluit het om wraak te neem.

Die krokodilbevolking van die Zambezi-rivier is relatief uitgedun in vergelyking met die toestand wat voorheen geheers het. As daar na geskrifte uit die verlede gekyk word, was die Zambezi-rivier eens op 'n tyd vol krokodille.

Ek het dan ook gedurende die tyd van my verblyf in die Caprivi 'n paar krokodille geskiet, maar hierdie storie gaan oor 'n ou grote wat sy verblyf op 'n eiland tussen Katima Mulilo en Sesheke gemaak het.

Gedurende die tyd het die ou grote 23 honde van blanke inwoners gevang en na sy ondergrondse grotte geneem om te verorber. 'n Krokodil het 'n besondere liefde vir honde.

Die krokodil, so glo ek, is een van die dodelikste en gevaarlikste diere (reptiele) wat die mensdom maar kan teëkom. Hy is 'n koelbloedige taktikus en as hy besluit om 'n prooi, selfs 'n menslike prooi, aan te val, is lis en geduld sy wagwoord. Daarvan getuig die feit dat selfs vandag nog mense langs mere en riviere deur krokodille gevang en gedood word.

Die krokodil sal weke in sy skuilplek lê en sy strategie beplan voor hy op 'n mens toeslaan. Hy kan dié soort modus operandi goed handhaaf, want sy stapelvoedsel is eintlik vis – veral baber. So, as hy sien mense besoek 'n sekere plek gereeld, sal hy die plek fyn dophou en gedurende die tyd leef hy as voorgereg op vis – tot hy meedoënloos toeslaan. En as 'n krokodil toeslaan, is die kanse dat hy sal misluk minimaal!

Ek en Spanners Kruger het in die somer soos klokslag elke middag na werk ons gesin na Sivi-beach geneem en in die lekker water van die Zambezi gaan afspoel. Dit was heerlike dae en ons het ons gate uit geniet.

Spanners se hond, Rommel, het elke middag saam gaan swem. Ons het dikwels 'n bal 'n entjie van die sterk stroom af in die rivier gegooi en dan moes Rommel – 'n baster kollie met 'n baie goeie temperament – dit gaan haal. Dit was pret om te sien hoe beur ou Rommel teen die stroom en hy moes baie male so vyftig meter verder af tussen die riete uitworstel om weer by ons uit te kom.

So het dit somer in en somer uit gegaan tot op 'n reëndag. Die skole het soos gewoonlik op 6 Desember gesluit en die volgende dag het ek en my gesin Suidwes toe afgesit vir vakansie. Spanners en sy gesin het agtergebly en die volgende middag gaan hulle, soos gewoonlik, Zambezi-rivier toe vir die daaglikse swem.

Daar aangekom, spring hulle in die rivier en Rommel is ook pens en pootjies in die water. Terwyl hulle so swem, gooi Spanners weer die bal 'n entjie in die water. Rommel swem agterna, hap die bal en begin terugswem.

Dis toe Rommel tussen hulle in swem dat die noodlot toeslaan, so vertel Spanners later met groot oë.

Die groot krokodil, wat ons maande lank moes lê en dophou het, het tussen Spanners, sy vrou Tal, en sy twee kinders op Rommel toegeslaan. Spanners vertel met skrik dat hy net gesien het hoe die groot krokodil vir arme Rommel vat en toe Spanners van skok omswaai en probeer wegswem wal toe, toe tref die krokodil se groot stert hom tussen die blaaie – amper winduit.

Dit was die laaste sien van Spanners se getroue Rommel: die 24ste hond op die groot krokodil se kerfstok – sonder dat 'n vinger verroer kon word om die hond te help.

Dit was ongetwyfeld so dat die ou grote ons vir maande fyn dopgehou het en sy strategie fyn bepaal en uitgewerk het. 'n Krokodil kan tot twee uur lank onder die water bly en sy polsslag tot vier slae per minuut verlaag om so min as moontlik suurstof te gebruik. Hy moes in hierdie geval goed van hierdie vermoë gebruik gemaak het, want die eiland vanwaar hy ons dopgehou het, was 600 meter van ons swemplek geleë.

Toe ons na die vakansie terugkeer, moes ons van die tragiese lot van Rommel verneem. Spanners het my ook die merk gewys waar die krokodil hom met die stert skrams tussen die blaaie getref het.

Ek het Spanners se noue ontkoming en die verlies van Rommel aangehoor en net daar besluit om wraak te neem...

Maar eers iets meer oor die krokodil. Hulle sê mos dis nie wys om 'n vyand aan te durf voordat jy hom en sy gewoontes deeglik leer ken het nie.

Krokodille (orde Crocodilia) bestaan uit egte krokodille, alligators (kaaimanne) en gaviale (snawelkrokodille), wat met die uitsondering van een spesie in die varswater van die tropiese gebiede voorkom.

Daar het deur die eeue heen nie veel uiterlike veranderinge aan die krokodil, wat die naaste verwante lewende spesie aan die reeds verdwene dinosourus is, plaasgevind nie.

Dit is noodsaaklik dat krokodille internasionaal beskerm moet word, want die krokodilspesies word ernstig bedreig omdat daar wêreldwyd 'n hoë prys op krokodilvelle geplaas word.

Die volgende feite van krokodille is reeds bekend:

> Die krokodil se liggaam is met 'n horingagtige pantser bedek.
> Sy pote is geweb, maar hy swem eintlik met sy stert.
> Die krokodil is amfibies en lê meestal in die son op die walle van riviere en mere en sal weer in die aand terugkeer na die water, waar sy dieët meestal uit visse, voëls en kleiner soogdiere bestaan.
> Dit is bekend dat krokodille wildsbokke, beeste, perde en mense aanval.
> Krokodille bewoon die aarde vir sowat 200 miljoen jaar en die oeroupa van die krokodil dateer uit die era van die reptiele in die Trias – 225 miljoen jaar gelede – wat die oudste tydperk van die Mesosoïkum was. Gedurende die Jura (190 miljoen jaar gelede) het hierdie diere verder ontwikkel en gedurende die Kryt (136 miljoen jaar gelede) en die Tersiêr (136 miljoen jaar gelede) het die orde van Crocodilia gevorm, soos die mens vandag die krokodil ken.
> Wanneer die krokodil duik, word sy neusgate en gehoorgange met spesiale kleppe afgesluit sodat die water nie kan binnevloei nie. Ook die oë is om dieselfde rede met 'n dun, deurskynende vlies bedek.
> Sy gewebte pote word in die water as roeiers gebruik.
> Sy gespierde stert, wat sy enigste swemorgaan is, word ook soms gebruik om sy prooi katswink of dood te slaan. Op die bokant van sy

stert kom 2 rye stekels voor wat na die punt toe in een ry saam-
smelt.

➤ Die krokodilwyfie lê haar eiers in die sand en naby die water, waar
dit self uitbroei deur middel van die warmte van die son en verrotte
plantdele wat ook hitte opwek.

➤ Na sowat drie maande maak die klein krokodille bromgeluide en hul
ma, wat vir die duur van die broeityd altyd naby waggehou het, gra-
we die gat oop. Sy dra die kleintjies in haar bek en plaas hulle in die
water. Vir dié doel het die wyfie onder in haar keelholte 'n sak waarin
sy sowat 40 kleintjies gelyktydig kan dra.

➤ Wanneer klein krokodilletjies uitgebroei is en in die water gelaat
word, is hulle reeds ten volle ontwikkel, maar vreet die eerste jaar
net insekte en slakke. In dié stadium is waterskilpaaie, visarende en
maraboes hul grootste vyande.

➤ Tydens die eerste sewe jaar groei hulle sowat 29 sentimeter per jaar,
maar daarna neem die groeitempo af.

➤ Die Nylkrokodil en die seekrokodil het vroeër soms 10 meter lank
geword, maar deesdae word daar selde 'n krokodil gesien wat langer
as 6 meter word.

➤ Dis niks snaaks dat 'n uitgegroeide Nylkrokodil tot 400 kg en selfs
swaarder word nie.

➤ Die Nylkrokodil – soos die een wat in hierdie verhaal beskryf word –
kan meer as 100 jaar oud word.

➤ Die ou Egiptenare het die Nylkrokodil as 'n heilige dier vereer, terwyl
die moeraskrokodil (Crocodilus palustris) weer in Indië as heilig be-
skou word.

➤ Die krokodil is van kardinale belang om die ewewig in die natuur te
verseker en moet daarom teen uitwissing beskerm word. Die kroko-
dil in Suider-Afrika het byvoorbeeld hoofsaaklik van babers gelewe.
Verminder die krokodille, dan vermeerder die babers, wat weer op
hul beurt hoofsaaklik van ons gesogte hengelvisse soos die karp,
kurper en baars lewe. Die visse is ook die stapelvoedsel van voëls
soos visvangers en die pragtige visarende. As die visse en voëls uit-
sterf, vermeerder die malarialarwes!

➤ Teenswoordig word die krokodilorde in drie families ingedeel naam-
lik:
    a.   Krokodille – Crocodilidae;
    b.   Alligators en kaaimanne – Alligatoridae;
    c.   Gaviale – Gavialidae.

➤ Die krokodil se neusopeninge is aan die punt van sy snoet en word
deur middel van asembuise en een paar inwendige neusgate met sy
keelholte verbind.

Terug na my wraak: 'n Paar dae nadat ek van vakansie teruggekeer het, het
ek 200-grein patrone in my .308 Norma Magnum se magasyn gelaai. Ek het

niemand gesê nie en die oggend vroeg my motorboot geneem en stadig stroom-op beweeg.

Ek was seker dat die kans maar skraal was om die rower raak te loop omdat die motorbootenjin se geraas hom sou verwilder. Hy het nie verniet so groot geword en so lank bly leef nie.

Baie stadig, op die laagste moontlike enjinspoed, het ek die punt van die eiland genader. Met 'n patroon in die Magnum se kamer en met die geweer op my skoot, het ek die krokodil se skuilplek genader.

Toe ek hom sien was hy so 10 meter van my af. Dit was 'n massiewe monster en ek het sy gewig naby 'n ton geskat.

Hy was nie aan die slaap nie en ons loer en meet mekaar vir 'n breukdeel van 'n sekonde. Ek kyk in sy koue oë wat hy op my gerig het en my voorgevoel sê dat daar geen twyfel is dat dit Rommel en talle ander diere se moordenaar is nie.

Hy gee my vyf sekondes. Ek druk die boot se stuurwiel met my regterknie vas sodat die boot stabiel op koers bly en lig die Norma Magnum stadig, maar doelgerig tot teen my skouer. Ek wil hom nie nou skrik maak nie. Die prehistoriese, koudbloedige reptiel se kop verskyn in my Zeiss Ikon-teleskoop en ek weet die tyd het uitgeloop.

Toe die massiewe dier hom in een beweging op sy kort verspotte pote lig, rig ek die kruis tussen sy oor en oog. Ek laat sak die kruis en daar waar sy kiewe wit maak en dit sag is, knyp ek my regtervinger en die magnum-patroon van 200-grein plof in sy kies.

Hy kom teen 'n asembenemende spoed in beweging en storm die Zambezi-rivier in dat die water en skuim my papnat spat. Dan verdwyn hy onder die water...

Ek vaar met gemengde gevoelens terug en bewonder die magtige waters van die Zambezi, waarin nog talle meer sulke knewels 'n tuiste het.

Hy het maar net gedoen soos sy voorvaders sedert 200 miljoen jaar gelede. Dit was nie 'n onreg of 'n onnatuurlike daad wat hy verrig het nie, maar 'n blote wyse van oorlewing...

En ek? Ek het gedoen wat ek moes.

Nou dat ek so terugdink aan die jag, besef ek hy het nie 'n kans gehad teen my Norma Magnum nie. So het Rommel teen hom ook geen kans gehad nie.

31.   POTJIEKOS

Daar word gesê dat die mens in die vroegste eeue net rou vleis geëet het tot die weerlig eendag 'n veekraal aan die brand geslaan het en toe daar van die vee verbrand is, het die mens ontdek dat vleis veel lekkerder smaak as dit gaar gemaak word.

Sedertdien is die mens voortdurend op soek na maniere om kos beter en lekkerder voor te berei. Eers was dit goed om die kos sommer in die vlamme gaar te maak, maar namate die mens ontwikkel het, het die gaarmaak van kos tot 'n verfynde kuns ontwikkel. Later is die pot ontwikkel en kort daarna die klei-oond. Veel later, in ons eeu van moderne tegnologie, het die kookkuns 'n metamorfose ondergaan, want eers was dit die hout, toe elektrisiteit, gas en nou selfs mikrogolwe, waarmee die kookkuns die toppunt van gesofistikeerdheid en gerief bereik het.

Ten spyte van die moderne ontwikkelinge op alle gebiede, het ons volk darem daarin geslaag om sekere van sy tradisies en gewoontes te behou. 'n Volk word aan sy tradisies gekenmerk en dié wat geen tradisie het nie, is geen volk nie. Benewens ons unieke taal, die jongste taal in die wêreld, is ons ryklik bedeel aan tradisie en kultuur, en een van die tradisies is ons Boeremanier van kosmaak. Neem nou maar ons tradisionele vleisbraai, broodbak en boereworsbraai wat dwarsdeur die wêreld bekendheid verwerf het, dan praat ons van kultuurgoed.

Met die moderne ontwikkeling het sekere van ons mense se kulturele behendigheid ongelukkig grootliks in die slag gebly. Ek ken mense, Boeremense, wat deesdae reken dat biltong en droëwors iets is wat in 'n slaghuis te koop gekry word, wat nie 'n idee het hoe botter gemaak word nie, wat die neus optrek vir harslag met suursous en wat hou vir hou 'n rojale gemors maak as hulle iets oor 'n oop vuur moet probeer gaarmaak.

Gelukkig ken ek meer Boeremense wat nog weet hoe om 'n afval te krap, wat 'n vuur se intensiteit raak kan skat om te bepaal presies wanneer die vleis op die rooster gesit moet word, wat 'n stuk boerewors kan braai sonder dat dit oopbars en die kole aan die brand slaan en wat 'n doodgewone skaapribbetjie oor 'n oop vuur tot 'n feesmaal kan omtower. Mag hierdie byna ingebore vermoë van ons Boeremense nooit verlore gaan nie!

Wanneer daar besluit word om veld toe te gaan, hetsy vir 'n jagtog, kampeerdery, hengel of wat ook al die vorm van kamp dit mag aanneem, moet daar eers beplan word. Dit is nie my plan om die leser te leer hoe hy moet kamp nie – daarvoor is daar te 'n wye veld om te dek en boonop is 'n kampeerdery 'n persoonlike ding waarin 'n man nie voorskrifte wil ontvang nie – maar hierdie skrywe is meer daarop gemik om raad te gee vir dié wat dit wil hê.

Potjiekos

Dat potjiekos van vêr af kom, is gewis en volgens professor B. Booyens van Stellenbosch kom dit so vêr terug soos 1566 tot 1648 toe die Spanjaarde vir Leiden gedurende die 80-jarige Oorlog omsingel het. Dit is toe die hutspot genoem. Potjiekos kan ook kultuurhistories ook aan ons voorvaders, die Voortrekkers, verbind word.

Vandag vind potjiekos weer sy regmatige plek in ons land. Dit is nie meer snaaks om die swart potjie in die ereplek te sien wanneer 'n man sy kampeergoedjies bymekaarmaak nie. Dit wys dat die goeie dinge uit ons volk se verlede nou maar eenmaal nie deur die Amerikaanse klatergoudverskoning vir tradisie vervang kan word nie. Ten spyte van die stroom nuttelose uitlandse gebruike en geite wat deur die televisie en ander media in ons kele afgedruk word, is daar groot stukke volksbesit wat maar net nie uitgeroei kan word nie. Laat ons dankbaar daarvoor wees.

So het potjiekos uit die skadus van vergetelheid weer na vore getree om 'n ereposisie in ons volk se gewoontes in te neem. En dié wat beweer dat potjiekos 'n nuwe gier of "fad" is (om nou 'n vreemde woord vir 'n vreemde ding te moet gebruik), moet maar eerder navorsing doen voor hulle uitsprake maak. Is daar werklik iemand wat dink die Voortrekkers het hul wildsvleis oor die kole gebraai, in 'n aluminiumkastrol op 'n gasstoof gekook of in 'n mikrogolfoond gaargemaak? Nee, Broer, die ysterpot kom van vêr af met ons volkie saam en tot dit wat óns in hom kan aanmekaarslaan, is geen ander volk op aarde in staat nie.

Die Engelse het ook hul verskoning vir potjiekos – die "stew". Dit is egter nie volwaardige potjiekos nie, net soos die Engelse waterige broth slegs met 'n baie sterk verbeelding in verband met die Boere se stewige groentesop gebring kan word. Teenoor potjiekos is stew 'n bra vloeibare deurmekaar roersel en effentjies aan karakter.

Soos ons volkie se gees volgens die lied vryer as die arendsgees is, so ook is jy aan geen reël of resep gebonde wanneer jy 'n lekker potjie wil aanslaan nie. Die enigste drie riglyne is:

> ➢ Stadig met die water. Dis net met beesstert en taai wildsvleis werklik nodig om water by te gooi.

> Moenie roer nie. Elke keer as jy dink jy móét nou roer, knyp jou oë styf toe en hou jou hande agter die rug tot die drang weggaan.
> Moenie die vuur stook asof jy jou skoonma in die pot het nie.

Hou hierdie drie riglyne in gedagte en ontspan – om potjiekos te maak is glad nie 'n moeilike taak nie. Selfs die jonger seuns kan maar so gou as moontlik met die pot begin eksperimenteer.

As 'n nuwe potjie gekoop word, kan daar nie sonder meer kos in gaar gemaak word nie. O nee, die potjie moet eers ingeloop word of ingebrand word, anders smaak jou kos die ene yster en selfs roes. Dit verg kennis en geduld om jou swart potjie te leer ken. Behandel jy hom met respek sal hy jou jare se genot besorg en in vele gedaantes en toepassings jou lewe lekkerder maak: as kospot, vleispot, koffiepot, pappot en les bes potjiekos wat 'n onbeperkte bron van smaakgenot bied.

Die leer-ken van jou potjie is die begin van 'n lewenslange verhouding. Daarom is dit 'n saak wat met meer omsigtigheid as 'n verlowing aangepak moet word. Neem 'n nuwe swart driepootpotysterpotjie, smeer dit dik en goed met botter, vet of kookolie, pak dit toe onder hout en brand hom dat hy amper rooi word. Na die proses moet hy eenkant gelaat word om af te koel. Moenie water ingooi nie! As jou potjie afgekoel het, skuur dit mooi skoon, was dit behoorlik en dan is hy gereed om jou – indien jy hom goed behandel – 'n leeftyd te dien.

As jy klaar kosgemaak het, moet hy verkieslik uitgevee word en met die vetbeslag so gelaat word, want as die potjie skoongemaak word is dit geneig om te roes. 'n Ander plan is om die potjie ordentlik te skrop en te skuur en dit dan binne en buite met kookolie te smeer. Moenie die deksel vergeet nie. Maar as jy al hierdie dinge in die opgewondeheid van die oomblik vergeet en jou pot laat roes, kan dit geskuur word en met suurlemoensap gekook word. Kook dit met water waarin 10 ml bakpoeier opgelos is.

Met jou pot ingeloop en versorg en gereed vir aksie, is daar nou 'n paar ander dinge om te onthou, wat potkosmaak 'n heerlike plesier maak.

Kry 'n jammerlap om nie jou hande te brand as jy met die pot werk nie. Ek het 'n draad deur 'n kurkprop gesteek en bo aan die deksel se vatring vasgemaak. Nou kan ek die deksel oplig sonder vrees om gebrand te word.

Die volgende toebehore is ook noodsaaklik, veral in die jagveld: 'n Lekker skerp mes, 'n langsteel-houtlepel (myne het ek uit doppertjiehout gesny), 'n groot skeplepel en 'n langsteelvurk om daai lekker wildsvleisie uit te haal.

Om een resep uit te sonder as sou dit die beste en beproefde resep syn te wees, sou nie regverdig wees nie, want elke potjieliefhebber sal daarby staan en val en verklaar dat sy resep die beste is. Ek sou dus van resepte weggeskram het, maar voel darem geroepe om aan die jongeling wat sy eerste potjie met huiwering benader 'n raadjie te gee waarop hy kan voortbou – net om hom aan die dink te kry. Daarvandaan kan hy self vorentoe improviseer.

Omdat 'n man gewoonlik sy potjiekos in die veld aanslaan, is daar nie erg aan presiese mate geskenk nie en sal die onderstaande boeremates die saak beslis vergemaklik. Potjiekos is boonop 'n geduldige ding, wat meer hart as meet vra.

- ➤ 'n groot klont botter – halwe koppie raspertjie neut – kwart neut
- ➤ mespunt mostert – 1/8 teelepel
- ➤ knippie rooipeper – 1/16 teelepel
- ➤ grypie sout – 1 teelepel
- ➤ kookseltjie boontjies – 1 kg
- ➤ bottel wyn – 750 ml
- ➤ bottel water – 1 liter
- ➤ houer gestampte mielies – gouestroopblik vol
- ➤ knypie tiemie – 1/8 teelepel
- ➤ duimnael groen gemmer – 1/16 teelepel

Inhoudsmaat:
- ➤ 1/8 teelepel = 0,5 ml
- ➤ 1/4 teelepel = 1 ml
- ➤ 1/2 teelepel = 2 ml
- ➤ 1 teelepel = 5 ml
- ➤ 1 dessertlepel = 10 ml of 2 t
- ➤ 1 eetlepel = 15 ml
- ➤ 1/4 koppie = 60 ml
- ➤ 1/2 koppie = 125 ml
- ➤ 3/4 koppie = 190 ml
- ➤ 1 koppie = 250 ml
- ➤ 2 koppie = 500 ml
- ➤ 1 pint = 600 ml
- ➤ 2 pinte = 1,25 liter

Massa:
- ➤ 1 ons = 30 g
- ➤ 2 onse = 60 g
- ➤ 4 onse = 125 g
- ➤ 8 onse = 250 g
- ➤ 1 lb = 500 g
- ➤ 2,2 lb = 1 kg

Ek is seker die bostaande inligting sal die beginner baie help om sy potjie met meer vertroue aan te pak. Voordat ek my aan 'n paar resepte waag, eers 'n bietjie algemene raad:

Elke tweede potjiekos ekspert sal jou 'n ander resep gee en daarby val, want dit gaan gewoonlik om die man se eer. Dis net soos in die geval van 'n keuse met 'n motor of 'n geweer. Elke man sal jou binne sekondes oortuig dat sy motor/geweer die beste is – waarom sal potjiekos nou 'n uitsondering wees? Party sal verkies om die vleis en uie eers 'n bietjie vooraf te braai voor die groente en ander moeties bygevoeg word. Ek verkies dit inderdaad so omdat vleis langer neem om gaar te word en ek nie self 'n groot liefhebber van ongekookte kos is nie.

As jou groente aan die begin saam met jou vleis opgesit word, is dit geneig om pap te kook. Dit is natuurlik 'n groot kuns om potjiekos van meet af aan te berei sonder die een of ander blaps. Eers na jare se oefening in selfbeheersing, byvoorbeeld, leer jy om nie te roer nie – en as jy roer het jy 'n pot stew, wat maar 'n bra flou verskoning vir potjiekos is.

Moet nie jou potjiekos verdrink nie en moet ook nie jou kos verbrand deur te kwaai kole onder hom te maak nie. Die deksel is uiteraard swaar en as die deksel nie te veel gelig word nie, werk die pot net soos 'n drukpot. Soos die water onder in kook, vorm dit stoom wat die kos gaarmaak. Die stoom kondenseer teen die deksel en drup in die vorm van water weer af in die pot, sodat die natuurlike water in die vleis en groente die kos gaar kook. Op die manier kook die pot nie maklik droog nie, mits jy natuurlik 'n beskaafde vuur daaronder het. As jou potjiekos gaar is en daar is nog te veel water in, moet die deksel net vir 'n rukkie afgehaal word en die water sal gou afkook nadat daar weer vuur onder hom gemaak is. Nou moet jy egter wakker wees, anders brand jou kos.

Tradisionele potjiekosresep:
➤ 8 tot 10 rugstringtjops en 4 repe gerookte spek
➤ 1 skaapstertjie
➤ 2 groot uie
➤ 1 kg gedroogde krummels (bruinbrood)
➤ 4 kruienaeltjies
➤ 2 koppies water gemeng met 2 blokkies Oxo
➤ 2 eetlepels asyn
➤ 1 koppie rys of mielierys
➤ 1 knoffelhuisie
➤ 'n halwe pakkie droëvrugte
➤ 'n grypie sout

Sit die skaapstertjie en vleis in die pot en braai tot amper bruin. Voeg fyngekerfde uie en knoffel by en braai saam met vleis tot amper gaar. Voeg nou Oxo, sous-asyn, naeltjies, sout en peper by en laat prut tot die vleis relatief sag raak. Plaas nou droëvrugte in die pot sodat dit die vleis bedek. Bedek dit egalig met rys of mielierys. Hou 'n beker water gemeng met droë witwyn byderhand om die water op te top as dit te droog wil kook.

Dan is daar natuurlik die potjiekos vir die manne wat kan; vir die manne met die harde baarde; vir die jagter; vir die hengelaar en vir die manne vir wie die horisonne roep... Na 'n harde dag in die veld is die volgende potjiekos net die ware Jakob!

Makietiepotjiekos:
➤ 1 beesstert
➤ 2 varkskenkels
➤ 6 aartappels
➤ 4 uie

- ➢ 2 vars knoffelhuisies – gekneus
- ➢ 4 tamaties in stukke gesny
- ➢ 1 koppie brandewyn
- ➢ 250 ml (2 koppies) koring, rys, mielierys of kaboemielies is opsioneel
- ➢ varsgemaalde swart peper na smaak
- ➢ sout na smaak.

Sny die beesstert in litte deur, so ook die varkskenkels en braai dan effe bruin in kookolie – in jou driepootpotjie. Kerf uie en knoffel fyn, kneus knoffel en voeg uie, knoffel en geurmiddels by. Plaas nou twee groot koolblare bo-oor die vleis en kerf aartappels in klein blokkies bo op die koolblaar. Plaas nou weer twee koolblare bo oor die aartappels en bedek met gekerfde tamaties. Plaas weer koolblare bo oor die tamaties en bedek die koolblare met nog aartappels wat weer in klein blokkies gekerf is. ('n blikkie klein aartappels werk net so goed.) Bedek nou weer die aartappels met koolblare en voeg ten laaste koring of rys by.

Maak nou 'n literbeker vol met Bovril/Bisto-mengsel, giet in jou potjie totdat die koring goed nat is en plaas dan jou potjie op kole wat jy weg van die vuur af moet prakseer. Nou moet daarteen gewaak word om die deksel op te lig tensy dit absoluut noodsaaklik is, aangesien 'n driepootpotjie hitte bewaar en ook gou baie warm word. Die deksel moet op die pot bly sodat daar voortdurend stoom in die pot kan wees om die kos gaar te maak. Hierdie kuns kom egter met die tyd en die tyd en die beginner kan maar as hy reken dis nodig die deksel lig en dan die potjie met die sous optop.

Potjiebrood

Geen kamp is en was nog 'n sukses sonder 'n potjiebrood nie en diegene wat met my wil verskil het met alle respek nog nie gekamp en potjiebrood geëet nie. Daar is dan inderdaad ook talle maniere van hoe die potbrood aanmekaargeslaan kan word, maar dat die grondslag dieselfde is, is gewis. Potjiebrood kan van koekmeel, broodmeel, bruismeel en volgraanmeel gemaak word. Dan is daar natuurlik ook talle potte waarin die eksperte hul potjiebrood aanslaan soos die ou beproefde broodpannetjie, die plat ysterpot, ensomeer. Die Ware Jakob is natuurlik die swart driepootpotjie. Met sy boeppens kom die brood nie maklik uit as dit gaar is nie, en daarom verkies veral die Kapenaars die plat swart potjie.

Op die grens het die troepies en die polisiemanne gou uitgevind dat die bekende "varkpan" die ideale manier is om 'n potjiebrood aanmekaar te slaan. Dan het hulle ook geleer om 'n vinnige resep aan te slaan sodat daar nie veel tyd verspil word nie. Die onderstaande kitsresep vir potjiebrood is alombekend en gewild.

Potjiebrood:
- ➢ 1 pakkie bruismeel (500g)
- ➢ 1 teelepel sout (5 ml)

> 1 eetlepel suiker
> 1 blikkie bier (enige soort)

Voeg die suiker en sout by die meel in die pot en roer goed deur. Daarna word die bier stadig bygevoeg tot die deeg redelik styf is – moenie te veel bier byvoeg nie, anders is die deeg te pap. Beloon jouself eerder met die laaste paar slukke.

Plaas potjie nou weg van die vuur af en pak 'n paar mooi kole in 'n kring om die potjie sodat dit egalig verhit word. Terselfdertyd moet daar ook 'n paar van dieselfde kole bo-op die deksel gepak word om te verseker dat die brood, soos in ma se oond, ook van bo af genoegsame hitte kry. Die tydsduur om so 'n broodjie gaar te kry wissel natuurlik van die tipe kole en jou vermoë om die hitte konstant te hou. Dit word gedoen deur kort-kort die uitgebrande kole met nuwe kole uit jou hoofvuur te vervang. So 'n broodjie neem onder gunstige omstandighede sowat 'n uur om mooi goudbruin en gaar te raak.

En as jy dan nou so daar langs die vuur sit en smul en wonder om watter nuttelose rede stowe en elektriese braaipanne en mikrogolfoonde uitgevind is, dan besef jy – 'n man wat 'n swart driepootpotjie besit, is waarlik 'n ryk man!

Biltongresep

> 30 lb (14 kg) bees- of wildsvleis
> 3 koppies asyn
> 2 eetlepels koljander (1 pakkie gemaalde koljander)
> 2 eetlepels koeksoda
> 1 koppie bruinsuiker
> 2 eetlepels peper
> 1 lb (450 g) sout

Meng droë bestandele, plaas gesnyde biltong daarin en voeg ander by. Laat lê vir 24 uur. Dit is belangrik dat die biltong twee keer per dag omgedraai word sodat alle stukke kans kry om onder te lê en sodoende goed kan deurweek.

Wanneer die biltong opgehang word, stroop die mengsel af. Daar is altyd 'n probleem met biltonghakies. Die beste wat ek nog gevind het, is om 'n pakkie skuifspelde te koop – en wees verseker, daar is geen beter biltonghakie nie.

Gestoofde wildsvleis

> 3 kg (5 lb) wildsvleis
> 4 uie (fyngekerf)
> 1 liter water
> 1 beker rooiwyn
> 1 koppie asyn
> 1 eetlepel gemengde kruie

- ➤ 15 peperkorrels
- ➤ 2 pakkies gerookte spek in blokkies gesny
- ➤ 'n halwe gerasperde lemoen-/suurlemoenskil
- ➤ 'n halfteelepel naeltjies
- ➤ 'n halfkoppie worcestersous
- ➤ sout en peper na smaak – verkieslik Aromat
- ➤ 1 blikkie sampioene
- ➤ 1 houer vars room

Braai uie effens gaar tot glanserig in sonneblomolie en voeg vleis, wat in eetbare porsies gesny is by. Voeg daarna die res van bestanddele, buiten die sampioene en room, by en kook tot gaar. Voeg sampioene en room by en prut. Bedien met "baked beans".

Die volgende inligting is ook handig in die veld:

Vlekverwydering

Beet:

Spoel dadelik in koue water uit en was in baie warm water. Week vlek wat reeds droog geword het in oplossing van 25g in 500 ml water.

Bloed:

- ➤ Week kledingstuk oornag in koue water en ensiem-aktiewe waspoeier.
- ➤ Week in 'n oplossing van 1 liter water met 15 ml ammoniak.
- ➤ Bedek vlek met pasta van stysel of mielieblom en koue water, laat droog word en borsel.

Ink – Balpunt en vulpunt:

Gebruik witdulsies, brandspiritus of gliserien en 'n paar druppels ammoniak. Vee af met tandepasta.

Kerrie:

Week in asyn en blyk in die son.

Kontaklym en ander gom:

- ➤ Vryf aan verkeerde kant met asetoon of nie-olierige naellakverwyderaar.
- ➤ Week in koue water en ensiem-aktiewe waspoeier.
- ➤ Vryf met 'n lap wat in brandspiritus gedoop is.

Roes:

➤ Vryf met pasta van suurlemoensap en sout en bleik in die son.
➤ Kook in 'n oplossing van 60 ml wynsteensuur by 500 ml water.

Tee-/koffievlekke:

➤ Smeer boraks oor en gooi kookwater deur agterkant van vlek.
➤ Skuur aanpaksel van tee/koffie aan koppies/bekers met 'n pasta van bakpoeier en koue water.

Vrugtevlekke:

➤ Week in warm water.
➤ Sprei boraks oor vlekke en gooi kokende water deur.
➤ Bedek met pasta van stysel en water, laat droog word en vryf uit.

Wynvlekke:

➤ Vryf met mengsel van suurlemoen en sout.
➤ Bespuit met sodawater of gooi wit wyn of rooi wyn, en/of bedek vlek met sout.

Emaljekastrol aangebrand

Vul met koue water en 10 ml bakpoeier en laat uitkook.

32. ONS VROUE: ST. HUBERTUS

Dit duur soms 'n groot gedeelte van 'n jagters-melinium om daai wonderskoot te skiet, wat dan tot gevolg het dat so 'n jagter se naam in die Jagters-Annale aangeteken word! So, was dit dan die geval, met ons eie Vrouejagter van formaat, naamlik Charlotte Hassler. Die groot gebeurtenis het op haar eie jagplaas, St. Hubertus – wat "Beskermer van Wild" beteken – plaasgevind.

Sy jag al ongeveer 30 jaar in Suid-Afrika met 'n droom en dit is om die Vroue-Jagterstrofee op te eis. In Charlotte se geval was haar visier op die langste Blesbokhoring van die jaar gevestig. En net deur bewaring en volharding in jagters-etiek het Charlotte se dag aangebreek! En die groot gebeurtenis het haar tweekeer te beurt geval.

Maar laat my voor begin. Die Vrouejagter Charlotte Hassler wie se naam nou al 'n huishoudelike naam – nie net in Suid-Afrika nie, maar ek glo oorsee ook – geword het, was eintlik nie 'n trofeejagter by uitstek gewees nie! Nee, daarvoor het sy die Fauna en Flora te lief.

Gaan besoek haar maar op haar jagplaas wat net 45 minute van Johannesburg op die Broederstroom pad geleë is. Moet haar ook nie besoek sonder 'n afspraak nie, anders draai jy net daar om en jy is weer binne 30 minute, straks vinniger – tuis!

Op haar plaas – St. Hubertus – sal die jagter verstom staan oor hierdie stukkie "jagtershemel" wat Charlotte met 'n ysterhand regeer. As jy die kort, maar ruwe paadjie na haar netjiese opstal neem, verkyk jy jou aan die Fauna en Flora, en sowaar 'n kabbelende fontein-stroompie wat deur die populier-bome afvloei.

Omdat haar plaas net plek-plek bebos is met groot grasvlaktes maak dit jag net so bietjie moeiliker as die normale. En natuurlik en tereg ook laat Charlotte glad nie toe dat wild op haar plaas met 'n voertuig of van 'n voertuig af gejag word nie.

Omdat jagluiperds meer as hul kwota van haar kroontroppe begin uit-oes het – wat Charlotte "offers aan die Luiperds" noem – het die vrees by haar ontstaan dat sy nooit daai skoot sou skiet wat haar die Vroue-Jagter van die jaar sou maak nie. Charlotte het al drie luiperds in drie dae geskiet.

Gedurende 1994 het Charlotte gemerk dat sy op twee plekke in haar veld, altyd twee relatiewe groot Blesbokke kry wat uit die troppe gegooi was. Sy het instinktief geweet dat hierdie twee Blesbokramme trofee-horings dra. Hulle het haar altyd op 'n besonder intelligente wyse vermy! Charlotte vertel self dat sodra sy in die verlede op een van die Blesbokramme begin jag maak het, was veral een se modus operandi soos volg: As Charlotte 10 treë na die Blesbok stap wat sowat 200 meter in die vlakte gehou het, het hy eenvoudig net presies 10 treë in die teenoorgestelde gestap. As sy 20 treë nader stap, dan stap die Blesbok ook net 20 treë van haar af weg. En na so 'n paar probeerslae loop Charlotte se jag op die Blesbokramme gewoonlik op 'n mislukking uit – maar sy het die potensiële rekord in die horings van die twee Blesbokramme gesien en geweet dat dit 'n goeie belegging was, en dat die dag sou aanbreek!

Die twee Blesbokke het ook nie verniet so groot geword nie. Ek sê altyd dat wanneer enige wildsbok so oud en groot geword het – dan het daai bok matriek geskryf en elke keer moes Charlotte in submissie die aftog blaas, terwyl die Blesbokram se stert vir haar "totsiens" waai!

Op die grrot dag was sy vergesel van Henning Pretorius. Juis die vorige dag het sy haar 7.64mm Obendorf-geweer met die beproefde en bekende Balistol-geweerolie skoongemaak. Op die oorspronklike mauser-geweer was 'n Duitse Zeiss-Diatal-642 Teleskoop gemonteer. In die magasyn was vyf 170-grein patrone. Haar geweer was gereed, want sy maak al lank jag op die Blesbok, maar nog elke keer het sy 'n bloutjie geloop en sy swart stert vir haar sien "totsiens" waai. Haar geweer was op 200 meter ingestel. Sy het die tweede grootste Blesbok stadig, maar seker, te voet genader en toe hy weer nuuskierig gaan staan en kyk, piets sy hom. En verbaas was sy toe sy die Blesbok se horing meet, wat toe 17 duim was. Met die pryshorings het sy die trofee van die langste Blesbokhoring van die jaar – 1995 – gewen. Dit het Charlotte net aangespoor, want sy het geweet daar loop 'n tweede Blesbokram met 'n langer paar horings op haar plaas!

Na baie bloutjies en terleurstellings met die bo-gemiddelde intelligente Blesbokram, het sy dag uiteindelik aangebreek. Die winter oggend, vergesel van Henning Pretorius met die Krokodilberg agter hulle, is hulle veld toe. Die oggend was Charlotte se strategie goed beplan, want die element van verrassing was aan haar kant. Dit was vroeë oggend en sy het geweet dat die Blesbokram in die leegte – daar waar hulle die wit alkalie snuif getrap het – altyd oornag het.

Hulle het op 'n hoogte stilgehou sodat die Blesbokram – wat sy deur haar teleskoop bekyk het – hulle nie gewaar nie. Sy en Henning het van die suidweste wat effe skuiling gebied het, 'n "trapsuutjie-wals" aangeneem – tot so ongeveer 280 meter van die meneer af – wat nog rustig in die vroeë wintersonnetjie gelê en bak het.

Hy moes iets hier diep in die binneste van sy Blesbok-siel geweet het. Skielik sien hulle die "prys-Blesbokram" en hy kyk reguit na haar! Sy en Henning roer nie 'n spier nie! Die Blesbok bly waarlik lê en kyk stip na hulle. Sy neem op die "aanlê stok" dooie-rus aan en toe die skoot klap, bly lê die Blesbok net daar. By latere post mortem stel sy die volgende vas:

- ➤ Die Blesbok se horing was 'n rekord lengte van 18 duim.
- ➤ Die skoot is op sy linker knie in – deur die hart en deur die regter knie uit.

Die res is geskiedenis – Charlotte was weer aangewys as "Vroue-Jagter" van die jaar – die keer van 1997.

33. PIET TIER

Ek weet nou nie juis waar om hierdie unieke en in die besondere ware jag-tersverhaal te begin nie. Ek weet verseker dat as gevolg van die feit dat ek nie 'n ooggetuie was van die besondere gebeure nie, kan ek nie eintlik reg tot hierdie noemenswaardige gebeurtenis laat geskied wat dit toekom nie. Slegs iemand wat teenwoordig was wanneer so 'n traumatiese gebeurtenis 'n jagter toegeval het, kan met die nodige gesag oor die onderwerp skryf.

Niemand kan werklik die intrige, die onnatuurlike hoogspanning, die ontset-tende fisieke stres met reg beskryf en selfs ervaar as 'n jagter wat deur een van die vyf grotes gekonfronteer en aangeval word nie. Omdat ek hiervan kan getuig, veroorloof ek myself om hierdie ware jagtersverhaal na die beste van my vermoë te skryf.

Die aaklige oomblikke, net voor die fisiese kontak, die skielike en bonatuurli-ke opbruising en pomp van die adrenalien en bloed deur die are en senustelsel van die jagter, moet iets ysliks wees! Dit kan natuurlik net moontlik deur die mediese wetenskap na behore gedefinieer word. Veral as die jagter, met wapen en al, deur een van die groot vyf in die jagveld uitoorlê is.

Ek persoonlik het al drie van die vyf grotes platgetrek en hoewel ek nog nie fisies beseer was deur een van hulle nie, moet ek ruiterlik erken dat dit al 'n paar keer amper, amper was en dat ek in die besonder gelukkig in die opsig was. Veral toe ek my eerste olifant gekwes het en hy my bestorm het – terwyl ek met 'n leë .458 in my hande gestaan het – maar daaroor sal ek op 'n ander geleentheid skryf.

Dis net 'n dwaas of soos ek hulle noem, 'n "slagter", en nie 'n ware jagter wat sal loop en spog en dan voorgee dat hy nie deur een van die vyf grotes gedood of beseer sal en/of kan word nie. Gewoonlik word dié klas van grootprater deur 'n relatiewe kleiner diersoort beseer.

Om deur een van die vyf grotes beseer of selfs gedood te word, is seer sekerlik die laaste begeerte van enige grootwildjagter. Dit is dan ook glad nie snaaks, om selfs in ons sogenaamde moderne eeu van sateliete en die mees gesofistikeerde wapens, in die media te verneem dat daar weer 'n jagter deur een van die vyf grotes ernstig beseer of selfs gedood is nie!

So was dit dan ook weer die geval gedurende die 1992 jagseisoen gewees waar twee grootwildjagters uit die Republiek van Suid-Afrika in Zimbabwe gaan buffel jag het. Hul storie was kortliks soos volg:

Dwarsdeur die heelal is daar universele orde. Die mens moet net stilstaan en mooi om hom rond kyk. Kyk maar net hoe is die sterre, planete, mane en die sonne in die heelal gerangskik. Daar is beslis orde – daar Bo!

Gaan kyk maar na die natuur, hier op ons aarde, wat ons so verniel en besoedel – daar is, sonder om skerp te kyk, vir die homosapien, verrassende orde. Die wilde diere is in hul groepe deur God gegroepeer en tot orde verklaar en gaan glad nie oor daardie skeidslyn, soos deur Hom bepaal nie. Kyk ook maar na die plantegroei – die sekelbos kruis glad nie met die kruisbessie en andersom nie – daar is orde daar!

So hoort dit deur die mens geëer en gerespekteer te word!

As die mens onverskillig in die natuur in beweeg, is daar noodwendig 'n versteuring, en as hierdie harmonieuse orde versteur word is daar, in die meeste gevalle chaos! En wanneer 'n jagter dan een van die vyf grotes onder skoot neem, soek hy konfrontasie, en gewoonlik kry hy dit en in baie gevalle met katastrofiese gevolge.

Wanneer 'n grootwildjagter jag maak op een van die vyf grotes is daar maar net een goue reël wat onder geen omstandighede en in geen geïsoleerde geval ookal verbreek mag word nie. Die reël is dat as jy jou prooi in so 'n posisie gemanipuleer het waar jy hom die doodskoot wil toedien en skiet jy die dier, moet jy direk en so gou doenlik met 'n tweede skoot opvolg!

Soos een van Afrika se bekendste jagters en die wêreldbekende skrywer, Robert Ruark, dan ook gepas een van sy talle gesogde en gewilde boeke getitel het, naamlik: "Use enough gun!" Inderdaad 'n paslike naam en eersterangse advies. As jy dan as grootwildjagter hierdie goue reël ignoreer of negeer, sal en gaan daar onvoorsienbare dinge gebeur – en dit is gewoonlik die jagter wat uiters kwesbaar is en nooit teen die wildedier opgewasse is nie! Daar is natuurlik die uitsondering op die reël en Oom Piet Mostert was beslis die uitsondering op die reël! Ons sal nooit weet nie – maar dit is oënskynlik as gevolg van die reël wat nie toegepas was nie dat Alistair Travers en Johan Belingham, in 1992, hul lewens verloor het!

In Ronnie Rowland en Johan van den Berg se eerbetoon in die Magnum tydskrif skryf hulle soos volg:- "Die twee vermelde jagters het op Sondag môre, 5 Julie 1992, nadat hulle 'n buffel wat hulle die Saterdag gekwes het, agtervolg, en nadat die buffel hulle uitoorlê het, is albei jagters deur die verwoede en gekweste buffel gedood."

In die artikel sê die twee manne verder: "Die wêreld van die grootwildjagter is dodelik gevaarlik en uiters onvoorspelbaar. Hoe meer jy op die vyf grotes jag maak – hoe meer is die kanse en moontlikheid, dat jou dag sal kom!"

Feit is dat nie die noodlot, nòg jare se ondervinding, jou onkwesbaar maak nie. Dit sorg dat diegene wat altyd skerp in die bos optree, gedurig bewus van sy eie onvermoë en nederigheid moet wees.

Bovermelde twee jagters was deur die betrokke gekweste buffel uitoorlê en gedood in die Dunge jag-area van die Zambezi-vallei. Dit was Johan Belingham wat die groot Afrika buffel – Syncerus caffer – vroeg die vorige oggend gekwes het, met sy .375 soliedepunt. Die twee jagters het die res van die Saterdag op die gekweste buffel se spoor gestap, sonder sukses en moes sononder bes gee.

Vroeg die volgende oggend (met die kalf in die put) het hulle weer die spoor gevat en gevolg – soos dit 'n goeie jagter betaam. Toe hulle die gekweste buffel uitrook was dit in 'n droë rivierloop met baie riete. Die buffel het effe uit die riete te voorskyn getree toe die twee jagters ongeveer 80 meter van hom af was. Toe die buffel se skouer effe te voorskyn kom agter die riete uit, het Alistair – 'n oud Rhodesiër – hom met 'n .458 soliede punt op die skouerknoppe gebrand. Die uitgeslape buffel het soos mis in die ruie riete en bosse verdwyn.

Hierop het die twee ervare jagters die geslepe buffel in 'n dowwe wildspaadjie deur die droë rivierloop gevolg tot in 'n donga. Hier het die swaar gekweste buffel se spoor duidelik teen 'n wal uitgeloop wat 'n paar meter hoog was, sodat hulle nie kon sien waarheen die buffel gevlug het nie.

Die twee jagters was onbewus daarvan dat die buffel, wat met die paadjie gevlug het, in 'n "cul-de-sac" beland het! Toe die twee jagters, onbewus van die feit, bo teen die wal uitsukkel, loop hulle hul vas in die verwoede en gekweste buffel, wat toe reeds weer op pad terug was.

Tragies om te sê, maar die buffel se teenaanval was totaal onverwags en noodlottig vir beide jagters. Die gekweste buffel se tydsberekening was perfek en die twee jagters, wat teen die wal uitgesukkel het, het nie 'n kat se kans om oorlewing, wat te sê nog 'n skoot af te vuur, gehad nie!

Die natuur het harmonie daarin en wanneer daardie harmonie versteur word, word die balans ook versteur! Dit is dan dié tye dat 'n jagter drie-dubbel versigtiger moet wees. Niks moet aan die voorsienigheid oorgelaat word nie. Die verkeerde besluit kan 'n oorgretige jagter se dood, net soos in die geval van dié twee jagters, beteken.

Hoe sal ons of die twee jagters, ooit weet of dit 'n doelbewuste lokval was wat die swaar gekweste buffelbul vir die jagters beplan het? Die buffel is dan inderdaad ook bekend as een van die slinkste en gevaarlikste van die groot vyf en dit is sy modus operandi om as wanneer hy gekwes is 'n lokval vir sy jagter op te stel!

Dan was daar natuurlik ook die gevalle waar mense deur seekoeie en krokodille gedood was. Hierdie twee hoogs onderskatte amfibiese en oënskynlike lomp diere is die oorsaak van meer jagters en ander nie-jagters se dood as al die sogenaamde vyf grotes saam.

Ek het baie in my veelbesproke lewe gejag en het hierdie boek daaroor geskryf, wat ek onder andere ook graag aan my kinders en die nageslag wil nalaat. Hier het ek reeds baie oor die vyf grotes geskryf, maar een van die gevaarlikste en mees geslepe van die vyf het my nog altyd ontwyk – naamlik die luiperd (Panthera pardus).

Alhoewel ek die luiperd al talle male in sy habitat aangetref het, was dit nog elke keer onder sulke omstandighede dat ek die luiperd nie kon skiet of mag geskiet het nie!

ooooOooooo

Dan was daar natuurlik die luiperd wat Oom Piet Mostert gejag het en toe het die luiperd hom uitoorlê en hom aangeval. Hier het Oom Piet Mostert die luiperd met sy kaal hande moes beveg – maar Oom Piet Mostert is nie 'n gewone man nie.

Laat hy sy eie storie vertel. Sy storie in sy eie woorde, is soos volg:

"Die jaar was 1941, op die plaas Enid, distrik Gobabis en geleë so ongeveer 40 kilometer noord-oos van Leonardville. Die plaas vorm 'n deel van die destydse A,B,C-blok – so genoem omdat dit die heel eerste kroongebied in Suidwes-Afrika was wat ontgun was vir die teruggekeerde soldate en die 26 plase van ongeveer 7,500 hektaar elk, met ander woorde dieselfde getal as in die alfabet, en daarom ook vir die tweede rede 'n gepaste benaming ten opsigte van die strook grond of blok grond. Die ligging van die blok grond was oos van die Vereenigde Nossib-rivier, met ander woorde direk oos van die dorp Leonardville aan die destydse Suidwes se oosgrens. En vandaar tot teenaan die Amunius Herero-reservaat.

"Verder suid en oos van die Verenigde Nossib-rivier het daar nog groot blokke kroongrond gelê wat mettertyd ook ontgun was vir dieselfde doel, vir grondlose boere of teruggekeerde soldate – maar dit daar gelaat.

"Hierdie kroongronde het destyds letterlik gewemel van wild en ongediertes en alhoewel die grootste wildsoort maar elande was, was dit 'n jagtersparadys – veral vir biltongjagters.

"Ten opsigte van ongediertes was baie tiers (luiperds) – soos ons hulle genoem het – jagluiperds, wildehonde, wolwe, rooikatte en alle jakkals-soorte volop. Leeus het van tyd tot tyd strooptogte in die gebied uitgevoer, maar selde permanent hier gebly, vir die eenvoudige rede dat hulle kon kies en keur in 'n gebied wat maklik 200 kilometer diep of breed was vanuit Botswana tot teen die Vereenigde Nossib-rivier, waar elande, gemsbokke, hartbeeste, wildebeeste, koedoes, springbokke en kleiner wildsoorte letterlik by die duisende was.

"In dié wêreld het ek grootgeword sedert my eerste lewensjaar en hier het ek skape opgepas tot en met my tiende jaar – toe ek skool toe is. Van my vyfde tot my tiende jaar agter die skape het ek met mes, assegaai, en pyl-en-boog my vernuf oor en oor getoets teen gewone wilde diere.

"My vader was 'n avontuurlustige en ervare jagter en ook 'n bogemiddelde skut en hy het die gawe gehad om te kon vertel en te wys – en uit sy skatkis van ondervinding, dink ek het ek in daardie genoemde vyf kinderjare my fondament gelê as jagter en natuurmens.

"Hoe dit ookal sy – is ek gedurende die jaar 1940 uit die Polisie ontslaan as gevolg van my politieke bedrywighede teen wyle Generaal Jan Smuts se destydse oorlogspoging. Ek is terug 'gepos' na Suidwes-Afrika en hier terug moes ek een of ander vorm van lewe vir myself prakseer.

"Gelukkig vir my het 'n ou debiteur 'n wrak van 'n ou boormasjien vir my vader gegee vir skulde wat hy nie kon terug betaal het nie. Totaal opgeskeep met die ou wrak, het my vader toe voorgestel dat ek die ou boormasjien moes vat en vir hom moes boor vir water. Ek wil net hier verduidelik dat my vader vir sy deelname gedurende die 1914 – 1915 oorlog, hier in Suidwes-Afrika, aan Duitse kant geveg het. Ons was beskou as Duitse onderdane van groot tot klein – met ander woorde ek het min te kies gehad.

My gesig was gelukkig aanvaarbaar vir die toevallig Duitse amptenare van Waterwese in die Duits/Suidwes Administrasie van destyds. Ek het boverwagtend tog dadelik werk gekry en so het my jagondervindinge uitgebrei saam met die boordery in die Kalahari. My eerste kontrak was 'n skamele gedeelte van die 26 A,B,C-blok plase.

"In die begin van Julie 1941 begin ek toe boor op die reeds genoemde plaas Enid. Ek het twee arbeiders gehad. Een het my by die boormasjien self gehelp – 'n Baklahari, met die naam van Koper, en 'n Damara het daagliks, 13 myl vêr, broodnodige water vir die boormasjien aangery.

"Koper, die Baklahari, het sy maandelikse inkomste gereeld probeer aanvul deur die jakkalse met 'n slagyster te vang en die velle het hy aan my moeder verkoop, wat op haar beurt weer karosse daarmee laat maak het.

"Nou het dit gebeur, dat as gevolg van die baie ongediertes, op drie verskillende kere, voor die dag van die 16de Julie 1941, dat Koper reeds een vroeë aand ook 'n tier (luiperd) in die slagystertjie gevang het. Die slagyster met 'n 12 pond gewig aan het hy so min of meer 80 meter van die boormasjien af gestel, teen die takke van 'n kameeldoringboom wat omgeval het. Die aas was altyd springbokpense of vleis wat hy aan die takke opgehang het.

"Ons het dag en nag by die boormasjien gewerk. Omdat alle luiperds maar altyd geweldig gefrustreerd en boos raak wanneer hulle in 'n slagyster trap en verder omdat alle luiperds meestal teen die vroeë aand op jagtogte uit is, kon ons elkeen dadelik hoor wanneer 'n luiperd in die slagyster sy misnoeë wêreldkundig gemaak het.

"Destyds was dit die dae van die klappertou ten opsigte van die boormasjien en so 'n 'gepluisde-aan-die-brand-gesteekte' klappertou aan 'n twee meter stok, gee darem vir jou so 'n tien treë radius 'maanskyn' lig. Nou, 'n luiperd wat in 'n slagyster trap, afhangende van sy humeurigheid of temperament, neem so tien minute om al die plooie uit sy agterstel te baklei voordat hy besef hy is in ernstige moeilikheid, en dat hy 'n beter teenstrategie moet begin beplan om dalk te kan oorleef.

"Met die wysheid van my vader het ek en Koper altyd hierdie ongeveer 10 minute uitgebuit – maar later tot my nadeel. Dit het te maklik vir my begin word. Ek het heeltemal te veel selfvertroue opgebou – onbewustelik – want my persoonlike ondervinding het toe reeds al by 12 luiperds gestaan en ongelukkig het ek langs die pad ook 'n besonderse buitestaander geken of geleer ken wat weens omstandighede net so gelukkig (goed) gevaar het in sy lewe – daarmee ook 'n geweldige indruk op my gemaak het as jong seun ten opsigte van luiperdjagtery. Terloops op 'n dag het hy – dit is nou hierdie man waarvan ek nou so pas gepraat het – 'n fisiese geveg met 'n tier (luiperd) gehad en as gevolg van die swak paaie, vervoer en mediese beperkinge het hy gangreen opgedoen en is hy binne 14 dae na die geveg met die tier (luiperd) dood!

"My dag het egter ook aangebreek. Drie dae voor die 16de Julie 1941 het 'n baie goeie ou polisie vriend van my – konstabel Siebehagen – vir my kom kuier by die boormasjien waar ek geboor het. Hy het so 'n twee-sitplek Fordjie gehad – en dank die Vader, soos dit later sou blyk te wees.

"Die aand van die 15de Julie 1941, het Koper weer soos gebruiklik, sy slagyster gestel. Dié nag, soos die vorige twee nagte, wat my polisie-vriend daar was, het ons nie deur die nag, soos gewoonlik, gewerk nie – juis as gevolg van sy kuier.

"Langs die kampvuur het ons die nag lang en ou stories vertel tot om en by twee-uur die oggend, Koper inkluis. Ons is eers voordag in die vere in.

"Die tiermannetjie, wat so 9 voet van sy neus tot op sy stert se punt lank was, moes kort nadat ons gaan slaap het in Koper se yster getrap het. Ten spyte van die feit dat hy die slagyster se plaat afgebyt het en ook twee van die bosse daar digby in sy woede verwoes het van pure pyn, het nie een van ons daartydens wakker geword nie. Dit moes die Duitse bier gewees het.

"Die volgende oggend – die 16de Julie 1941 – het Koper soos gewoonlik verlof gevra om eers na sy slagyster te gaan omsien, terwyl ek besig was om verder te boor.

"Na 'n paar minute het Koper teruggekom met die gebuigde en afgebreekte plaat en 'n stuk van die tier se regter-slagtand. My polisie-vriend was ten opsigte van tierjag totaal sonder enige ondervinding, en het ook toe in sy onkunde die stelling gemaak dat dit dalk deel van 'n wolf se slagtand was.

"Gewapen met 'n .303 geweer wat 'n foutiewe grendel gehad het, en 'n knopkierie en mes, het ons drie die jag begin.

"Toe ons op die plek kom waar die slagyster gestel was, was ek verbaas dat ons die tier (luiperd) nooit gehoor het nie, want dit was baie duidelik dat hy geweldig baklei het met die yster. Ek kon ook vasstel dat hy met sy regteragterpoot in die yster getrap het.

"Ek het toe voorgestel dat ek die spoor volg terwyl my vriend en Koper sal probeer kyk waar die tier dan nou moontlik kon skuil. Die gras was baie ruig en hoog. Sowat 'n 100 meter verder kon ek van die spoor aflei dat die tier besig was om vir 'n hinderlaag stelling te soek. Ek het die terrein baie deeglik bekyk en besluit by watter bosse dit moontlik sou kon wees.

"Die plek wat ek toe gekies het, was sowat 40 meter verder. Op hierdie stadium kon ek sien dat my twee ongewapende vriende se senuwees begin pla. Ek stel toe voor dat hulle net daar moes bly staan, maar sou ek handgemeen raak met die tier, en as daar enige onvoorsiene omstandighede onstaan, dan moes hulle vanwaar hulle bly staan het, my te hulp snel.

"Ek was in my hart oortuig dat drie vasberade manne redelik maklik met so 'n tier sou kon klaar speel, sonder te veel letsels, veral met die slagyster, plus 12 pond gewig as hindernis aan hom vas.

"Ek het die spoor verder baie versigtig gevolg. Uit die vorige ondervindinge het ek geweet dat hy my sou storm sodra ek binne trefafstand van hom sou kom.

"Ek was egter later, na my mening, te na aan die bosse waar ek hom verwag het. En niks het gebeur nie!

"Ek besluit toe om in 'n sirkel om die bosse te beweeg om sodoende vas te stel of hy nog in die bosse vir my wag. Tot my verbasing kry ek die vars spoor aan die suidekant van die spesifieke bosse.

"Hy beweeg toe heeltemal in 'n ander rigting. Ek besef eenklaps dat die wind moes gedraai het en ek gaan kyk toe in die bosse en kry toe dan ook daadwerklik die plek waar hy my ingewag het. Die wind moes definitief gedraai het, soos ek eerstens gesê het, en vandaar sy besluit om 'n ander hinderlaag-terrein uit te soek vir my.

"Dit is egter net hier waar ek my met die tier misgis het. Die spoor was baie vars van daar af – weereens het ek die terrein bekyk in die algemene rigting wat die spoor gaan en besluit dat die kol bosse byna 200 meter verder, só het ek gedink, daar sal die tier vir my inwag.

"Net daar het ek toe 'n fatale oordeelsfout gemaak – maar onbewustelik! Op daardie stadium was ek 'n goeie 60 meter weg van my vriende en ek wink toe vir hulle om nader te kom, terwyl ek verder die tier se spoor volg. Skaars 30 meter vanwaar ek gestaan het, het 'n klein bossie omtrent 'n halwe meter hoog – net so hoog soos die gras – gestaan. Alhoewel ek hierdie bossie gesien het, het ek dit nooit aan 'n hinderlaag gekoppel nie. Die spoor gaan toe min of meer 6 meter links van die bossie verby. Ek het op daardie stadium my geweer nie in 'n gereedheids-houding gedra nie, maar wel in my regterhand.

"Toe ek min of meer 2 meter verby die bossie was, het die tier meteens gebrul en na my gespring. Ek het blitsvinnig omgeswaai en was net betyds om die tier met my geweer in albei hande te keer, maar hy het tog daarin geslaag om my linkerhand, om die geweerloop, in sy bek te kry. Ek het met my regterhand my geweer gelos en die tier aan sy keel gegryp daarmee.

"So is ons grond toe. Maar in die proses het my geweer ook uit my hande gespat. Gedurende die verloop van die daaropvolgende geveg om lewe en dood, het ek die tier verskeie kere op die grond gehad, maar elke keer was hy net te sterk en te glibberig vir my.

"Ek het gelukkig, of sal ek sê – instinkmatig – besef dat sy regterkant, waar die slagyster met sy 12 pond gewig aan was, sy swakpunt was. Die kere wat ons grond toe was, het ek met my knie sy ribbes probeer breek en so ook met my desperate skoppe.

"Op 'n stadium het bloed vrylik uit die tier se bek begin bloei as gevolg van twee gebreekte ribbes wat toe reeds in sy longe gesteek het, soos by nadoodse ondersoek, later, geblyk het. Maar het einde was dit vir ons nog nie.

"Gelukkig vir my kry ek toe op 'n stadium, tydens die geveg, altwee sy voorpote in die hande. Ek trap toe die poot met die slagyster vas en val vooroor op die tier. En met albei my knieë in sy lieste het ek toe vir die eerste keer tydens die geveg beheer oor hom oorgeneem. Met sy bek nog los, het hy toe ook my hemp, wat daar nog van oor was onder my oorpak, ook heeltemal verwoes.

"Ek het toe besef dat ek die tier onder beheer het, maar dat beide my en die tier se posisie skaakmat was!

"Ek het nog geen wapen in my hand om hom mee dood te maak nie. My geweer het met die loop se bek onder ons gelê, maar kon net sowel 'n kilometer daarvandaan gelê het. Ek kon dit nie waag om die luiperd te los en dan my geweer op te tel nie. Ek moes egter 'n plan maak en gou ook.

"Gelukkig vir my het my vriend by daardie tyd oor sy aanvanklike skok gekom en kom hy toe tot my redding en trek die geweer onder ons uit en skiet toe die luiperd onder my dood.

"Hoe lank die geveg werklik geduur het, is baie moeilik om te sê – persoonlik glo ek dat dit nie langer as 15 minute was nie. Tyd staan gewoonlik vir so 'n mens onder sulke omstandighede stil – in die sin dat daar beslis nie tyd is om te dink nie. Danksy die Vader dat instink in sulke gevalle oorneem – seker maar ook as gevolg van 'n mens se opleiding, temperament en fisiese vermoëns.

"My beserings wat aansienlik was, het gestrek van my knieë af ondertoe – net my nek en gesig was alleen sonder letsels! Ek was ses weke in die Gobabis Hospitaal opgeneem voordat my doktersvriend my kon ontslaan. My linkerhand en pols was stokstyf. Ek kon vir geen geld in die wêreld my linkerhand toemaak nie. My regterarm was van my elmboog af – ondertoe – ook stokstyf, behalwe dat ek my duim kon beweeg. Agt-en-twintig jaar later sou 'n Pretoriase beenspesialis nog 'n stuk van die tier se een slagtand uit my regter-elmboog haal!

"My groot probleem was dat ek mediese hulp eers 10 ure later, nadat die tier my aangeval het, kon ondergaan. Die groot rede hieraan toe te skryf was as gevolg van die swak paaie en brandstofprobleme. Toe ek uiteindelik in Gobabis se hospitaal aangeland het, het ek reeds bloedvergiftiging opgedoen in die meeste plekke wat nie vrylik gebloei het nie. Peninsilin was daardie dae nog onbekend.

"Hoe dit ookal sy – na ses maande het ek weer die volle gebruik van albei my hande en my linkerbeen gehad. Twee losskeur-operasies op die elmboog het slegs 10% verbetering teweeg gebring ten opsigte van beweging. Ek moes eenvoudig leer om daarmee saam te leef. Ek moes my tegniek van reaksie ten opsigte van vuur met 'n vuurwapen op 'n aanstormende dier, aansienlik aanpas, om so min spoed as moontlik in te boet, want my jag-avonture het op daardie stadium maar skaars eers begin!"

ooooOoooo

In Suidwes (Namibië) noem die Boere 'n luiperd 'n tier. Die benaming strek egter ook tot in die Republiek. Seker omdat die jagluiperd ook in ons land en Suidwes aangetref word. Daar is soos meegaande verhaal duidelik illustreer 'n groot verskil in die twee katte. Die luiperd word allerweë as een van die mees geslepe en dus gevaarlike wildsoort in die wêreld beskou. Terwyl die jagluiperd op sy beurt ook 'n rekordhouer is en dit is dat hy die vinnigste dier op land is in die wêreld met 'n spoed van 70 – 90 kilometer per uur.

Die luiperd (Panthera pardus) behoort tot die familie van die egte Katagtiges (Felidae). Die luiperd het die wydste verspreidingsgebied van alle groot katagtiges en word in die meeste dele van Afrika en Asië aangetref. Die dier het 'n vaalgeel tot rooibruin pels met swart, rosetvormige kolle. 'n Melanistiese subspesie, die sogenaamde swart panter, word ook aangetref.

Luiperds is alleenlopende nagdiere. Die mannetjies en die wyfies kom gewoonlik net gedurende paartyd bymekaar. Die mannetjies versorg die wyfie vir 'n paar dae na die geboorte van die welpies.

Die luiperd (Panthera pardus) word in Afrika, Klein Asië, Kaukasië, Trans-Kaukasië, Mantsjoerye, Persië, China, Korea en Siberië aangetref. Die luiperd het die grootste verspreidingsgebied van alle katagtiges (Genus Panthera). In Suid-Afrika kom die luiperd in groot dele van die Kaapse en Natalse kusstreke en ook in die ou Transvaal voor.

Gedurende die Pleistoseen-tydperk het die luiperd ook in Europa voorgekom. Vanweë sy aanpasbaarheid kon die luiperd die euwels wat 'n groeiende beskawing vir die diereryk inhou, beter as selfs die leeu verwerk. Daarom word luiperds nog in gebiede aangetref waar ander roofdiere lankal uitgeroei of verdryf is. 'n Luiperd was net onlangs nog in 'n voorstad van Pretoria deur 'n polisieman doodgeskiet toe die dier in die dorp inbeweeg het. Dit is 'n bekende feit dat daar meer luiperds nog in die Magaliesberge aangetref word as wat baie mense besef. Die voortbestaan van die luiperd word egter nog steeds bedreig.

Luiperds is in September 1975 reeds in Suid-Afrika as beskermende diere verklaar. Luiperds het 'n gemiddelde skouerhoogte van 70cm en kan tussen 50 tot 90 kg weeg en is ook gemiddeld 3 meter lank, waarvan 1 meter deur die stert opgeneem kan word. In vergelyking met die jagluiperd (Acinonyx jubatis), beskik die luiperd oor 'n groot en sterk kop, dik kort nek en dik kragtige bene. Die luiperd is bekend (wêreldbekend) vir sy uitgeslape jagmetodes. Sommige jagters skryf dit toe aan die feit dat die luiperd oor 'n redenasievermoë beskik. Daar word voorts beweer dat die luiperd, altyd anders as die leeu, sy prooi teen die wind op bekruip en dat sy aanval altyd onverwags is. Luiperds is bekend daarvoor dat as hulle 'n mens aanval, dan skeur hy in baie gevalle sy slagoffer se kopvel van agteraf sodat die slagoffer se kopvel oor sy gesig hang.

Die luiperd is 'n besonder netjiese vreter, en bestee baie sorg daaraan om geen bloed op sy pels (vel) te kry nie. 'n Uitstaande kenmerk is dat die luiperd altyd sy prooi in die mik van 'n naburige boom dra, buite die bereik van ander roofdiere. Die luiperd beskik oor geweldige krag en dit is niks snaaks om te vind dat hy 'n uitgegroeide rooibok of springbok – hoog in 'n boom se mik in dra nie. Hy sal herhaaldelik terugkeer en dan daaraan vreet tot net die vel oorbly.

Luiperds is teritoriaal en vreemde mannetjies word glad nie in hul gebied toegelaat nie. Hewige gevegte vind dan soms tussen twee mannetjies plaas oor dominasie. Die welpies word na 'n dratyd van 93 tot 103 dae gebore. 'n Werpsel kan uit tot ses welpies bestaan, maar die gemiddelde werpsel bestaan maar uit 2 tot 4 welpies. Die welpies se kanse op oorlewing is egter skraal, aangesien die wyfie hulle vir lang tye alleen moet los om kos te soek. Hulle val dan gewoonlik ander wilde diere, waarvan die hiëna die grootste sondebok is, ten prooi.

Ook weet ons dat daar geen tiere in Afrika is nie en word die tier alleen in Asië maar veral in Indië aangetref. Die jagluiperd (Acinonyx jubatis) is in teendeel glad nie so gevaarlik soos die luiperd (ons tier) nie, en waar die luiperd voorsien is van dodelike en gevaarlike skerp naels is die jagluiperd maar afgeskeep. Die jagluiperd het stomp naels soos die van 'n gewone hond, wat hom dus minder gevaarlik, veral vir die mens uitmaak.

OoooOoooo

Hier vertel Oom Piet Mostert verder:

"Pa en ek het 'n wolf gevang – die dier was in 'n slagyster, so dit was nie so moeilik nie. Nadat ons hom gevang het – daar was 'n ketting aan die yster – het ons hom aan 'n boom vasgemaak en hom met die hulp van 'n stuk hout ondergesit en vasgedruk.

"Die grootste probleem het nou voorgelê. Pa moes hom op die grond vashou met die hulp van die hout. Te oordeel aan pa se bloedsweet is 'n wolf ook maar verdomp sterk.

"My taak was om die happende wolf aan sy ore beet te kry! Dit was makliker gesê as gedaan – en dit was pa se idee! Ek bedoel nou die wolf-vangery. Miskien wou pa my toets, maar ek persoonlik dink dit was pa se avontuurlus.

"Nadat ek die wolf stewig aan sy ore beetgekry het, het pa sy bek vasgemaak gekry en dít na baie gesukkel en gekners van tande. Toe het ons die ketting – dit was 'n donkiestring – om sy nek gesit en die wolf huistoe gelei, aangeja en soms gesleep. Dit was in die droë rivierloop van die Nossib-rivier, ongeveer 'n kilometer van die huis af. Ons het nie gedink dat dit 'n kordaatstuk was nie – inteendeel was dit lekker om ons krag en vernuf teen die groot wolf te toets en was die slagyster nie aan sy poot nie sou ons maar gesweet het!

"By die huis aangekom het ons hom – die wolf – die Leviete voorgelees ten opsigte van sy kwaad-doenery en strooptogte op pa se skape, hom vyf houe beboet en toegedien en toe nadat ons hom gemerk het, vrygelaat. Interessant genoeg – ons het die betrokke wolf nooit, ooit weer op ons plaas – Kameelpoort, herontmoet nie!"

Bostaande verhaal van hoe Oom Piet Mostert die wolf huistoe gery het terwyl hy hom aan sy ore beetgehad het, het ek lank voor die legendariese jagter ontmoet het, reeds by ander mense gehoor."

Nadat Oom Piet Mostert op vroeë leeftyd deur 'n luiperd aangeval en ernstig gebyt was, het hy voort gegaan en 'n jagter van groot formaat geword. Sy jagters-rekord is sonder weerga en daar sal seker min jagters wees wat sy jagters-ervaringe kan ewenaar. Hieronder volg sy jagters-rekord:-

> ➤ Buffels: 9
> ➤ Leeus: 46
> ➤ Luiperds: 18

Ja, wat sal 'n medejagter van die man se jagtersprestasies sê? Daar kan net deur penkoppe, en selfs die gewone jagter, met groot oë na sulke jagstories geluister word.

As ek my beskeie bydrae kan lewer wil ek aan Oom Piet Mostert wat nou al met die skrywe hiervan die rype ouderdom van 74 jaar oud bereik het, die volgende eerbetoon bring en aan hom sê soos die befaamde digter Jan F. Cilliers oor Generaal de Wet gedig het:

Stil, broers,
daar gaan 'n man verby,
hy groet,
en dis verlaas.
Daar's nog maar één soos hy;
bekyk hom goed.

Die oog,
nou dof en weggesink,
soos vuurvonk kon hy blink –
die arendsblik,
die kakie- en renegateskrik.
Die stap en kraggebaar
is nou bedaar.
Is dit jul leier nog, per ruiterskaar?

Gewis!
en soos hy ons s'n was en is.

Al is die oog verswak,
hy kyk nog fier omhoog in jou
soos in sy God se oog.
Al stap hy kromgeknak
En afdraans af,
Al klop die hart al flou:
soos altyd is nog nou
elke stap en hartslag trou
tot in sy graf.

En hierdie pure man
jou kind, Suid-Afrika!
Wat vrees ons dan?
Geseën sal wees
die grond, die bloed, die vlees,
wat sulke vrugte dra.
In ons De Wet se gees.
Voorwaarts, Suid-Afrika!

34.   MY LAASTE VERNIET KOEDOEBUL

Omdat ek nie 'n grondeienaar is nie, moes ek nog altyd per geleentheid gejag het, maar soos dit deesdae gaan is die verniet-jagtery 'n bevoorregte luuksheid. Een wat 'n vinnige dood gesterf het – so ook die meeste van my jagplekke.

Maar ek kan nie kla nie, in my tyd het ek in die Mekka van die jagterswêreld beweeg en ook gejag. Dit is nou Suidwes-Afrika (Namibië) – in die wêreldberoemde Kalahari, die Namibwoestyn, ook die noordweste van die streek naamilk Ovamboland en dan ook in die Ondoni-vlakte.   Ook noord-oos in die Caprivi-Zipfel.

Dit nog altyd verniet – ek meen ek het nie vir die jag van die wild betaal nie!

Sedert ek my intrek in die Transvaal geneem het, het ek nog steeds die voorreg gehad om "verniet" te jag – maar die jaggeleenthede het al skraler en skraler geword – dit wil sê tot die Wet van Transvaal my ingehaal het. Die meeste jagters en plaaseienaars sal sonder om te blik of te bloos vir jou sê dat ek dekades met moord weg gekom het. Ons jagters het egter ook 'n saak, dit is dat die wild wat ons vroeër vir die plaasboere help uitdun het – omdat dié hul plase so verniel het – nou beslis oorbelas is.

Maar dit is nie die storie wat ek eintlik wil vertel nie – hierdie storie gaan oor die groot koedoebul met die groot spoor, waarop ek bykans twee dae gestap het. My "verniet-koedoebul" was moontlik my laaste, want ek verstaan dat 'n trofee-koedoebul baie geld kos vandag.

Ons het alreeds die Donderdagmiddag op Seuna se plaas aangekom en het tot laataand om die kampvuur ons strategie bespreek.   Daar loop 'n besondere groot koedoebul op sy plaas en enigeen van ons jagters wat die bul die eerste raakloop, moet hom skiet, en dan kom ons daarna weer bymekaar.

Omdat ek reeds in die aandskemering van my lewe is en ook nog die vorige jaar 'n koronêre-trombose aanval gehad het, moes ek maar katvoet beweeg. Ek kon maar net stadig stap en omdat ek nie daaraan glo om wild met 'n motorvoertuig te jag nie – is dit en was dit nog altyd teen my beginsels – moes ek maar met stap tevrede wees.

As jy saam met 'n boer jag, maak jy soos hy sê, en ek moes in die verlede ook maar van 'n voertuig af jag – veral in die Kalahari en die Namibwoestyn waar veral springbokke jou net een kans gee – daar is net nie nog 'n kans nie, veral as die plaasboer se plaas 20 tot 30 duisend hektaar beslaan. Dan is daar nie tyd om te speel nie.

Ons jagters het voetseer en moeg, maar veral teleurgesteld die middag laat die werf van Seuna se plaas, op die Limpopo se wal, binnegestap. Elkeen rapporteer dat hy 'n droë-loop geloop het en dat daar baie spore maar geen wild was nie. Dit was nou die Vrydag. Die betrokke oggend het my swart spoorsnyer, nadat ons skaars in die veld was, gaan staan en my die groot koedoebul se spoor uitgewys. Toe ek die spoor die eerste keer gesien het, het daar skielik weer die ou bekende simptome na vore getree:

Eerstens het daar 'n vreemde tinteling deur my are geborrel wat my bloedsomloop vinnig opgestoot het. Daar was die elektrisiteit in die lug wat my rustige gemoed 'n metamorfose laat ondergaan het – skielik was ek nie meer die siek man wat sleepsvoet in die bos op soek na tekens van wild was nie. Nee, ek het die Mannlicher vaster gevat en seker gemaak dat die patroon in die kamer was, en toe lig ek die grendel halfpad op – want ek jag nie met 'n veiligheidsknip in die gedrang nie. Ek weet nie of ander jagters ook die gevoel kry as hulle weet die prooi is naby nie – ek neem so aan, anders sou jag beslis nie so gewild wees soos wat dit is nie.

Min het ek egter geweet dat ek nog vêr op die groot spoor sou loop en dat ek nog met die spoor in my slaap sou worstel. Dat ek nog meesterlik en moeg geflous sou word, deur dieselfde koedoespoor.

Vroeg die volgende oggend was ons manne weer in die jagveld op soek na die groot koedoebul se spoor. Die veld was pragtig en daar was benewens goeie grasveld ook genoeg en goeie bosveld. Toe ek my geweer met mening vat en die veld in beweeg, sien ek talle dwergmopanie, kruisbessie en 'n verskeidenheid van doringbome.

Die koedoe is by uitstek 'n blaarvreter, en ek kon sien die koedoe wat in die veld loop, moet in 'n redelike goeie kondisie wees. Min jagters weet dit, maar as die mopanieboom nuwe blare kry, dan klim daar 'n luis (Arytaina) op die blaar – wat die hele jaar op die spesifieke mopanie boom bly – wat dan 'n wit nektar op die blaar strooi wat inderdaad soet is.

Dit is agter hierdie versoete dwergmopanieblare wat die olifant honderde kilometers sal stap. Die koedoe en die rooibok weet dan ook van hierdie lekkerny – waarom sal die olifant nou alleen daarvan weet?

Dit was hier tussen die dwergmopanies waar ek die eerste keer die groot koedoebul se spoor raakgeloop het – maar maklik was dit nie gewees nie, soos duidelik geblyk het.

Die oggendbries was verkwikkend en 'n tonika op my gesig – en ek was tevrede en stap wind-op.

Die vorige aand om die kampvuur het ek meer van die groot koedoebul wat niemand kan opspoor nie, gehoor. Hy is dan altyd die jagter of spoorsnyers voor en in party gevalle was hy die jagter reeds 'n dag voor. Hy was vir my altans ook die eerste dag, 'n dag en 'n half voor gewees en baie waters sou onder die brug deurloop voor ek hom eens sou sien. Ook sou ek vêr moes stap en baie sweet en voetwerk agter die rug plaas eer ons van aangesig tot aangesig sou kom.

Ek het alreeds vêr gestap en het al stadig met 'n wye draai terug werf toe be-weeg toe Seuna by my aangejaag kom met sy vierwiel-aangedrewe voertuig.

Die boodskap was verrassend: "Die groot koedoebul het reeds die grondpad 400 meter wes van sy huis, gekruis – op pad rivier toe". Ek is bykans vier kilometer van die plek af waar hy die grondpad gekruis het!

Ek los 'n kragwoord en met verwondering sê ek vir Seuna: "Dit is vir my glad nie snaaks dat hy dit reg gekry het nie, want alle koedoebulle – wat ek madalla's noem – het met lof matriek geslaag." Hy is nie verniet so slim nie – anders sou hy beslis nie so groot en oud geword het nie.

Hy laai my op en ons ry terug daar na die grondpad naby sy huis waar hy die vars spoor gekry het. Ek was eers skepties – was dit nie dalk die bul se spoor toe hy vanoggend dou voor dag gaan water suip het nie?

Maar toe hy my by die vars spoor aflaai erken ek verleë dat hy wel agter my deurgeglip het – rivier toe. Ek besef dat, sou Seuna my nie kom oplaai het nie, ek hom die dag nooit sou gekry het nie.

Toe ek buk en na die groot spoor kyk, stoot die adrienalien deur my are soos elektriese stroom wat skielik aangeskakel word. Daar gaan nie net 'n aangename tinteling deur my senustelsel nie maar 'n ligte skok ruk my tot die werklikheid soos 'n kortsluiting. Ek bly vir etlike sekondes op my hurke sit en staar na die spoor van die groot koedoebul.

Dit is so vars dat ek my verbeel ek ruik en hoor die ou grote hier voor my in die bos. Ek sien verskeie kleiner spore en skat dat daar vier koeie en 'n jonger bul in die kleiner teeltroppie is, waarvan die groot bul die patria is. Ek kyk op en ek sien dat die spore reguit rivier toe lei en ek weet vandag is die dag. Ek kyk op my horlosie en merk dat dit reeds twee-uur namiddag is. Ek is ook merkbaar verbaas om te merk hoe vêr ek die dag reeds op die spoor van die groot koedoe-bul gestap het.

Ek spreek toe my gedagtes hard teenoor Seuna uit: "Seuna, ek moet die bul kry voor drie-uur anders gaan ons die rugby mis!"

Ek haal my geweer van my skouer af, stoot weer die patroon in die kamer in, lig die grendel halfpad op en begin stadig maar seker op die neutvars spoor te stap. My swart spoorsnyer stap langs my terwyl sy oë ook op die spoor genael is en terwyl ek op my beurt weer die bosse voor bespied, maar ek sien niks beweeg nie.

Die veld hier naby die rivier is pragtig, maar maak effe oop sodat ons telkens deur 'n oop vlaktetjie stap. Dit bekommer my aangesien ons niks daaraan kan doen nie, en maar die risiko om eerste gesien te word deur die koedoes moes loop.

So stap ons vir etlike minute – katvoet voort – terwyl ons die spoor in die een oog en die bosse voor in die ander een hou. Skielik steek my spoorsnyer vas en sis deur sy tande: "Daar is die koedoes." Toe ek opkyk van die spoor, sien ek die bul agter die witolienhout- en bosveldysterbos uitstap.

Ek sien die koedoekoei ook en steek versteen vas – my linkerbeen voor die regterbeen – my geweer voor my in altwee hande. Ek sien die jonger bul met sy horings waar dit die tweede draai maak, maar die groot bul is weg. Skoonveld soos mis voor die son! Ons het al amper twee dae op sy spoor gestap en nou is hy weg! Ek moes ook gou besluit wat ek gaan maak, want ek sien die koedoes gaan hardloop. Al hierdie dinge gebeur in sekondes en ek besluit toe maar dit is beter om die jonger bul te skiet as om niks te skiet nie.

Toe ek die Mannlicher aan my skouer gooi en die grendel afdruk terwyl my regter-wysvinger om die sneller krul, verskyn die jonger koedoebul in my 1–8 Bushnell-teleskoop. Toe ek druk op die sneller wou plaas, sis my spoorsnyer weer: "Daar's hy... Daar's hy!" Ek het ook die beweging deur my teleskoop gesien en lig my geweer op en fokus die teleskoop op die beweging.

My asem slaan amper weg toe die reuse koedoebul agter die witolienhout- en bosveldysterbos uitstap. Die groot koedoebul het my so wrintiewaar amper weer uitoorlê, maar ek was danksy die jonger bul reeds gereed met die Mannlicher aan my skouer. In die kamer was 'n 170-grein silwerpunt-patroon.

Die groot koedoebul begin agter die bos uit beweeg, waar hy hom meesterlik agter versteek het en ek sien dat as ek nie nou skiet nie, dan is dit neusie verby.

Ek sentreer die kruis van die Mannlicher op sy knoppe en dieselfde oomblik besluit die bul om te laat spat. Toe hy vorentoe beweeg, sien ek sy magtige en pragtige spiere bult en ek trek die sneller. Ek hoor die koeël klap teen die bul en my maag maak 'n onaangename draai want dit blyk 'n swak skoot te wees. Toe die skoot klap, sien ek sy sierlike liggaam ruk en in plaas van in die lug spring en weg vlug soos altyd, plof die groot koedoebul op die grond neer. Toe ek die Mannlicher laat sak, hoor ek net takke kraak en klippe spat soos die jonger bul en koeie laat spaander.

Ek stap tot by die bul en die ander wat die skoot gehoor het, sluit ook 'n rukkie later by ons aan. Ek kyk op my horlosie en sien dat dit kwart oor drie is – net betyds vir die rugby.

Die pragbul lê op sy maag, voorpote voor hom ingekrul, agterbene onder hom ingevou. Sy sierlike kop met pragtige simmetriese horings nog in die lug – hy lewe nog. My skoot is tussen die tweede en die derde wit streep, net agter sy laaste rib en onder sy rug, deur – amper te vêr agtertoe. Dit was natuurlik toe ek aangelê het en hy vorentoe wou spring, dat die skoot effe agtertoe is.

Ons vergader om die pragtige bul en elkeen lewer kommentaar. Ek vra vir Gerhard wat sy kamera by hom het om 'n paar foto's te neem. So leer ons weer almal 'n les in die natuur – moet nooit te gerus wees nie.

Ek kom sit langs die pragdier en vir 'n oomblik pak 'n nostalgie my soos altyd weer beet. 'n Ongekende jammerte gaan uit na die bul en 'n stemmetjie beskuldig my en sê dat ek darem nie die pragbul moes geskiet het nie. Vir 'n oomblik verslap ek my waaksaamheid en toe ek teen die bul druk vir die foto ruk hy sy

majestieuse kop in een laaste blitsige beweging op en daardie sierlike horings mis
my kop met sentimeters in 'n laaste oomblik toe hy sterf. As ek nie instinkmatig
gekoes het nie, was ek beslis bokveld toe en nie hier om die storie te vertel nie.

Ons laai die gevalle bul, ry kamp toe en die groot slagtery het begin.
Later die middag wen Noord-Transvaal en ons verkeer lekker om die kamp-
vuur na die suksesvolle jagtog.
Alle soet het sy suur en die volgende oggend is dit pak en laai. Ons doen dit
traag en toe die horings ook nog gelaai word, gaan dieselfde weëmoedige gevoel,
wat ek glad nie kon onderdruk nie, deur my en ek spreek weer my gedagtes

hardop teenoor my gasheer: "Ek voel regtig jammer dat ek nou juis die patria van die teeltroppe moes skiet".

Op sy beurt weer sê Seuna: "Dit is wel so maar as jy nie die bul geskiet het nie, sou 'n ander jagter hom tog maar die een of ander dag wel skiet".

Met dié vertroostende woorde ry ons daar weg. Toe ons die sandpaadjie daar weg van die rivier af vat, soek my oë daar tussen die olien- en geelhoutbosse na die blink van die son op die jonger bul se horings.

Ek sien niks en tevrede ry ek weg – die trop is nog in goeie hande. Die jonger bul sal volgens die wet van die natuur outomaties die rol van die opvolgende patria oorneem.

Met dié gemoedsversekering ry ek en my jagmaats tevrede terug beskawing toe.

35.   DIE GENADESKOOT

Dit was 'n jaar of wat gelede toe ek een oggend op pad werk toe was dat ek 'n vreemde gewaarwording hier diep binne my siel ondervind. Ek moes dit dadelik gesien het, maar omdat ek toe reeds al 'n gesoute dorpenaar was met sinne wat vir bykans alles afgestomp is – moes ek eers hier in my onderbewussyn gaan rondkrap het om vas te stel wat my pla.

Ek bekyk my omgewing en sien dat die Magaliesberge nog mooi groen daar uitsien. Ek sien sewentien aasvoels – stadig maar statig – al met die kruin van die berg in 'n noordoostelike rigting vlieg. Ek weet hulle wag net vir die berg se windstroming wat hulle honderde meters die lug inneem sonder dat hy sy vlerke eenkeer klap. Kenners beweer dat die Magaliesberg se aasvoels in die oggende – soos nou – wegvlieg, vanmiddag in die Krugerwildtuin vreet, en vanaand weer terugvlieg om hul kleintjies hier te voed.

Terwyl ek so vanaf Hartbeespoort op pad na Hercules, Pretoria Tuine, met my bakkie ry, kry ek vir die tweede keer die gewaarwording, maar dié keer was dit 'n fisiese gevoel. My wysvinger van my regterhand se eerste lit begin ongekend aan die jeuk gaan. Terselfdertyd begin die einste vinger binne-toe te krul. Alle pogings om my vinger reguit te kry misluk!

Ek was my hele lewe lank in Suidwes gestasioneer en die laaste agt jaar van my diens in die land het ek grensdiens te Katima Mulilo verrig. Hiervandaan is ek na Hartbeespoort verplaas. Ek is toe weer na Hercules, Pretoria Tuine, verplaas, waar ek my laaste twee jaar as Stasiebevelvoerder diens verrig het, voor ek afgetree het. En dit is hier waar my sintuie ten opsigte van die natuur begin afstomp het, anders sou ek onmiddellik geweet het watter simptome ek onder lede gehad het en wat my wysvinger makeer het.

Iets pla my oor die ongemaklikheid wat hier diep in my siel en onderbewussyn lê. Ek kyk op na die berge: "Waar sal my hulp vandaan kom!" Ek sien niks, en my oë soek hier op die kruin van die berge, en ek sien so plek-plek dat daar wilde seringbome is wat se blare heldergeel begin word. Die Tswana sê dan: "Modumela." Hy groet eerste, voor die winter kom!

Toe weet ek wat my makeer! Dis daardie gevoel, as jy die Mannlicher .308 oor jou skouer gooi en met die wintersonnetjie agter teen jou blad, wind-op stap agter die rooibok aan! Daardie gevoel wat ek in my regterwysvinger ontwikkel het, kry ek elke jaar net so voor die wilde sering sê: "Dumela." Dan weet ek dis jagtyd, en net die Mannlicher se kolf en sneller is die regte remedie vir die jeuk aan my wysvinger.

Toe ek by my stasie aangekom het, het ek geen gras onder my voete laat groei nie en dadelik my ou jagmaat – oom Ben Potgieter – in Brits, geskakel. Dieselfde middag bel hy my terug en bevestig dat hy vir ons 'n jag gereël het.

Die volgende middag ry ek en oom Ben na 'n vriend van hom se plaas, waar die groot koedoe met die krompoot loop. Alhoewel ek al 'n paar lope saam met hom die einste grond geloop het, het ek die legendariese koedoebul nog net eenkeer gesien en dit was toe hy reeds aan't vlug was en daar geen sprake was om 'n skoot te waag nie.

Ek trek my bakkie in die skaduwee van die ou groot maroelaboom waar ons altyd kamp maak. Ons haal die gewere uit en trek 'n 2x2 lappie deur die lope om die laaste olie te verwyder. Ek ruik die geweer-olie, ek ruik die maroelas, ek ruik die vars bosveldgrond en ek is in my sewende hemel!

Stap maar met die pad in 'n noordelike rigting en ek sal hierdie paadjie suidwaarts neem," sê oom Ben. Ons maak altyd so as ons saam jag. Ons loop nooit saam nie. Ons split altyd in twee rigtings op. So gesê, so gedaan.

Ek stap stadig in die wildspoor wat ook deur die boer se beeste gebruik word. Ek sien geen beessore nie en weet dat die kanse om 'n rooibok of vlakvark raak te loop is vanmiddag uiters gunstig. Die enigste faktor wat my bekommer was dat die suidwestewind opgesteek het en saggies hier in my nek druk – maar ek stap aan en hoop!

Ek beweeg in die rigting van daar waar die bosse ruig en besonder groen is. Daar sal ek weer regs beweeg dan sal die windjie teen my regterwang waai en namiddag laat as ek terugstap kamp toe, sal die wind weer in my gesig waai – en wind-op is jou kanse uiters gunstig om iets vir die pot raak te loop.

Ek bereik die draai en merk dat die fauna en flora in die besonder weelderig daaruit sien. "Goeie reëns!" mompel ek. Die jakkalsbessie is lowergroen en die sekelbosse staan soos hare op 'n hond se rug. Ek sien ook rooi-ivoor, karee, soetdoring en 'n dosyn kleiner struike soos haak-en-steek, kruisbessie en rosyntjiebos.

Dis toe ek die bye hoor daar by die ruie bosse, en omdat ek allergies vir bysteek is, stap ek verby. Ek stap in 'n area waar daar kleiner bossies en struike voorkom, maar ek sien geen wild nie.

Dis asof die natuur swyg en ek die eerste keer agterkom dat daar geen lewe is nie! Nie eens 'n voeltjie vlieg hier rond nie. Ek kyk ongemaklik rond en merk dat die woud swyg – so asof daar iets is waarvan ek nie weet nie – maar behoort te weet. Om my vermoede te bevestig, koggel 'n kwêvoël my uit die bosse – maar dis vêr van my af.

Gewoonlik kom pla hy jou hier waar jy jag en waarsku al wat leef dat 'n jagter in aantog is. 'n Ander feit is dat as 'n kwêvoël jou uit die bosse koggel, dan moet jy weet daar is inderdaad wild naby!

Ek stap sonder dat ek dit weet in die rigting van die ruie bosse – daar waar ek die bye gehoor het. Dis asof 'n onsigbare mag my daarheen trek – nieteenstaande die gevaar van bysteek. Skielik begin my hart vinniger te klop en ek voel die adrenalien deur my are pols. Dis asof 'n sesde sintuig my waarsku dat iets hier gaan gebeur. Die bos met die bye trek my soos 'n blom 'n by aantrek – nieteenstaande die feit dat my onderbewussyn my aanhoudend waarsku dat daar gevaar dreig. Ek stoot 'n patroon in die Mannlicher se kamer en stap nader. Ek is dertig treë van die bosse af en hoor die duisende bye gons, maar iets trek my nog steeds daarheen!

Toe sien ek die oorsaak wat die steuring in die natuur veroorsaak het. Daar in die bosse lê 'n groot koedoebul soos 'n bees in 'n kraal met sy bene onder hom ingevou. Hy lê met sy agterkant na my en sy majestueuse kop is opgelig, na my gedraai en hy kyk my direk in die oë. Nou waarom bly die koedoebul daar lê en vlug dan nie? Hy lyk oënskynlik normaal en gesond. Ek stap voetjie vir voetjie nader. Dit is nou 'n lewendige koedoebul en 'n swerm bye waarmee ek te doen het en beide is gevaarlik. Toe ek 10 meter van die bul af is, sien ek 'n paar dinge. Eerstens is dit nie 'n swerm bye wat bo op sy kop in die bosse sit nie, maar duisende groen brommers. Toe weet ek die bul is of gekwes of beseer en dit is dan die rede waarom hy nie opspring en vlug nie – want hy kan nie.

Hy bly net daar lê tot ek by hom kom. Ek bekyk die bul maar sien geen bloed of merk aan hom nie. Ek waag nog nader en druk hom teen sy agter regterboud met die Mannlicher se loop, maar daar is geen reaksie nie. Ek staan by die bul en nog is sy kop opgelig en kyk hy my soos 'n hondmak dier aan met sy groot donker oe. Ek lees die pyn daarin.

Ek ondersoek die bul en eers later ontdek ek daar is effens bloed aan sy keel, maar kan nog nie die oorsaak of die wond bepaal nie. Nou weet ek die bul is so erg beseer of gekwes dat hy hier kom sterf het.

Ek kyk na die bul, wik en weeg wat om te doen en druk die loop van die .308 Mannlicher agter die bul se oor, trek die sneller en dien hom sy genadeskoot toe.

Ek stap terug kamp toe en vertel oom Ben van die groot koedoebul met die horing wat so na die vierde draai krul. Ons ry terug daarheen en besef dat ek en hy nie die bul daar uit die bosse sal kan sleep nie. Ons gaan na die boer en kry werkers en ry terug. Ek sny 'n snit in die bul se agterbeen, haak 'n tou daarin wat ek weer agter aan my bakkie haak. Ek sleep die gevalle bul uit die bosse tot in die plaaspaadjie.

Ek en oom Ben hou post mortem en tot ons verrassing bepaal ons soos twee geneeshere of sal ek se veeartse, maar eintlik jagters, wat die oorsaak van die bul se dood was.

Dis 'n groot uitgegroeide koedoebul maar is beslis nie so groot soos ou krompoot nie. Die koeie was heel moontlik bronstig en die jong bul het sekerlik ogies gaan maak in ou krompoot se koninkryk. Hulle moes toe sekerlik aan't geveg geraak het want ons kry die plek waar ou krompoot se boring in is. Die ouer en meer ervare koedoebul het die jonger bul met sy horing net onder die kakebeen gepenetreer en al langs die bul se nekwerwels af deurgedring tot onder teen die borsbeen! 'n Dodelike wond! 'n Wond waaraan die jonger bul seer sekerlik aan't sterf was toe ek hom in die bosse ontdek het.

So was dit dan ook, want toe ons die bul laat afslag het, was die vleis reeds sleg en kon ons nie 'n stukkie van die vleis gebruik nie.

Die aand ry ek en oom Ben – na die droëloop en met gemengde gevoelens – huistoe. Ons is lankal op bewaring ingestel en ons aanvaar die wet van die natuur, sonder kommentaar.

36. TANTOR

Ek en my jagmaats het die oggend die dagbreek onder die hoenderhaan uit gesteel, en dit was nog donker toe ek vir Phil opklop om die ander te gaan oplaai. Selfs die ou fisanthaantjie wat, na die hoenderhaan, altyd die dagbreek aangekondig het, was deur ons jagters aan die slaap gevang, want dit was toe ek vir Piet ook oplaai, dat ek sy roep daar vêr in die sandloop gehoor het.

Hierdie jag was nie eintlik vooraf beplan soos wanneer dit die geval is as jy een van die vyf grotes gaan aandurf nie. Nee, dit het so spontaan gekom toe Phil my 'n paar dae tevore kom versoek het om 'n olifant vir die Kuta te gaan jag – een uit die kwota van agt olifante wat hy per jaar ontvang het. Die Kuta is die stamhoof van een van die twee stamme in die Oos-Caprivi.

Ek was 'n polisieman in die Oos-Caprivi-Zipfel en op Katima Mulilo gestasioneer. 'n Tydperk van my lewe wat ek altyd sal vertroetel en as 'n groot voorreg beskou het. Dit was hier tydens my agt jaar van permanente grensdiens dat ek die voorreg gehad het om 'n paar van die vyf grotes te kon jag en wat my in staat gestel het om hierdie jagverhaal te kan vertel.

Nadat ons ook vir dokter Kat Strauss opgelaai het, het ons vertrek jagveld toe. Uit Katima Mulilo hoef 'n man in die dae nie vêr uit die grensdorpie te gery het om in die jagveld te wees nie - veral as jy olifant wou skiet, want dit was niks snaaks om in die oggende op te staan en dele van jou tuin en heining verniel te sien nie, want omdat olifante relatief min gepla en gejag was in dié deel, was dit geen vreemde gesig nie. Ek moes dan ook al 'n paar motorongelukke tussen Katima Mulilo en M'pacha ondersoek het waarby voertuie met olifante gebots het. Die twee plekke was so 20 kilometer uitmekaar geleë en laasgenoemde was die lughawe, wat dié distansie, suid van die Zambezirivier geleë was.

Die oggend het ons kamp opgeslaan net so 15 kilometer suidwes van Katima Mulilo – reg in die middel van die sogenaamde "wildreservaat" – maar ek het oor 'n permit beskik en die plaaslike landdros het ons vergesel. En as jy vir die Kuta jag mag jy enige plek jag, mits jy toestemming van die plaaslike landdros gehad het.

Omdat 'n olifant nie 'n maklike dier is om te jag is nie, was daar onderling besluit dat die ander manne in die kamp sou bly terwyl ek en Piet die olifante se spore sou gaan verken het en om te sien of daar tydens die jag geskiet sou moes word, want as jagter het ek geleer dat dit elke dag jagdag is, maar nie elke dag skietdag is nie. Dit was 'n kwessie van – kry ons 'n geskikte olifant, skiet ons vandag en kry ons dit nie, dan jag ons verder tot ons een kry – al was dit nou nie dieselfde dag nie, maar wel op 'n ander dag.

Dié dag het ek en Piet, maar veral ek, met hoë verwagtinge op die olifantjag vertrek, want sien, ek het toe al heelwat van olifante geweet en het toe reeds al 'n paar platgetrek gehad. Ek was gewapen met my pas aangeskafte .375 Holland & Holland Magnum geweer en Piet was ewe-eens rustig met syne. Omdat Piet my al voorheen op gevaarlike terreine vergesel het, was ek tevrede dat my rugsteun betroubaar was en dit is een van die vereistes as jy 'n jagmaat saamvat om een van die vyf grotes te gaan jag. 'n Spoorsnyer het eendag die lakoniese opmerking gemaak wat raar maar waar was – toe ek weerloos gestaan het met 'n leë .458 geweer en die gekweste olifant 20 meter van voor op my afgestorm kom, en toe ek omkyk, sien ek hoe hardloop my jagmaat en die spoorsnyer dat hulle so klein word: "Morena ek word net betaal om spoor te sny – ek word nie betaal om doodgetrap te word nie!"

Omdat ek so 'n hoë respek en agting vir die Suid-Afrikaanse olifant het, wil ek graag so bietjie agtergrond vir die leser verskaf aangaande die ou reuse dier wat die vlaktes van Afrika vir dekades gestap het.

Daar is tans ongeveer 450 000 olifante in Afrika oor. Die Afrika en die Asiatiese olifantspesie is van die slurpdiere orde – Proboscidea – 'n soogdiergroep waarvan ongeveer 300 uitgestorwe spesies aan die wetenskap bekend is. Daar is verder nog 170 olifante in die Addopark in die Kaap Provinsie en 90 olifante in die Kaokoveld in Suidwes-Afrika (Namibië) oor. In die noordooste van die Republiek van Suid-Afrika word die getal olifante op 4 500 gereken.

Omdat olifant-jag vandag in Suid-Afrika bykans tot die verlede behoort, glo ek dat daar van by die leek tot by party gesoute jagters nog heelwat onkunde bestaan aangaande die modus operandi van olifante. Ook is dit so dat olifante net soos ander diere sekere gedrag en patroon van lewe het. Een verbasende faktor is dat die olifante oor 'n bogemiddelde hoë intelligensie beskik wat al tot die dood van talle jagters – wat die reuse-dier onderskat het – gelei het. Daar word gesê dat 'n olifant nooit vergeet nie!

Omdat 'n olifant baie vreet, moet hy vêr stap om sy kos te verkry. Hy is uit die aard van sy grootte en sy eetlus, aangewese op baie plantaardige voedsel waaronder gras, die kremetartboom, die mopanie, asook dwergmopani se blare die gesogste dieët uitmaak. Die groot diere van Afrika weet dit nie, maar hulle is geweldig vernielsugtig in hul soeke na genoegsame bladgroen en word hulle ook as sulks gebrandmerk.

Met 'n maksimum gewig van 7 500kg is die Afrika olifant die grootste landdiere. Daar is egter vandag nog net twee lewende spesies, naamlik die Afrika- en die Asiatiese olifante, in die wêreld oor. Die Asiatiese olifant is egter heelwat kleiner as die Afrika-olifant.

Die neus en bo-lip van albei spesies is uitgegroei tot 'n slurp, waarmee die diere kan voel, ruik, gryp, suig en trompetter as hy versteur word. Olifante beweeg in troppe, wat normaalweg uit verskeie familie-eenhede bestaan. Die Asiatiese olifant maak maklik mak omdat hy heelwat kleiner is, en word geleer om harde werk te verrig. Die Afrika-olifant is bykans ontembaar en word dan ook uitsluitlik vir die ivoor van sy slagtande gejag. Olifante is kudde-diere wat in troppe van 10 tot 50 of meer saamleef en wat deur 'n volwasse koei, wat as die matriarg bekend staan, aangevoer word. By die Afrika-olifant bestaan die familie-eenhede uit 'n volwasse koei en jong koeie, asook uit jong bulle tot 14 jaar oud en saam met 'n klompie teelbulle vorm hulle dan 'n teeltrop. Wanneer die jong bulle ongeveer 14 jaar oud is, verlaat hulle die trop om vrygesel-troppe te vorm, en poog dan deur gevegte met die teelbulle om sodoende posisie in 'n trop te verkry, en wanneer so 'n ou teelbul verslaan is, verlaat hy op sy beurt weer sy trop en neem die jonge sy plek in. Sulke ou uitgewerpte bulle bly dan gewoonlik alleen en is altyd baie gevaarlik.

Die koeie van die Afrika olifant bereik geslagsrypheid na ongeveer 12 jaar en die bulle na ongeveer 14 jaar. Dit kan ook vroeër plaasvind. Die kalwers word na 'n tydperk van 22 maande gebore en is dan ongeveer 110kg swaar. Die koei word dan deur een of meer van die ander koeie gehelp tydens die geboorteproses. Na die geboorte, en veral in sy eerste paar lewensjare, kry die kalfie aandag van sy ma en ook van die ander koeie in die trop.

Alhoewel Suid-Afrika nie juis bekend vir sy olifante is nie, het ons en veral die Nasionale Krugerwildtuin 'n ongeëwenaarde rekord vir die grootste ivoordraers wat wêreldbekend is. In die Krugerwildtuin was daar sewe olifant-bulle van die afgelope dekade wat besondere groot ivoordraers was en wat as die Sewe Grotes bekend gestaan het. Die Nasionale Krugerwildtuin was deur kenners beskou as die laaste toevlugsoord in Afrika van olifantbulle met ivoortande van meer as 100 pond in die ou taal (45 kilogram) elk. Die sewe groates was soos volg gedoop: Mafunyani, Shingwedsi, Shuwa, Kambaku, Dzombo, Joao en Ndlulamithi. Ongelukkig is ses van die reuse sedert 1981 reeds dood en die oorblywende een wat nog lewe is Joao. Legendes wil dit hê dat sy tande albei tot 20 sentimeter van sy liplyn in 'n waarskynlike geveg afgebreek het.

Interessant genoeg is dat die Afrika-olifant selde lank in dieselfde gebied vertoef. Die Afrika-olifant begin sy rotasiepad deur Afrika in die Timbavati Wildreservaat en trek dan vêr noord deur lande soos Maputo, Zimbabwe, verby die Malawi-meer, deur Tanzanië en die Tanganjika-meer, nog verder noordwaarts tot in die Savanna-vlaktes van die Victoriameer.

Daar sal hulle weer weswaarts beweeg na die Kongorivier in Zaïre. As hulle dan daar lank genoeg gevreet en water geniet het, sal hulle weer stadig suidwaarts afbeweeg deur die Kongo, verder af tot in Angola en sal hulle rustig suidwaarts beweeg tot so vêr as die Etoshapanne in Suidwes-Afrika. Hier sal hulle soms so vêr suidwaarts beweeg soos die Makghadigadi panne in sentraal Botswana, as dit daar goed gereën het. Tydens hul draai, weer na die ooste, is hulle dan baie lief om maande lank – ongestoord – kruis en dwars deur die Caprivi Zipfel te trek en behoorlik van die waterwêreld, wat ek so goed leer ken het, gebruik te maak.

Oorloë en die nadere beskawing het veral in die afgelope dekade tot gevolg gehad dat die bovermelde trekpatroon van olifante erg versteur is – as ek dit beskawing kan noem!

So van olifantgevegte gepraat, herinner ek my aan 'n verhaal wat aan ons deur die destydse Veiligheidsoffisier, Kaptein du Plessis, vertel is. Hy het altyd die seekus van die dood tot bo by die Kunene-riviermond gepatrolleer. Hy vertel dat hy daar bo in die Kaokoveld op 'n plek afgekom het waar 'n groot renosterbul en 'n jong olifantbul sake uitgespook het. Volgens hom was die grond daar in 'n 100 meter area behoorlik omgeploeg soos 'n mielieland.

Die renosterbul het daar eenkant dood gelê, maar 'n paar meter daarvan het 'n derde van die olifant se slurp gelê.

Daar het deur die jare verskeie mededingers om die Groot Sewe-titel verskyn en meegeding. Een van die bekendstes van hulle is Phelwana, wat in 1988 ongelukkig, weens sy swak kondisie, geskiet moes word. Sy ivoor was verrassend, swaarder as enige van sy voorgangers en word tans in 'n kluis op Skukuza bewaar. Na Phelwana se dood het 'n ander negende grote weereens op die toneel verskyn en ook weer in die Nasionale Krugerwildtuin. Sy naam is Mandleve en hy beweeg tans in 'n gebied suid van die Sabie-rivier in die Skukuza gedeelte van die park, wat weereens 'n bewys is dat die ou grotes skynbaar die Nasionale Kruger-wildtuin uitsoek as hul Utopia om te sterf, want hy is ongeveer 55 jaar oud en in swak kondisie. Na verwagting sal hy nie die droë seisoen van 1992-93 oorleef nie.

Nog 'n ou grote is gedurende 1987 vir die eerste keer naby Punda Maria op-gemerk en is hy deur mense wat hom gesien het, die paslike naam van Punda toegedig. Volgens ooggetuies is sy ivoor nie so dik as die van Mandleve of Phelwana s'n nie, maar wel langer.

Volgens kenners is daar nog ten minste tien bulle in die wildtuin met ivoor-tande van sowat 45 kilogram en word hulle naby Letaba, Tshokwane en ook op die Salitjiepad gesien.

Olifante het 6 kiestande aan elke kant in sy bo- en onderkaak. Slegs twee van die tande – een aan elke kant – word op 'n slag gebruik en namate elke paar verweer, word dié van agter vervang. Wanneer die olifant ongeveer 60 jaar oud is, is die laaste paar verweer en kan hy nie meer behoorlik kou nie, sodat sy toestand agteruitgaan en hy eintlik doodgaan.

Hier in die Caprivi-Zipfel verleen die natuurlike habitat hom uitstekend tot die leefwyse van die Afrika-olifant en het ek hier van die grootste olifante ooit gesien. Hier het ek in die Chobe Wildreservaat sowat 500 olifante in een trop gesien wat kom water suip het – voorwaar 'n gesig om te onthou en wat min jagters ooit die voorreg gehad het om te sien.

Dit was dan ook in die einste Caprivi-Zipfel dat ek en Piet die dag op ons oli-fantjag vertrek het. Die bosse was ruig en bome soos kameeldoring, jakkalbessie, maroela, en hardekool was volop.

Hier in die Oos-Caprivi Zipfel kom, benewens bovermelde bome, ook veral bale mopanie en dwergmopaniebome voor. Dit is veral dié boom se blare wat 'n gesogde deel van die dieët van die Afrika-olifant uitmaak.

Ons het eers suidwaarts met die goed versorgde teerpad tussen Katima Muli-lo en M'pacha beweeg. Net voor jy weswaarts na M'pacha afdraai, kry jy, veral in reëntye, aan beide kante van die pad, uitgestrekte waterpanne wat nog altyd 'n groot aantrekkingskrag vir olifante was. En dit is toe ons hier verbybeweeg dat Piet my aandag daarop vestig dat hy olifante aan die linkerkant van die hoofweg gesien het. Hy wys in die rigting en ek sien hulle ook, en sonder seremonie beduie ek vir Piet om agter hulle aan te beweeg. Hy voeg die daad by die woord en druk sy Landrover se neus links af van die pad, die bosse in.

In die ry hou ons kajuitraad en ons besluit om hulle by te ry en dan te voet agterna te sit.

Dit is redelik ruig as gevolg van die talle bome en veral kleiner struike, maar na 'n paar minute se agtervolging slaag ons daarin om die trop in te haal. Dit is 'n klein trop van so vyf jong bulle van ongeveer 14 jaar, en so 'n agt middelslag koeie.

Tot op hierdie stadium het ek nog nie die leier gesien nie, maar nou sien ek dié groter olifant heel voor aan die trop tussen die bosse beweeg. Dit is duidelik dat die leier nie van plan is dat ons van nader kennis moet maak nie. Ek sien dit is 'n massiewe olifant – maklik so 'n meter tot twee hoër as die tweede grootste olifantbul. 'n Opgewonde tinteling jaag en bruis deur my bloed en senu-stelsels en veroorsaak 'n aangename tinteling wat net 'n jagter wat die ervaringe beleef het, oor sal kan getuig.

Die wit stof van die grys-witsand van die Caprivi, vorm groot stofwolke agter die vlugtende olifante uit en ons is warm op die spoor. Op hierdie stadium van die jag het ons nog nie die leier mooi gesien nie en dit is die groot olifant wat my nuuskierigheid gaande maak en my wysvinger laat jeuk.

Dit is nie elke dag dat 'n man die geleentheid kry nie. So maklik, so naby en so gerieflik kon 'n jagter dit nog nooit in sy lewe kry nie! Ek sien Piet vleg behendig tussen die hoe bome en struike deur en ons nader die trop olifante vinniger as wat ek gedink het.

Die volgende oomblik skop Piet die remme vas dat die wiele in die wit sand sulke boë gooi en die Landrover kom met 'n sug tot stilstand – toe sien ek die grootste, die mooiste en langste olifanttande wat ek nog ooit in my lewe gesien het!

Dit is die matriarg en leier van die klein teeltroppie waarop ons afgekom het, wat nou net besluit het dat dit taboe is dat ons haar harem versteur. En toe ek haar die eerste keer sien, is sy ongeveer 35 tot 40 meter van ons af. Nou, gewoonweg was dit geensins snaaks om in dié wêreld so naby aan 'n olifant te kom nie, feit het dit dat ek dit amper as 'n daaglikse gebeurtenis beskou het. Die saak verander egter as dit so 'n massiewe groot matriarg is wat op jou in volle vaart, afstorm, met net een doel in haar bysiende oë – en dit is om vir my en Piet soos twee sardiens in die oop Landrover toe te vou. Ek sien die olifant het pragtige tande, maar op daardie stadium was dit onwys om te staan en evalua-sies te maak, soos byvoorbeeld die gewig en lengte te skat. Dit was nou ook nie eintlik nodig vir my om vir Piet aan te moedig om op daardie stadium, toe die reuse olifantkoei amper op ons was, om spore te maak nie.

Woordeloos en met groot oë, kap Piet die rathefboom van die Landrover in eerste rat en met die reuse olifantkoei amper op ons, skiet die Landrover regs weg en ons ry eers so 'n twee honderd meter draai met die kwaai olifant agter ons aan. Terwyl Piet kort-kort vra waar die koei is, kry ek kans om die pragdier te besigtig.

Daar is min dinge in die lewe wat so skrikwekkend is as wanneer 'n verwoede olifant op jou afstorm – veral so naby.

Ek sien die mooiste stel ivoortande ooit! Dit is nie die stomp en dik tande wat stereotiep by groot bulle voorkom nie. Die tande kom mooi egalig uit die skelet, buig mooi parallel grondwaarts en loop amper tot by haar knieë. Hier maak beide tande 'n amper sywaartse sirkel en krul voor dan skerp binne toe. Die gevolg is as sy storm en sy lig dan haar massiewe kop, dan kruis die twee tande voor haar kop. Die tande is mooi gevorm – nie te dik ook nie te dun nie – net pragtig om dit as dié van 'n koningin-olifantkoei te identifiseer. Dertig meter verder draai Piet die Landrover, en ek spring uit en bring die .375 Holland & Holland Magnum aan my skouer. Ek het reeds 'n 300-grein soliede silwerpuntpatroon in die kamer gedruk.

Ek lê aan en die aanstormende olifantkoei se voorkop verskyn voor my visier. Jy jag nie olifante met 'n teleskoop op jou geweer nie.

Ek maak 'n denkbeeldige kruis tussen die oë en op haar voorkop. Ek sit die denkbeeldige viervinger-breedte bokant die denkbeeldige horisontale lyn van die kruis en toe ek my vinger om die sneller span, steek die kolos in die sand vas dat van die kluite tot hier neffens voor die Jeep te lande kom, terwyl Piet se voet op die koppelaar rus en die enjin saggies luier.

Sy bly staan, lig haar massiewe kop met daardie mooi lang lenige goudgeel tande in die lug op, skud verwoed haar kop en trompetter dat die aarde dreun. Sy is 20 tot 22 meter van my af en sy staan en dreig my terwyl sy kort-kort omkyk waar haar trop is. Toe die laaste lid van haar trop tussen die ruigtes verdwyn, vestig sy weer haar aandag op my. Ek sien dit is nou of nooit, maar ek kom nie so vêr om die skoot af te trek nie. Hoe kan ek so 'n pragdier vernietig? 'n Pragdier met sulke asemrowende trofee-tande? Skielik swaai sy op haar regter-agterbeen rondomtalie met so 'n spoed wat net 'n olifant met daai kolossale gewig kan regkry, en draf met 'n stywe rug terug na haar trop.

Ek laat sak my geweer met 'n trae beweging en ek voel hoe die adrenalien deur my are pomp met 'n slag wat my byna duiselig laat. Ek weet dit is nie van vrees nie maar van geforseerde genoegdoening en opgewondenheid.

Ek het dit weer reggekry! Om die bewaring van so 'n edeldier bo eie roem en verheerliking te stel. Tot vandag sien ek nog daardie twee pragtige en lenige ivoortande in my drome wat soos twee gekruisde swaarde voor die olifantkoei se kop gehang het toe sy op my afgestorm het. En tot vandag toe is ek innig dankbaar dat ek haar nie geskiet het nie.